Bauwelt Fundamente 33

Herausgegeben
von Ulrich Conrads

Programmredaktion:
Hansmartin Bruckmann
Ulrich Conrads
Gerhard Fehl
Rolf-Richard Grauhan
Herbert Hübner
Frieder Naschold
Dieter Radicke
Mechthild Schumpp

Beirat:
Gerd Albers
Adolf Arndt
Lucius Burckhardt
Werner Kallmorgen
Julius Posener
Hans Scharoun

Renato De Fusco

Architektur als Massenmedium

Anmerkungen zu einer Semiotik der gebauten Formen

Bertelsmann Fachverlag

Titel der italienischen Originalausgabe: Architettura come mass medium, Note per una semiologia architettonica.
© 1967 by Dedalo libri, Bari.
Aus dem Italienischen von Arianna Giachi.
Die deutsche Fassung ist leicht gekürzt.

© 1972 Verlagsgruppe Bertelsmann GmbH / Bertelsmann Fachverlag, Gütersloh · 1
Umschlagentwurf von Helmut Lortz
Gesamtherstellung Poeschel & Schulz-Schomburgk, Eschwege
Alle Rechte vorbehalten · Printed in Germany
ISBN 3-570-08633-X

Inhalt

Einleitung 7

Funktion ohne Form 10
Die Architektur in der ideologischen Krise 26
Architektur als Massenmedium 54
Altes und Neues in der Massenkultur 88
Kriterien für eine neue Wertung 112
Zu einer Semiotik der Architektur 135

Namensregister 176

Ein Buch ist ein Übel; aber da dieses nun existiert, sei das Übel möglichst gering. Wie immer es damit stehe, der einzige Gegenstand dieses Werkes ist die Geschichte der Architektur.
                          Francesco Milizia

Einleitung

Das Wort *Kluft* scheint ein weit verbreitetes Unbehagen in allen Bereichen des heutigen Lebens zu kennzeichnen. Denn eine Kluft gibt es nicht nur zwischen Not und Überfluß, zwischen Politik und Kultur, zwischen Universität und Berufsleben, zwischen Planen und Handeln, sondern auch innerhalb jeden Bereiches, jeder Gruppe, ja sogar in der psychologischen Struktur des einzelnen Individuums. In Erwartung unumgänglicher, radikaler Strukturreformen – ohne die alles vergeblich und müßig bleibt – ist es eine der maßgeblichsten Aufgaben der kulturell Aktiven, Kommunikation und Austausch zwischen divergierenden Bestrebungen zu fördern und zumindest eine Verständigung anzubahnen. Besonders dringlich ist das für den Bereich der Architektur, der heute von einer Sprachkrise heimgesucht wird – Ursache und Folge der Kluft zwischen Architektur und Gesellschaft.
Die vorliegende Arbeit untersucht die jüngste Thematik der heutigen kritischen Diskussion: das Problem der neuen Dimension, den Begriff der kontinuierlichen Planung, die Beziehung zwischen Altem und Neuem, das »formale Engagement«, neue Planungsmethoden und neue Wertungskriterien. Das Gesamt dieser Programme und Ideen, von denen manche sich als unhaltbar erweisen, wird dabei aus einer Perspektive betrachtet, die durch ihre Zusammenschau von Massenkultur und Semiotik die These des Buches darstellt.
Diese These ergibt sich aus der Überlegung, daß zu den wirtschaftlich und politisch bedingten Grenzen unserer Architektur noch ein Unbehagen soziologischer Natur hinzukommt: die von Architekten und Stadtplanern erarbeiteten Modelle entsprechen nicht den mehr oder minder berechtigten Erwartungen der heutigen Gesellschaft. Weitere Schwierigkeiten sind sprachlich-semantischer Art: sie beruhen auf dem Bedeutungs- und dem damit verbundenen Wertverfall dessen, was heute gebaut wird.
Der fehlende soziale Kontakt ist eine Folge der Industrie- und Massengesellschaft und läßt sich vielleicht in deren anthropologisch-kulturellem Rahmen beheben. Nicht etwa, weil diese Gesellschaft so, wie sie ist, freundliche Perspektiven eröffnete oder weil die Forschungen und beunruhigenden Vorhersagen über die Kulturindustrie von seiten der Sozialkritik seit Horkheimer und Adorno sich als unzutreffend erwiesen hätten, sondern weil sich dieser unumkehrbaren Entwicklung vermutlich auch positive Aspekte abgewinnen lassen.

Einstweilen kann man nur sagen, daß die Massenkultur in ihrer Vitalität die Bedürfnisse und Wünsche der Gesellschaft deutlicher und überzeugender ausdrückt als die offizielle Kultur, der Staat, die Parteien und fast alle alten Institutionen. Zudem scheint sie im architektonisch-städtebaulichen Bereich alle Intellektualismen, allen Mangel an Eindeutigkeit, alle Bereitwilligkeit und bequeme »Aufgeschlossenheit« der Kritik für die dringenden Notwendigkeiten einer sich radikal wandelnden Umwelt zu widerlegen. Deshalb kann der Bezug auf die Massenkultur, für die unter anderem das Vorhandensein von freilich noch rudimentären und primitiven, dafür aber in breiten Kreisen anerkannten Werten charakteristisch ist, ein Korrektiv für die Ideen der Architekten und Stadtplaner und eine soziale Orientierungshilfe für die Architektur darstellen.

Um das zu ermöglichen, geht dieses Buch, ohne den Versuchungen eines neuen Ästhetizismus zu erliegen, von der Hypothese aus, daß die Architektur selbst zu den *Massenmedien* gehört. Dabei wird die Architektur als kulturelles, nicht als künstlerisches Phänomen verstanden. Das geschieht nicht im Sinne eines verwaschenen Neo-Sozialismus, denn die Massenkommunikationsmittel wenden sich nicht nur an die unteren Volksschichten.

Über die Massenmedien gibt es inzwischen eine umfängliche Literatur. Sie befaßt sich allerdings nur mit der Produktion der neuen Kommunikationskanäle, also mit Film, Rundfunk- und Fernsehsendungen, illustrierten Zeitschriften usw. Dagegen sind die früheren Kommunikationssysteme, die erst zu Massenmedien *geworden* sind und als solche nicht übersehen werden dürfen, noch nicht genügend analysiert worden. Zu ihnen gehört auch die Architektur.

Die Hypothese, daß die Architektur als Massenmedium zu betrachten ist, berührt durch die Betonung ihrer kommunikativen Funktion noch ein weiteres Problem des heutigen Bauens, nämlich die Sprachkrise.

Nach dem Verlust jenes ethisch-ästhetischen Ernstes, der die Avantgarde der Architekten zwischen den beiden Weltkriegen und ihre Bauten ausgezeichnet hatte, breitet sich die heutige architektonische Produktion unbegrenzt aus, erfüllt einige Funktionen, drückt aber, da es ihr an semantischen Gehalten fehlt, nichts mehr aus und entwickelt sich oder verkümmert, ohne daß die Öffentlichkeit daran den geringsten Anteil nähme. Daraus ergibt sich die Notwendigkeit, anhand einer Analyse der Bedürfnisse, Wünsche und Erwartungen der Massenkultur und der Hinweise der Semiotik, einer Disziplin, die alle Bedeutungssysteme untersucht, einen Code für die Architektur zu erarbeiten, der sie in die Lage versetzt, nicht nur Funktionen zu erfüllen, sondern auch ein Mittel der Kommunikation zu sein.

Ein solcher Code, der auf jedem kulturellen Niveau zu benutzen wäre und es ermöglichte, den Produktions-Konsum-Prozeß der Architektur zu akzeptieren oder abzulehnen, aber auf jeden Fall in ihn einzugreifen, erweist sich heute als notwendig, um die Kluft zwischen Architekten und Publikum zu schließen und die Energien besser zu nutzen, die in die architektonischen Experimente gesteckt werden.

Sich mit dem Wert der Architektur als Kommunikationsmittel, mit ihrer *Bedeutung* beschäftigen heißt nämlich, nicht alle reformerischen Bemühungen und die Behebung vieler kleiner Beschwerden bis zur Verwirklichung gewaltiger utopischer Systeme verschieben, sondern es allen ermöglichen, die als Stadtplaner, Architekten und Designer oder als Forscher, Historiker und Kritiker auf die eine oder andere Weise dazu qualifiziert sind, schon heute zu den in jedem Bereich der Architektur notwendigen Veränderungen beizutragen. Denn das Engagement für die Bedeutung ist unabhängig von dem Maßstab des jeweiligen beruflichen Wirkens und überwindet die Gegensätzlichkeit von Qualität und Quantität, die in dieser expansiven Zeit nicht mehr aufrechtzuerhalten ist.

Funktion ohne Form

Aphorismen, die den Begriff der Form mit dem der Funktion verbinden, haben alle Wandlungen der architektonischen Idee in ihren verschiedenen historischen Phasen begleitet. Angesichts des komplexeren Charakters der Form haben es die Praktiker dabei stets vorgezogen, den Nachdruck auf die besser faßbare Funktion zu legen. Das geht vor allem auf den von jeher weit verbreiteten Glauben zurück, daß die Daseinsberechtigung, ja sogar die Bedeutung der Architektur auf ihrer Funktion beruht. An diesem Glauben und seiner Berufung auf eine rationale Ordnung, die so häufig in Gefahr gerät, ist zwar etwas Wahres. Gleichwohl läßt sich bestreiten, daß die Funktion schlichtweg die Bedeutung der Architektur ausmacht. Darauf und auf die Art, wie architektonische Bedeutung zustande kommt, werden wir im Verlauf unserer Darstellung noch mehrmals zurückkommen. Hier mag zum Beweis dafür, daß der bloßen Funktion keine präzise und konstante Bedeutung innewohnt, der Hinweis auf die verschiedenartigen Deutungen des Doppelbegriffes Form-Funktion genügen. Angefangen von den ältesten Vorschriften über Carlo Francesco Lodolis Schlußfolgerung, »darstellen könne sich nur, was auch eine Funktion habe«, bis zu der Formel »Form folgt Funktion«, die die Schule von Chicago von Horatio Greenough übernommen hat, entspricht die Beziehung zwischen den beiden Begriffen den unterschiedlichsten Intentionen, die es auf ebenso viele architektonische Bedeutungen abgesehen haben. Diese haben bald einen kritisch-ästhetischen, bald einen soziologischen und manchmal sogar einen wissenschaftlichen Sinn.

Aber wenn der Doppelbegriff zu verschiedenen Zeiten auch so unterschiedliche Bedeutungen annimmt, daß man an ihm den Verlauf der Architekturgeschichte selbst ablesen kann, so kennzeichnen ihn doch einige unveränderliche Merkmale. Vereinfachend kann man drei Arten seines Verständnisses unterscheiden: die stärkere Betonung des einen oder anderen seiner Faktoren, die Konzeption einer linearen ursächlichen Beziehung zwischen Funktion und Form und neuerdings die Einbeziehung beider Begriffe in einen Prozeß, der, obwohl sehr komplex, ihre eigenständige Analyse nicht ausschließt. Die nachdrücklichere Betonung der Form weist dabei im allgemeinen auf einen künstlerischen Formalismus hin, wie er für manche Phasen der Architekturgeschichte bezeichnend war. Die stärkere Akzentuierung der Funktion beruht sich dagegen auf die sozio-ökonomischen

Aspekte, die, zumindest quantitativ, die meisten Bauprogramme bestimmt haben. Außerdem verbinden sich mit ihr meist moralische Kriterien. Sie reichen von der Sparsamkeit bis zur konstruktiven »Ehrlichkeit« und zur zweckmäßigsten Art, eine Aufgabe zu erfüllen. Eines der ersten Zeugnisse für diese Einstellung findet sich bei Leon Battista Alberti[1], der eine Zwischenstellung zwischen der strukturellen und tektonischen »Ehrlichkeit« des Mittelalters und der vorurteilslosen Willkür der Renaissance einnimmt. Gleichzeitig gibt er aber auch ein Beispiel dafür ab, wie leicht sich die Begriffe Form und Funktion manipulieren lassen. Denn in der Praxis muß nach seiner Meinung die Funktion die Form rechtfertigen oder zumindest formalistische Absichten verhüllen.

Ganz anderer Art sind natürlich die Kriterien und Motivierungen für die Beziehung Form – Funktion in den modernen Architekturtheorien. Aber trotz den Problemen, die auch hier offen bleiben, läßt sich die Beziehung Form – Funktion als ein Instrument, ein »Modul«, für eine vorab soziologische Untersuchung der heutigen Architektur gebrauchen und erweist sich dabei als besonders geeignet zur Einführung der Hypothese, die Architektur sei ein Massenmedium.

Nach den Theorien der Renaissance und des Barock wird vor allem in der Aufklärung die Funktion wieder stärker betont und mit den Bedeutungsgehalten dieser Zeit in Verbindung gebracht, bis es in der Ära des Positivismus zu der bereits erwähnten Maxime »Form folgt Funktion« kommt. Er hat insbesondere in den organischen und anthropometrischen Überlegungen, die es mehr oder weniger deutlich ausgesprochen in der Architekturtheorie immer gegeben hat, seine Vorläufer. Aber jetzt mitten im 19. Jahrhundert, im Früh-Funktionalismus der Schule von Chicago, gewinnt die auf Lamarck, einen der Begründer des Evolutionismus, zurückgehende Formel eine wissenschaftliche und technizistische Bedeutung, deren optimistischer Fortschrittsglaube bezeichnend für die Epoche ist.

Ob diese Formel im europäischen und insbesondere im deutschen Funktionalismus dieselbe Bedeutung wie in Amerika behielt, ist strittig. Denn das funktionalistische Prinzip, das (in der jüngsten Vergangenheit zumindest theoretisch) die Form dem Nutzen eines Baus oder eines Stadtteils unterordnete, stellte nicht nur einen Bruch mit dem Akademismus dar. Die funktionalistische Hypothese mit ihrer Negierung der Form muß vielmehr auch als ein Offenlassen, ein vorläufiges Beiseiteschieben des formalen Problems gedeutet werden.

In der babylonischen Verwirrung nach dem Ersten Weltkrieg stellte

---

[1] De re aedificatoria IX 10

die Betonung des Nutzens, der Funktion und der Modelle für das Existenzminimum auf Kosten einer Ikonologie der neuen Architektur so etwas wie eine engagierte Stellungnahme gegen das Überhandnehmen des Künstlerischen dar, das bekanntlich mit dem kurz darauf explodierenden politischen Irrationalismus in enger Beziehung stand. Deshalb muß, so absurd das auch klingen mag, dieses Fehlen einer Form oder vielmehr der sich mit der kaum wahrnehmbaren Form verbindende Bedeutungsprozeß neben den offensichtlichen Errungenschaften für die architektonische Praxis als der wichtigste Beitrag des Funktionalismus zwischen den beiden Kriegen gelten.

Eine weitere Intention des deutschen Funktionalismus beruhte auf der erhofften neuen sozialen und wirtschaftlichen Organisation, zu deren Festigung die Strenge und Ausrichtung auf das »Technische« der neuen Architektur beitragen sollte. Die funktionalistische Utopie – und heute sind ja nicht wenige Menschen von der absoluten Notwendigkeit einer Utopie als Zielvorstellung unseres Eingreifens in die Wirklichkeit überzeugt – bestand einerseits aus der Bereitstellung einer Methode, der Untersuchung von Funktionen und der Vorbereitung der technischen Voraussetzungen, die der erstrebten neuen demokratischen und sozialistischen Gesellschaft zur Verfügung stehen sollten. Andererseits sollte das formale Prinzip sich aus diesen technisch-soziologischen Voraussetzungen ergeben. Auf Grund der Untersuchungen von Alexander Klein, Stratemann, Küster und von Gropius selbst betrachtete man die Form als so weitgehend von technisch-wirtschaftlichen Konstanten bedingt, daß Überraschungen in der Zukunft ausgeschlossen schienen. Die Fakten galten als so objektiv, daß mit einem neuen Ausbruch ins Irrationale oder sonstigen Degenerationserscheinungen nicht gerechnet wurde. Diese Erwartungen wurden allerdings von den folgenden sozio-politischen Ereignissen enttäuscht. Gleichwohl gehört der Funktionalismus gerade wegen seiner erwähnten Implikationen und des moralischen Ernstes, der für die Diskussion dieser Jahre bezeichnend war, nicht nur zur Geschichte der Technik, sondern gilt mit Recht als eine Phase der Kultur- und Kunstgeschichte.

Ehe wir uns nun der jüngsten Bedeutung des Doppelbegriffes Form – Funktion zuwenden, wollen wir uns kurz mit dem Verb beschäftigen, das die beiden Begriffe in der Formel »Form folgt Funktion« verbindet. Über die Priorität des Faktors Funktion besteht dabei kein Zweifel. Die typischen Modelle der funktionalistischen Architektur und des funktionalistischen Städtebaus, das heißt die Wohnzelle und die Zonierung, waren Schemata, die sich aus diesem Begriff herleiteten. Dabei ist schon der Begriff des Schemas bezeichnend für die funktionalistische Methode. Er ermöglichte nämlich alle jene

Ausarbeitungen, Experimente und Hypothesen, die sich auf theoretischem und praktischem Gebiet aus der Funktion ableiten ließen, und hielt dabei zahlreiche formale Möglichkeiten offen. So erwies sich das Schema – natürlich nur in der Phase der Voruntersuchungen – als ein für die Nutzanwendung recht brauchbares Instrument, das zudem frei oder beinahe frei von jeder hemmenden formalen Hypothek war. Ja, man kann behaupten, daß das Schema die Funktion stufenweise der Form annäherte, bis schließlich kein Spielraum und nichts Überflüssiges zwischen ihnen mehr Platz zu haben schien. Durch die schematisierte Funktion erhielt also die Form ihre Gestalt, die ihrerseits den Schlußpunkt dieses Prozesses darstellte. Auch bei den Funktionalisten handelte es sich deshalb in Wirklichkeit bei der Beziehung von Form und Funktion nicht nur um den linearen Verlauf von Ursache und Wirkung, sondern auch um einen *Prozeß*, der vermittels Schema und Typus von der Funktion zur Form führte. Aus den verschiedenen Arten der Schemata ergab sich nämlich eine weitere architektonische »Kategorie«: der Typus. In seinem Bereich stellten die Funktionen die Konstanten und die Formen die Variablen dar. Durfte das Schema als das praktische Instrument gelten, um operationell von der Funktion zur Form zu kommen, so schloß der Typus das Schema wie die Gattung die Art ein und war ihm übergeordnet. Dadurch stand er der Materialisierung der Form noch ferner. Letzten Endes handelte es sich, wie gesagt, anstatt um eine dialektische Beziehung zwischen Form und Funktion, die aus den beiden Faktoren einen echten Doppelbegriff hergestellt hätte, um die Beziehung einer Variablen zu einer Konstanten, bei der letzterer sowohl in praktischer wie kritisch-polemischer Hinsicht des Hauptinteresse galt.
Abgesehen von diesen Aspekten, die einen Teil der funktionalistischen Methodologie ausmachen, stecken hinter dem Verb »folgen« vermutlich andere, mehr oder minder deutliche Intentionen. Möglicherweise war es nämlich den Funktionalisten selbst klar, daß sogar zwischen dem Schema, das einer Funktion am besten entsprach, und seiner Übersetzung in Bauformen ein breiter Spielraum lag. Denn bei einer so dürftigen oder jedenfalls dürftig erscheinenden Thematik genügte die Abänderung eines Details, um den Raumeindruck eines Baus radikal zu verwandeln. Es wäre deshalb nötig gewesen, die Formen mit der gleichen wissenschaftlichen Strenge zu untersuchen wie die Funktionen. Aber dieser Versuch, der heute mit Hilfe der Gestaltpsychologie, der Phänomenologie der Wahrnehmung, der Informationstheorie und der strukturellen Linguistik – häufig unter chaotischer Verwirrung der verschiedenen Ideen – unternommen wird, unterblieb zur Zeit des Funktionalismus, weil man von Form noch eine weitgehend traditionelle Auffassung hatte. Nichts stand

dem funktionalistischen Verständnis von Form als künstlerischem Phänomen im Sinne Konrad Fiedlers, Ernst Cassirers oder gar als individuellem Ausdruck im Sinn der romantischen Ästhetik im Wege. Aber in der Praxis eigneten sich diese Konzeptionen nicht für eine Methode, bei der die Funktion eine wie immer verstandene Form subsumierte. Da man aber andererseits Typen und Schemata verwirklichen mußte, nahm man seine Zuflucht zu den Geschmacksmustern des Kubismus, des Konstruktivismus, des Neoplastizismus usw. Jedenfalls wirkt unserer Ansicht nach, zumindest in den authentischsten Manifestationen des Funktionalismus, die Behandlung von Funktion und Form heterogen und scheint zwei zwar benachbarten, aber nicht übereinstimmenden kulturellen Welten zu entstammen.

Woher hätte man sonst noch Formen beziehen können, die mit der Methodologie des Funktionalismus in Einklang zu bringen waren? Zu denken wäre an eine Symbolik der Formen, und zwar nicht an diejenige, die sich bei kritischer Prüfung in der Kunst aller Zeiten entdecken läßt, sondern an eine Symbolik mit einem präzisen »ideologischen« Bezug. Das war indessen historisch nicht möglich, wie die russische Avantgarde beweist. Ihr Versuch einer Semantisierung im ideologischen Sinn wurde »auf dem Verwaltungsweg« unterdrückt. Die anderen europäischen Gruppen verzichteten nicht aus Gründen der Neutralität oder des Technizismus auf ein ähnliches Engagement. Denn es war ihnen klar, daß eine Methodologie von der Strenge der ihren, um zu überleben, einen Spielraum offen lassen mußte und nicht alles determinieren durfte, wenn ihre gesamten Bemühungen sich nicht zu einem »Stil« im traditionellen Sinn und zum Ausdruck einer sozialdemokratischen Ideologie schlimmster Art verfestigen sollten.

Schließlich ist dem Funktionalismus, wie gelegentlich in bezug auf Le Corbusier angemerkt wurde, »nicht so sehr an einer Aufwertung der mechanischen anstelle einer symbolischen Funktion gelegen, als an der Entmachtung von Symbolen, die er für überholt und ihrer Bedeutung entleert hält, und an der Wiedereinsetzung der praktischen Funktion, um neue Werte zu symbolisieren«[2]. Aber selbst wenn man dieser Reduktion des Symbols auf die Funktion zustimmt, kann sie doch keinen Anspruch auf Totalität stellen. Es gibt immer Überbleibsel und Rückstände, die auf einen symbolischen Wert der Form auch jenseits ihrer praktischen Bestimmung hinweisen. Denn was sonst würde ein anonymes Arbeitsgerät von einem modernen Design-Produkt unterscheiden? Was ein beliebiges Gebäude von einem funktionalistischen Bau? Offenbar doch die unbewußte oder deut-

---

[2] Giulio Carlo Argan: Artikel »Arte figurativa« in der Enciclopedia Universale dell'Arte, Mailand, Band I, Sp. 760.

Montage zum Thema »Vorgehängte Fassade« mit Ausschnitten aus einem Bild von Robert Rauschenberg

liche Absicht, auf die eine oder andere Weise mehr als etwas nur Nützliches zu sein. Und diese Absicht ist das, was wir Bedeutung nennen. Zur Zeit des Funktionalismus erhält die Funktion zwar ein derartiges Übergewicht, daß sie beinahe mit dem symbolischen Wert eines gesamten architektonischen Phänomens zu identifizieren ist. Doch gerade diese Tatsache weist auch auf einen Bedeutungsprozeß hin, der im Sinn von Barthes zu verstehen ist, »als Verbindung eines Signifikanten mit einem Signifikat, das heißt also: weder Formen noch Inhalte, sondern der Prozeß, der vom einen zum anderen geht«[3].

Diese semantischen Aspekte wollen wir indessen vorerst beiseite lassen und die Untersuchung der Beziehung von Form und Funktion bei den Funktionalisten mit der Feststellung abschließen, daß diese – wie alle ihre Beziehungen zur bildenden Kunst bestätigen – zwar weit davon entfernt waren, sich nicht um formale Probleme zu kümmern, daß sie aber von der Form, die sie in einem überwiegend traditionellen Sinn verstanden, nicht eine ebenso revolutionäre Auffassung hatten wie von der Funktion, der ihr Hauptinteresse galt.

Die Weiterentwicklung ihrer Thematik wurde – ähnlich wie zuvor beim Jugendstil – vom Ausbruch des Krieges verhindert, der ihren Experimenten frühzeitig ein Ende machte. So hinterließen sie dem Zugriff leichtfertiger entfernter Verwandter sozusagen ohne Testament ein reiches kulturelles Erbe, das aber so groß und leicht zu verwalten war, daß es zumindest teilweise deren Ausschweifungen überstand. Das heißt, der funktionalistischen Methode ist es, unter Verzicht auf die Lösung der formalen und ideologischen Problematik, recht und schlecht gelungen, in einer Gesellschaft ohne »Ideologie« wie der unseren zu überleben.

Nach dem Entstehen der Massen- und Industriegesellschaft wurde die funktionalistische Vorschrift »Form folgt Funktion« zunächst buchstabengetreu befolgt, aber ohne ihren ursprünglichen moralischen Impetus und abgelöst von ihrem Innovationsgehalt und damit von ihrer eigentlichen Bedeutung. Die funktionalistische Methodologie verkam zu einer beliebig anwendbaren Technik. Die Ziele der kulturellen Diskussion zwischen den beiden Weltkriegen wurden manchmal geradezu in ihr Gegenteil verkehrt. Später hat die Architektur im Gefolge der Konsumwirtschaft den Prozeß, der bei den Funktionalisten Funktion und Form verband, umgangen und den Verzicht auf eine Form oder zumindest ihre Unterordnung unter die Funktion so weit getrieben, daß man den Doppelbegriff heute als »Funktion ohne Form« formulieren könnte.

Bei dem Versuch, den Begriff der Form zu analysieren und seinen

---

[3] Roland Barthes: Essais critiques. Paris, 1963.

eventuellen semiotischen Wert zu erfassen, möchten wir zunächst feststellen, daß wir hierbei von den verschiedenen mehrdeutigen Definitionen von Form diejenige ausschließen, die sie als ein künstlerisches oder Ausdrucksphänomen betrachten. Denn unsere Darstellung will wertfrei sein und gehört eher zu den Erkundungen sozialen Verhaltens und zu den semiotischen Untersuchungen als in den spezifisch ästhetischen Bereich. Unter Form verstehen wir deshalb ein dauerhaftes und manifestes Zeichen für eine bestimmte Bedeutung und ein bestimmtes Verhalten. Wir übersehen dabei das Ungenaue dieser Definition nicht, wüßten aber vorerst keine, die für unsere Zwecke besser geeignet wäre.

Bezeichnend für die prekäre Situation der architektonischen Form, selbst im oben skizzierten Sinn, sind drei Dinge, die für alle Massenmedien als typisch gelten können: der absolute Hedonismus, das Fehlen jeder »Ideologie« und die Verkümmerung aller über die Gegenwart hinausreichenden zeitlichen Dimensionen. Hedonistisch wirkt an dieser Produktion vom Städtebau bis zum Design, daß sie – und daran ist zunächst nichts auszusetzen – auf eine vollständige und unmittelbare Befriedigung von Bedürfnissen abzielt, sich dabei aber – und darin liegt ein Widerspruch – der funktionalistischen Schemata, Methoden und Formen in ihrer ganzen Dürftigkeit bedient, obgleich deren eigentlicher Wert auf ihrer – freilich zum großen Teil verfehlten – technologischen und sozialen Vervollkommungsmöglichkeit beruhte. Die rein instrumentellen Formen des Massenhedonismus sind durch das Fehlen von »Inhalten« gewiß nicht geeignet, um »Botschaften«, Zeichen des Einverständnisses oder der Ablehnung und ideologische Symbole zu übermitteln.

Der Begriff der Ideologie soll im folgenden Kapitel näher behandelt werden. Im Hinblick auf die heutige Diskussion in allen kulturellen Bereichen, die sich in der Dichotomie zwischen Ideologie und Wissenschaft, zwischen Beurteilung der Wirklichkeit anhand eines idealen Modells oder ihrer eigenen Struktur zeigt, sei hier nur erwähnt, daß dieser Begriff auf zweierlei Weise verstanden werden kann. Die eine hat durch die »Ideologiekritik« von Marx die negative Bedeutung einer Mystifikation der Wirklichkeit und eines falschen Bewußtseins erhalten. Die andere meint die positiv zu bewertende Suche nach Kriterien, Orientierungen und Zielvorstellungen für das Verhalten in der Wirklichkeit, die die wissenschaftliche Methode allein nicht liefern kann. Deshalb stellen Wissenschaft und Ideologie, wenn man von ihrem negativen Verständnis absieht, keine Alternative dar, sondern sind dialektisch zu verstehen. Denn nach der Frankfurter Soziologenschule sind Ideologien »zwar falsches Bewußtsein, aber doch nicht nur falsch ... Unwahr werden eigentlich Ideologien erst durch ihr Verhältnis zur bestehenden Wirklichkeit. Sie können ›an

sich‹ wahr sein, so wie die Ideen Freiheit, Menschlichkeit, Gerechtigkeit es sind, aber sie gebärden sich, als wären sie bereits realisiert.«[4]
Auf Ideologien – und hier kommt der zeitliche Faktor ins Spiel – scheint indessen heute sowohl von rechts wie von links ganz allgemein verzichtet zu werden. Nicht zuletzt weil der Begriff der Ideologie einen Bezug auf die Vergangenheit und vor allem eine Projektion in die Zukunft, eine Zielvorstellung impliziert. Vergangenheit und Zukunft aber scheinen von dem, was in der Gegenwart verwirklicht wird, ausgeschlossen. Was bedeutet nun für unser Gebiet diese ideologische Krise und diese Beschränkung allen Wirkens auf die Gegenwart? In erster Linie das Fehlen aller Bezüge, aller Geschichtlichkeit, aller Bedeutung und damit jeden Wertes. Diese Mängel üben nicht nur die allgemein bekannten Wirkungen auf unsere Städte aus, sie beeinflussen auch die kritische Literatur negativ. Tatsächlich kommt diese, die mit Recht darauf bedacht ist, der soziologischen Realität auf den Fersen zu bleiben oder sie gar vorwegzunehmen, zu Formulierungen wie »offene Planung« oder »kontinuierliche Planung«. So brillant auf diese Weise widerstreitende Bedürfnisse miteinander in Einklang gebracht werden, so stellen solche Formeln doch in vielen Fällen einen Widerspruch in sich selbst dar und führen in der Theorie zu unausweichlichen Aporien, in der Praxis zur kulturellen Legitimierung allen evasiven Verhaltens. Und hier nehmen wir die Fragen von Antonio Giolitti auf, die wir im nächsten Kapitel noch ausführlicher behandeln wollen, beziehen sie aber nicht auf sozio-politische Themen, sondern auf den Städtebau. Planung, die offen ist wofür? Kontinuierliche Planung – aber nach welchen objektiven Kriterien? Sind wir nicht drauf und dran, die Mittel mit den Zwecken zu verwechseln?
Die Gründe für diese begrifflichen Unklarheiten, für die Kluft zwischen Planung und Ausführung, die Dynamik und die Nichtvoraussehbarkeit der Praxis, die die theoretische Formulierung fast immer überholt, sind bekannt. Aber ist es angesichts einer dynamischen und für alle offenen Planung tatsächlich die beste Politik, einer sich ständig beschleunigenden Wirklichkeit nachzulaufen? Ist es nicht klüger, wie Beispiele realisierter Planungen zeigen, zu enger umgrenzten Bereichen zu kommen, wo wir uns aber wirkungsvoller betätigen könnten, oder sich zwar an großen Planungen zu beteiligen, aber nur Aufgaben zu übernehmen, die der Architektenausbildung entsprechen? Und wie soll man diese Redimensionierung unserer Kompetenzen definieren, deren Notwendigkeit vielerorts schon undeutlich

---

[4] Frankfurter Beiträge zur Soziologie. Herausgegeben von Theodor W. Adorno und Walter Dirks. Band 4: Soziologische Exkurse. Frankfurt am Main, 1956. S. 175.

empfunden wird, wenn nicht durch eine gründlichere Untersuchung von Mitteln und Zwecken?

Nachdem wir diese Fragen gestellt haben, die das doppelte Bedürfnis der heutigen Gesellschaft spiegeln, sich einerseits von hinderlichen Schemata frei zu halten und sich andererseits über Modelle und Bezugspunkte klar zu werden, kehren wir wieder zu dem Spezialproblem der Beziehung von Form und Funktion zurück. Um den Verfall der Form und die Hypertrophie der Funktion in der Architektur der heutigen Produktions-Konsum-Gesellschaft besser analysieren zu können, ist es notwendig, sich einiger soziologischer und semiotischer Begriffe zu bedienen. Wie alle Massenmedien wird auch die Architektur nicht spontan von der Masse ihrer Benutzer produziert, wie das bei der gesprochenen Sprache der Fall ist, sondern von einer Entscheidungsgruppe. Die künstlichen Hervorbringungen dieser Gruppe werden von Roland Barthes als *Logotechniken* bezeichnet, das heißt als Systeme zeichenhafter Funktionen, die nicht nur praktische Aufgaben erfüllen, sondern auch der Kommunikation zwischen den sozialen Gruppen dienen. Auf diese Logotechniken, freilich unter anderem Namen, hat sich die Hauptkritik jener Soziologen konzentriert, die in der Massenproduktion vor allem ein mehr oder minder überzeugendes und nivellierendes Zwangsinstrument sehen, das die Entscheidungsgruppen auf Kosten der individuellen Freiheit des Konsumenten handhaben; das heißt, sie erscheinen ihnen als Nachricht, auf die keine Antwort möglich ist. Daran ist etwas Wahres, denn der größte Teil der heutigen Güterproduktion weist diese Merkmale auf. Aber es ist nicht die ganze Wahrheit. Denn da der Markt aus dem komplexen Phänomen von Angebot und Nachfrage besteht, können sich die Hervorbringungen der Entscheidungsgruppen nicht immer und überall den Konsumenten aufzwingen. Um erfolgreich zu sein, müssen sie den Regeln eines dialektischen Spiels genügen, bei dem die Verbrauchermassen ihre Rolle spielen. Um sich durchzusetzen, müssen die Logotechniken eine Ebene ausfindig machen, wo sie sich mit den Konsumenten begegnen, sie müssen sich auf einen gemeinsamen Nenner berufen, der mit einem noch ungenauen, aber doch recht brauchbaren Begriff als *Kollektivvorstellung* bezeichnet wird. Dieser Begriff wird, immer genauer umschrieben, auch in den weiteren Kapiteln dieses Buches auftauchen. Im Zusammenhang mit dem Doppelbegriff Form – Funktion bezeichnet er nicht nur die oben erwähnte Bezugsebene, sondern weist auch auf das Vorhandensein von Bedürfnissen, Erwartungen, Wünschen und Interessen hin, die von der Mehrheit geteilt werden, aber von der primären oder elementaren Funktion eines Produktes nicht erfüllt werden können, sondern nur von der komplexeren Fähigkeit der Produktform, etwas zu bezeichnen und zu bedeuten.

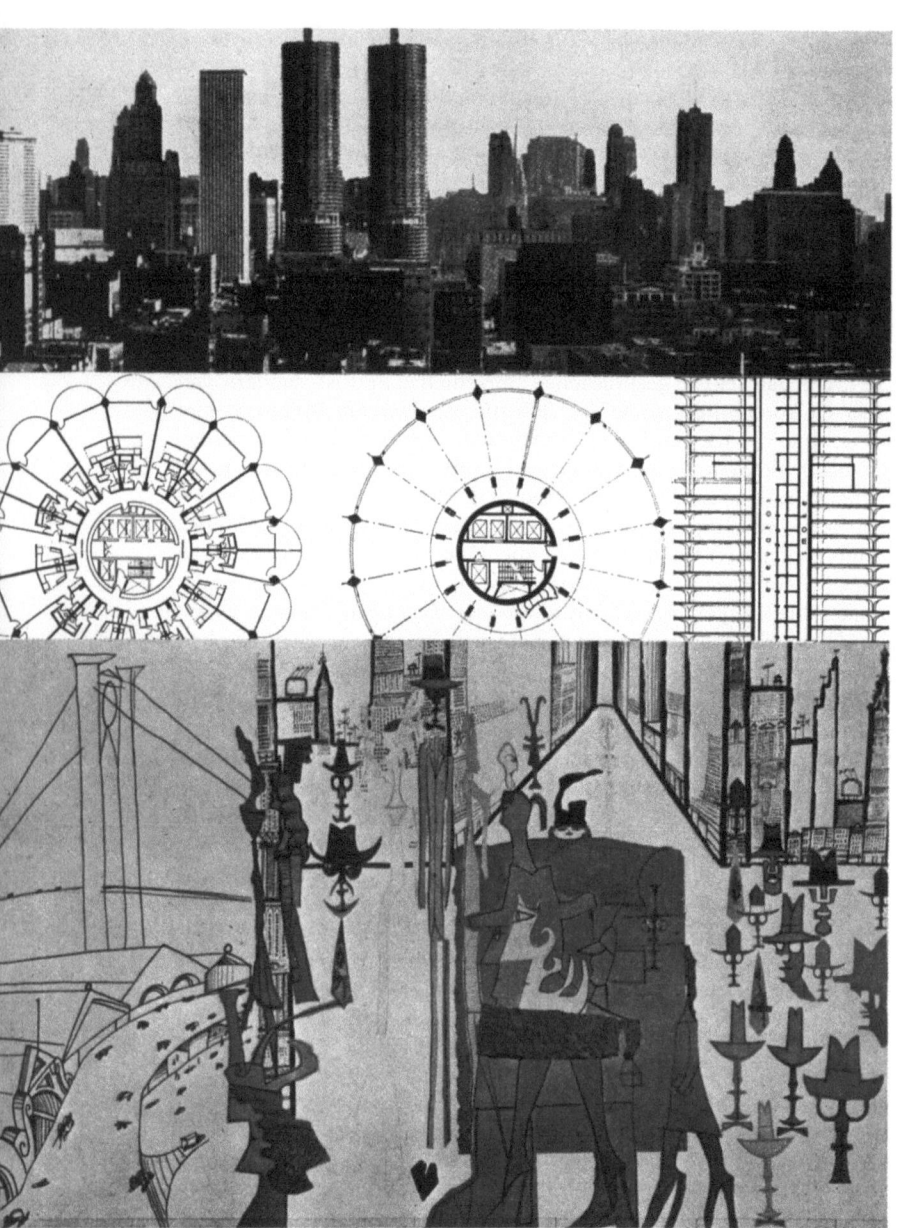

Amerikanische Stadtansicht, die Hochhäuser von Marina City und die Collage von Saul Steinberg für den USA-Pavillon auf der Expo 58 in Brüssel.

Wir wollen die Architektur als eine Logotechnik betrachten und ihre Merkmale mit denen eines benachbarten Bereichs, des Industrial Design, vergleichen. Tatsächlich verfügt eine kleine Entscheidungsgruppe über die Produktion von Konsumgütern und nimmt dabei entweder durch Marketing mit den Konsumenten Kontakt auf oder läuft rein empirisch das Risiko des Mißerfolgs. Unter nur qualitativem Aspekt reichen diese Konsumgüter vom strengen Design über Styling bis zu unqualifizierten Formen, die andere Gegenstände mit anderen Funktionen nachahmen, andere Materialien imitieren oder überholte Geschmacksmuster übernehmen. Bei diesem vielfältigen Angebot kann der Benutzer zwar das Objekt, das er kauft, nicht verändern, sondern nur durch die Art seines Gebrauchs charakterisieren, aber durch das System der Konkurrenz hat er, zumindest theoretisch, die Möglichkeit eine breiten Auswahl. Diese Wahl zwischen unveränderlichen Gegenständen ist die nicht zu überschätzende Möglichkeit des Konsumenten, auf den Produktionsprozeß einzuwirken. Entweder ein Objekt *repräsentiert* ihn, das heißt, es drückt seinen Geschmack und seine Bedürfnisse aus, oder es ist für ihn bedeutungslos. Dann lehnt der Konsument es ab und veranlaßt dadurch die Entscheidungsgruppe, ihre Produktion zu verändern und neue Kriterien in sie einzubeziehen, mit einem Wort, sich besser auf ihre Zielgruppe einzustellen.

Selbstverständlich kommt diese Macht des Auswählens um so schneller zum Zuge, je billiger das in Frage stehende Objekt ist. Vom Überseeschiff bis zum Plastikeimer gibt es erhebliche Unterschiede in der Macht der Konsumentenentscheidung. Gleichwohl ist nicht zu bezweifeln, daß bei der industriellen Produktion von Konsumgütern die Verbrauchermassen eine – wenn auch indirekte – Möglichkeit haben, den Produktionsprozeß zu beeinflussen. Dagegen scheint es bei der Architektur diese Entscheidungsmöglichkeit des Benutzers nicht zu geben. Im Gegensatz zu dem, was er glaubt, hat er keine Möglichkeit der Wahl. Denn seine scheinbare Wahl beruht nicht auf einem Werturteil, das verschiedenartige Faktoren in Betracht zieht und sich an verschiedenartigen Maßstäben orientiert, sondern sie hält sich an einen einzigen Maßstab, der angeblich alle anderen einbezieht: die Funktion. Trotz seiner Abhängigkeit von wirtschaftlichen Überlegungen, von »Zahlungserleichterungen« und eben dem Mythos der Funktion, verzichtet der Benutzer aber nicht auf die repräsentative Bedeutung seiner Wohnung, sondern verweist sie lediglich auf deren Inneres und die Art, wie er es unterteilt und einrichtet. Natürlich ist dabei sein individuelles Handeln eine reine Illusion, denn es bleibt durch den verspäteten Zeitpunkt, zu dem es stattfindet, vollkommen von den vorangehenden Dispositionen der Entscheidungsgruppe abhängig. Der Benutzer macht aber nicht nur von seinem Wahlrecht keinen Gebrauch (denn selbst die schäbigste Wohnung findet immer noch ihren Liebhaber), sondern verhindert durch sein Verhalten, das auf dem Vertrauen beruht, noch nachträglich auf das Bauprodukt einwirken zu können, die Industrialisierung und technologische Vervollkommnung des Baugewerbes. Bei einem ersten summarischen Vergleich der beiden Logotechniken, Architektur und Design, erweist sich das Design auch vom semiotischen Standpunkt aus als technisch weiter entwickelt, denn es läßt die dialektische Kommunikation zwischen Entscheidungsgruppe und Verbrauchermassen zu, die sich auf einer als Kollektivvorstellung bezeichneten Bezugsebene vollzieht. Die Architektur erscheint dagegen unter ihren heutigen Voraussetzungen als technologisch rückständiger und weniger eindeutig, weil sie die Illusion eines verspäteten, widersprüchlichen und unkritischen Eingreifens nährt.

Es ist allgemein bekannt, daß zumindest in der ersten Phase einer Massengesellschaft die Qualität der Quantität ihren Tribut zahlen muß (auch wenn, wie wir sehen werden, sich die Meinung anbahnt, die Quantität stelle ein neues Wertkriterium dar) und daß Flüchtigkeit und Kurzlebigkeit zu den Merkmalen der Massenmedien gehören. Auch hier stellt die Architektur eine Ausnahme dar. Zwar könnte sie ebenfalls im Lauf weniger Monate zu konsumieren sein, transportabel, zusammensetzbar, modifizierbar usw. werden. Aber eine solche Wegwerfproduktion ist bisher Utopie geblieben. In Wirklichkeit nutzt sich das architektonische Produkt ab, wird aber nicht verbraucht; es wird aus wirtschaftlichen oder statischen Gründen abgerissen, aber nicht radikal verändert, um es in einen besseren Zustand zu versetzen. Diese materielle Lebensdauer der Architektur führt zu einer ganzen Reihe von Widersprüchen, die die Beziehung Produktion – Konsum und Form – Funktion komplizieren.

Wenn auf enteigneten oder verpachteten Grundstücken nicht nur im technischen Sinn abnutzbare Produkte gebaut würden, sondern solche, die auch dem sich ändernden Geschmack und, wie wir hinzufügen möchten, den sich ändernden Funktionen und Verhaltensweisen zum Opfer fielen, dann wäre einerseits die grenzenlose Unbekümmertheit gerechtfertigt, mit der die architektonische Produktion allen Problemen begegnet, die nichts mit dem reinen Nutzen zu tun haben, zum anderen würde vielleicht das bürokratische Chaos bei der Genehmigung von Projekten und Flächennutzungsplänen sich lichten. Selbstverständlich wünschen wir uns keine Stadtlandschaft aus Blech, die das Monopol einer privaten Industrie oder des Staates wäre. Aber es ist nicht zu bestreiten, daß eine begrenzte Lebensdauer der Vermassung der Architektur entspräche und die Erprobung und Ausarbeitung optimaler Modelle ermöglichte, die den Bedürfnissen einer befristeten Zeit entsprächen. Im Städtebau gilt die Regel, daß Städte sich alle fünfzig Jahre verändern. Richtiger wäre die Behauptung, daß sie sich innerhalb dieser Zeitspanne deformieren und daß diese Deformation so langsam fortschreitet, daß sie von einer Generation nicht wahrgenommen und kontrolliert wird. Deshalb ist es unmöglich, daraus eine ausreichende und unmittelbare Lehre zu ziehen.

Aber das Problem, daß die Architektur eine längere Lebensdauer als die anderen Massenmedien hat, führt zu weiteren Widersprüchen. Die im Vergleich zu anderen Gebieten langsame Industrialisierung des Bausektors hängt zweifellos mit sozio-ökonomischen Voraussetzungen zusammen, die in den verschiedenen Ländern entsprechend ihrer technologischen Kapazität und ihrem Volkseinkommen variiert. Aber auch andere das Verhältnis von Angebot und Nachfrage auf dem Markt betreffende Faktoren tragen zu dieser negativen Erscheinung bei.

Eine falsche Mythologie, etwas Pseudosakrales umgibt noch heute das Haus, das Reich der Laren, die längst zur Miete wohnen. Psychologisch ist beim Verbraucher des Bauproduktes ein seltsames Phänomen zu beobachten. Alles, womit er außerhalb seiner Wohnung zu tun hat – das Büro und seine Einrichtung, Arbeitsgeräte und sogar Kleidung – folgen dem Gesetz des Funktionalismus, der größtmöglichen Effizienz, der vollständigen Entmythologisierung. Selbst die Fassade seines Wohnhauses gibt sich durch die Benutzung neuer technologischer Produkte, ja vielleicht durch die Sichtbarkeit ihrer Strukturelemente als hochindustrialisiertes Produkt zu erkennen. Beim Raumplan und dem sonstigen Inneren heutiger Wohnungen begegnen wir aber einer diesen Tatsachen diametral entgegengesetzten Wirklichkeit. Im Inneren des Hauses scheinen sich alle Frustrationen auszutoben, denen der heutige Mensch unterworfen ist und die er in seiner sonstigen Umgebung hinnimmt. Während draußen alles zu Einheitlichkeit, Konformismus und Planung tendiert, behauptet sich drinnen das Besondere, das Einzelstück, die unvermutete Kombination. Der Mensch in der Wohlstandsgesellschaft geht nicht zum Gottesdienst, betätigt sich nur in Grenzen politisch und sozial, opfert aber in seinem Wohnzimmer mit Eßnische dem goldenen Kalb des Kitsches.

Diese Kluft zwischen Hülle und Inhalt übt, wie gesagt, ihre nachdrückliche Wirkung auf die unzureichende Industrialisierung des Bausektors aus. Wo aber liegt die Grenze zwischen der inneren und der äußeren Welt des heutigen Konsumenten? Wie verläuft diese Demarkationslinie? Gewiß außerhalb der dem Bau vorgehängten Fassade. Aber was soll man aus der inneren Raumaufteilung schließen? Was soll man überhaupt von der Aufteilung der Wohnung, ihren Wandverkleidungen und Einbauten halten, die nicht nur praktische Funktionen haben, sondern auch Prestigeträger sind? Wie reagiert die Bauproduktion auf diese alles andere als unwichtigen Probleme? Auf die vielleicht schlimmste Weise: sie fixiert die Funktionselemente und kümmert sich nicht um die formale Seite. Sie hält sich für das Außen zuständig, entwirft einen Plan oder vielmehr einen Umriß, der durch die Maschen der Bauordnung schlüpft und Veränderungen in den einzelnen Wohnungen ermöglicht. Das Produkt dieser »offenen Planung« erhält dann Fassaden, wie sie bei Benutzung der wenigen Fertigbauteile möglich sind. Auch hier kommt es also zu einer Art Gleichgewicht zwischen Entscheidungsgruppe und Verbrauchermassen, nur daß man bei der Architektur die Bezugsebene nicht als Kollektivvorstellung bezeichnen kann, sondern als einen Brauch, der auf unzusammenhängenden, sinnlosen, anachronistischen Voraussetzungen beruht.

Gleichwohl ist unseres Wissens noch nicht untersucht worden, ob die individuellen Bedürfnisse des Durchschnittskonsumenten möglicherweise nützliche Hinweise geben, wie man die repräsentative und kommunikative Form des Hauses (die er mit dessen Innerem identifiziert) rationaler vorfertigen könnte. Natürlich ist die Kunst des Wohnens von Land zu Land verschieden. Während man sich in Italien noch weigert, die Wohnung als ein Massenprodukt zu akzeptieren, scheint es in den Vereinigten Staaten keine Diskussion mehr darüber zu geben. In den Suburbs entspricht die Masse der Einfamilienhäuser vollkommen den Bedürfnissen des Durchschnittsamerikaners und stellt für die Slum-Bewohner etwas Erstrebenswertes dar. Die perfekte technische Ausrüstung und der hohe Standard dieser Wohnungen führen dabei zu einer unterschiedslosen formalen Gleichheit. So bestätigt die amerikanische Massenbauweise buchstäblich die Behauptung, daß gegenwärtig eine Funktion ohne Form gebaut wird. Gleichwohl müssen die amerikanischen und europäischen Stereotypen sich doch in irgendeiner Weise definieren lassen. Denn letzten Endes kann es keine vollkommen formlose Funktion geben. Es geht also darum, ein neues Verständnis für den Doppelbegriff zu finden, mit dem wir uns beschäftigen.

Vor allem ist dabei sein Verständnis als eine lineare Beziehung von Ursache und Wirkung abzulehnen, die aus der Physiologie übernommen worden ist. Denn, wie Aldo Rossi in diesem Zusammenhang schreibt, stellt sich dieser Auffassung »die Form wie ein Organ dar, dessen Funktionen seine Form bedingen und entwickeln, so daß Funktionsstörungen zu einer Veränderung der Form führen. Hier liegt die Wurzel für die funktionalistische und die organische Architektur, die beiden Hauptströmungen der Moderne, und hierauf beruht ihre Schwäche und mangelnde Eindeutigkeit ... Die Form wird so ihrer komplexeren Motivationen beraubt ... Wenn anderer-

seits die Gestalt der Städte durch neu auftretende Funktionen einfach eingeschmolzen und erneuert würde, wären die Werte der Stadtstruktur, die sich in ihrer Architektur darstellen, etwas ständig Vorhandenes und Verfügbares. Die Erhaltung von Gebäuden und ihren Formen hätte keinerlei Sinn, und selbst die Bedeutung der Überlieferung einer bestimmten Kultur, von der die Stadt ein Teil ist, geriete in eine Krise. Aber das alles entspricht nicht der Wirklichkeit.«[5]
Aus alledem und insbesondere aus der Tatsache, daß die Funktionalisten dem Problem der Form ausgewichen sind, ergibt sich, daß der Faktor Form heute einer aufmerksameren und spezielleren Untersuchung bedarf. So widmen sich denn auch die neuesten Studien den Problemen der Form und suchen für sie nach einer neuen theoretischen und praktisch anwendbaren Definition.
Was rechtfertigt nun diese autonome Untersuchung der Form, ihre – wenn auch nur vorläufige – Ablösung von der Funktion? Zunächst kann das wie eine Reaktion auf das Ausufern des Funktionalismus wirken, das unsere Ausbildung als Architekten geprägt hat und noch weiterhin unsere berufliche Tätigkeit beeinflußt. Bei genauerer Prüfung erweist sich die autonome Untersuchung der Form aber als einerseits legitimiert durch die heutige wissenschaftliche Forschung und andererseits durch das Bedürfnis, angesichts neuer Funktionen und neuer Dimensionen von Architektur und Städtebau der Form wieder einen spezifischen semantischen Wert zu geben.
In der Physik und anderen Wissenschaften erkennt man mehr und mehr, daß jede Veränderung nicht lediglich auf Ursache und Wirkung zurückzuführen ist, sondern eher als multikausaler Prozeß verstanden werden muß, der seinerseits zur Ursache weiterer Wirkungen wird. Für Architektur und Städtebau ergibt sich daraus, daß Form nicht nur der Funktion folgt, sondern noch andere Ursachen hat. Das Leben der Form wird seinerseits zur Ursache neuer Phänomene. An diesem Prozeß wirken außer, daß Form und Funktion keine ausschließliche Beziehung zueinander eingehen, noch andere Faktoren, zum Beispiel die Bedeutung, mit. Dieses Buch hat sich vor allem die Aufgabe gestellt, Massenkultur und Semiotik in Verbindung zu bringen und mit Hilfe der einen gewisse Probleme der anderen zu lösen. Aus einer Perspektive, die Form nicht als Funktionsträger, sondern als bildhaftes Zeichen versteht, das eine Bedeutung hat und Verhalten prägt, muß es deshalb möglich sein, der Form eine andere Rolle zu erteilen als die durch die Formel »Funktion ohne Form« gekennzeichnete, nämlich eine Rolle, die auf einen Bedeutungsprozeß verweist.

[5] Aldo Rossi: L'architettura della città. Padua, 1966. S. 34–36.

Die Architektur in der ideologischen Krise

Die Frage des politischen Engagements, die in anderen kulturellen Bereichen heftige Diskussionen ausgelöst hat, ist für Architekten und Architekturkritiker niemals ein Gegenstand von Erörterungen gewesen. Hochgespielt von einer auf Zeitvertreib eingestellten Kulturindustrie und von Konsumenten in ewigem Urlaub, hat das Thema die Literatur-, Theater- und Filmspalten der Zeitungen gefüllt. Aber während hier für und gegen das politische Engagement gestritten wurde, hat es derartige Meinungsverschiedenheiten bei Architekten und Stadtplanern nicht gegeben. Denn schon ihrer Natur nach kann die Architektur nicht von der Politik absehen. Mag der Architekt sich zum Promotor oder Anhänger futurologischer Utopien machen, mag er seine Arbeit völlig passiv der herrschenden Klasse zur Verfügung stellen, immer hat seine Entscheidung oder sein Verzicht auf eine Entscheidung auch einen politischen Aspekt.

Obwohl dieses Engagement in Architektenkreisen also niemals angezweifelt worden ist, haben Architekten doch nur ausnahmsweise in der Öffentlichkeit eine klare ideologische oder politische Stellung bezogen. In dieser Hinsicht stellt ihr Verhalten ein besonderes und noch unerforschtes Kapitel in der Beziehung zwischen Politik und Kultur dar. Wie aber soll man sich diesen Mangel an Eindeutigkeit einem Problem gegenüber erklären, dessen Wichtigkeit nicht zu bestreiten ist? Waren die Architekten vielleicht derselben Meinung wie Marx mit seiner Ideologiekritik oder ahnten sie zumindest, daß Ideologien das Bewußtsein von der sozio-ökonomischen Wirklichkeit trüben können? Hielten sie die Ideologien deshalb für bloße Rechtfertigungen? Muß man den Abstand, den sie Ideologien und Parteien gegenüber wahrten, als eine Taktik verstehen, um der Architektur ihre Unabhängigkeit von fremden Einflüssen zu erhalten, oder bestehen objektive Schwierigkeiten zwischen Architektur und den Parteien als Institution? Auf alle diese Fragen zu antworten ist nicht leicht. Und nicht leichter wird die Antwort, wenn man in diese Problematik die wichtigsten und politisch am meisten diskutierten Figuren der modernen Bewegung einbezieht. Es ist nämlich nicht einzusehen, warum Gropius allgemein als dem gemäßigten Flügel der Sozialdemokraten nahestehend gilt, während Le Corbusier, der überzeugt war, man könne durch Architektur die Revolution verhindern, neuerdings für fortschrittlicher als sein deutscher Kollege angesehen wird. Vermutlich ist auch dieses Urteil insofern ideologisch gefärbt, als es von der ästhetischen Bewertung der beiden Architekten abhängig ist. In Wirklichkeit ist unserer Auffassung nach die Tatsache, daß beide Architekten sich nicht parteipolitisch engagierten, auf eine Taktik oder sogar Strategie zurückzuführen, die sie im Hinblick auf ihre theoretische, didaktische und praktische Tätigkeit verfolgten. Obwohl sie in die Politik hineingezogen wurden, legten sie sich ideologisch nicht fest, um sich nicht die Möglichkeit zu verbauen, ihre Ideen und Entwürfe zu verwirklichen. Denn, so meinten sie, wenn diese erst ausgeführt wären, würde sich ihre Bedeutung für den Fortschritt ohnehin erweisen.

Durch die geschichtliche Entwicklung, den Nazi-Faschismus, den Krieg, den Wiederaufbau, den neuen Kapitalismus und die Entstehung der Industrie- und Massengesellschaft, haben sich diese Hoffnungen allerdings nur teilweise erfüllt.»Der von der modernen Architekturbewegung proklamierte ideologische Gehalt des funktionellen Bauens verflüchtigte sich in dem Maße, in dem die Gesellschaft ihn absorbierte. Unbestreitbar aber bleibt, daß die moderne Bewegung zum damaligen Zeitpunkt erkannt hatte, welche Elemente im progressiven Sinn wirken konnten. Es ist deshalb nicht so wichtig, daß eben diese Elemente (zum Beispiel die ›Funktionalität‹) in einer anderen Gesellschaft eine ganz andere Funktion erfüllt haben oder erfüllen.«[6] Dem ließe sich entgegenhalten, daß diese andere Funktion durchaus wichtig ist und daß die schlimmen Folgen, nämlich die heutige Verwendung funktionalistischer Formen und Systeme, nicht zuletzt auf deren Geburtsfehler zurückzuführen sind. Jedenfalls aber hat das Vertrauen der damaligen Architekten auf die objektive Qualität ihrer Modelle, die von den ideologischen und politischen Vorstellungen ihrer Zeit unabhängig waren, dazu beigetragen, daß sie wohl oder übel noch heute aktuell sind und ihre Wirkung ausüben.

Wenden wir uns aber von der Generation der Meister ab und der heutigen Architekturszene zu, so stellen wir fest, daß das linke Engagement, auf das wir unsere Untersuchung beschränken wollen, auch heute alles andere als deutlich ist. Selbst für die Architekten, die aktiv in den Parteien mitarbeiten, ist es offenbar schwierig, ihre politischen mit ihren kulturellen Interessen in Einklang zu bringen. Für die Kommunisten spielt dabei das unselige Erbe des »sozialistischen Realismus« und der Neo-Monumentalismus eine ebenso wichtige Rolle wie die Tatsache, daß ihre Partei fast alle Reformen seit der Mitte des 19. Jahrhunderts im Namen einer allgemeinen und radikalen Revolution ablehnte, die in vielen Ländern dann nicht

---

[6] Giorgio Piccinato – Vieri Quilici -- Manfredo Tafuri: La città territorio, verso una nuova dimensione. In »Casabella-continuità«, Nr. 270.

stattgefunden hat. Den Sozialdemokraten, die in mancher Hinsicht die moderne architektonische Entwicklung am ehesten fördern könnten, fehlt es an ideologischem Ernst, um die deutschen Fehler nach dem Ersten Weltkrieg nicht zu wiederholen und jenem Pragmatismus entgegenzutreten, der »in aller Sachlichkeit« behauptet, Architektur und Städtebau, wie sie zum Beispiel für die skandinavischen Länder typisch sind, erfüllten vollkommen ihren Zweck. Die Sozialisten, die Freiheit mit Desinteresse verwechseln, haben sich kaum mit Kulturpolitik beschäftigt. In ihren Schriften begegnet man noch oft dem gleichen unangekränkelten Positivismus wie im 19. Jahrhundert, der den heutigen Verhältnissen denkbar unangemessen ist. Die katholische Welt ist in Wirklichkeit zu heterogen und setzt sich aus zu verschiedenartigen und zu unterschiedlich orientierten Persönlichkeiten zusammen, um auf kulturellem Gebiet als Gesprächspartner in Frage zu kommen. Obgleich hier in jüngster Zeit einiges in Bewegung geraten ist, hat sie auch heute in Fragen der Architektur und des Städtebaus keine Anhaltspunkte oder nützlichen Hinweise zu bieten.

Im übrigen würden die »politischen Schwierigkeiten der Architektur« vermutlich auch nicht geringer, wenn die genannten Parteien sich wandelten oder eine effizientere Kulturpolitik als bisher betrieben. Denn auf Grund der für die heutige Zeit charakteristischen Arbeitsteilung und Spezialisierung darf man wohl annehmen, daß die Politiker zunehmend mit ihrer eigentlichen Aufgabe, zu regieren und zu verwalten, beschäftigt sein werden. Sie werden deshalb kaum Gelegenheit haben, neue Methoden und neue Lösungen zu erproben. Im Austausch für ihre wachsende Macht werden sie darum die radikale und avantgardistische Aktion spezialisierten und für die einzelnen Bereiche verantwortlichen Kulturfunktionären überlassen. Ihnen wird nach dem Untergang der alten politischen Ideologien, die immer weniger Anziehungskraft auf die Massen ausüben, die Aufgabe zufallen, neue Ideologien zu formulieren, die keine abstrakten dogmatischen Systeme, sondern Ansätze und Überlegungen zu neuen Methodologien darstellen werden. Diese Arbeitsteilung und die politischen Schwierigkeiten lassen eine korporative und anachronistische Intellektuellenpartei keinesfalls als wünschenswert erscheinen. Sie ermöglichen es aber, von einer Kulturpolitik oder zumindest von einer gesicherten Macht zu sprechen, die Techniker, Forscher und Intellektuelle als solche öffentlichen oder privaten Machtgruppen gegenüber haben. Auf welcher Ebene können ihre neuen Experimente und die Macht, sie anzuordnen und durchzusetzen, einander begegnen? Eine direkte Beziehung zwischen Politik und Kultur, die wir alle in den hochgemuten Jahren des Wiederaufbaus nach dem letzten Krieg herzustellen hofften, ist aus den oben genannten Grün-

Konsumanreiz. Montage unter Verwendung eines Bildes von A. Fomez

den heute unwahrscheinlich. Gleichwohl fehlt es nicht an weiten Bereichen, in denen eine Begegnung der beiden möglich ist. Zu den am unmittelbarsten einleuchtenden gehört die Gesamtheit der soziologischen Probleme, die die sogenannte Massenkultur ausmachen. Über diese Massenkultur, die unkritisch und/oder als Manipulationsmittel in den Händen einiger politischer oder wirtschaftlich mächtiger Gruppen hingenommen wird, sind sich die Intellektuellen durchaus nicht einig. Ihr Phänomen, dessen Vorläufer schon vor langem beschrieben worden sind, wurde 1930 in Ortega y Gassets »Aufstand der Massen« zum ersten Mal systematisch behandelt und 1947 von Horkheimer und Adorno in ihrer »Dialektik der Aufklärung« scharfsinnig analysiert. Eine Kapitelüberschrift dieses Buches brandmarkt die »Kulturindustrie als Massenbetrug«. In den Nachkriegsjahren stand das Problem erst im Mittelpunkt der amerikanischen und später auch der europäischen Soziologie. Zahlreiche Forscher beschäftigten sich mit ihm, kamen bei seiner Beurteilung aber zu höchst unterschiedlichen Ergebnissen.

Diese verschiedenen Auffassungen gehen ideologisch einerseits auf die frühen Schriften von Marx, die romantisierende deutsche Soziologie, einige Aspekte der Psychoanalyse und die traditionelle Abneigung der Ästheten (Ruskin und Morris) gegen die frühe Industriegesellschaft zurück. Zentrum war das von Adorno geleitete Frankfurter Institut für Sozialforschung, auf dessen Linie nicht nur die Schriften von Max Horkheimer, sondern auch von Erich Fromm, Franz Neumann und Herbert Marcuse liegen. Aus denselben Quellen schöpfen aber auch viele radikale amerikanische Schriftsteller, die der Massenkultur den Kampf angesagt haben und sie dabei weitgehend mit spezifisch amerikanischen Zivilisationserscheinungen identifizieren. Alle diese Wissenschaftler entmystifizieren in ihren Analysen die Massengesellschaft Schritt für Schritt und dramatisieren dabei oft die heutige gesellschaftliche Entwicklung.

Dieser Interpretation von »links« steht eine andersartige von »rechts« gegenüber. Auch sie betrachtet die Massenkultur als ein Zwangssystem. Während dieser Zwang aber nach der Auffassung der Linken von einer Minderheit ausgeübt wird, geht er nach Ansicht der Rechten von der Mehrheit aus. Einig sind sich beide Deutungen nur darin, daß ihnen die Massengesellschaft als eine unmittelbare Gefährdung der Freiheit erscheint. Denn bei aller Gegensätzlichkeit stimmt diese Kritik doch in einer ideologisch doktrinären Haltung überein, die Verständnis und Strukturanalyse des untersuchten Phänomens verhindern. Vor allem beurteilt sie dieses Phänomen nach einem ihm fremden und jedenfalls auf unsere heutige soziologische Situation nicht anwendbaren Modell. Dagegen bevorzugen die Kritiker, die die Massenkultur bejahen – sofern sie nicht »Wunschstrategen« sind, das heißt Techniker, deren Aufgabe es ist, die Zersplitterung, das Konsumdenken und die Vermassung in dieser Kultur zu fördern[7] – im allgemeinen die soziologisch-wissenschaftliche Strukturanalyse der Massenkultur, um ihre Wirklichkeit vorurteilslos in den Blick zu bekommen.

Wenn unsere Industrie- und Massengesellschaft also auch nicht nach überalterten ideologischen Maßstäben beurteilt werden darf, so ist es doch notwendig, sich bewußt zu machen, was an dem Begriff Ideologie noch Gültigkeit hat. Das Frankfurter Institut für Sozialforschung schreibt dazu: »Von Ideologie läßt sich sinnvoll nur soweit reden, wie ein Geistiges selbständig, substantiell und mit eigenem Anspruch aus dem gesellschaftlichen Prozeß hervortritt. Ihre Unwahrheit ist stets der Preis dieser Ablösung, der Verleugnung des gesellschaftlichen Grundes. Aber auch ihr Wahrheitsmoment haftet an solcher Selbständigkeit, an einem Bewußtsein, das mehr ist als der bloße Abdruck des Seienden, und das danach trachtet, das Seiende zu durchdringen.«[8]

Eine Diskussion darüber, was die Sozialisten in Italien heute tun sollten, die 1966 in der Zeitschrift ›Tempi moderni‹ stattfand, stellt einen sehr bezeichnenden Beitrag zu unserem Thema dar. Die meisten Teilnehmer stimmten mit Fabrizio Onofri in der Auffassung überein, daß die Entwicklung der modernen Gesellschaft zu einer Krise der politischen Ideologien geführt habe. Für Onofri ist das ein Symptom des nicht mehr vorhandenen Kontaktes zwischen Gesellschaft und Parteien. Denn die Werte und Modelle der Parteien bedeuten einer Gesellschaft nichts mehr, die sich immer ausschließlicher von ihrer eigenen Lebenslust leiten läßt. Diese Lebenslust mit ihren Licht- und Schattenseiten bleibt wiederum den Politikern unverständlich. Denn für sie ist bei ihren Kämpfen und Intrigen auf höchster Ebene, in Ermangelung eigentlicher politischer Ziele, die Macht als solche zum Selbstzweck geworden.

Der eigentliche Grund für den Zerfall der politischen Ideologien oder ihre geringe Anziehungskraft für die Gesellschaft wäre also die Massenkultur selbst mit ihrem neuen Wertgefühl. Die zum Totalitarismus neigenden utopischen Ideologien (an deren Entwurf der

---

[7] Umberto Eco erwähnt in seinem Aufsatz »Per una idagine sulla situazione culturale« (»Rinascità« vom 5. 10. 1963) den Kreislauf, Erweckung eines Wunsches – Hinweis auf das Wunschobjekt – Erwerb des Wunschobjekts – Nachlassen der künstlich erzeugten Spannung – vermeintliche Zufriedenheit, den Ernest Dichter in seinem Buch »Strategie im Reich der Wünsche« darstellt.

[8] Frankfurter Beiträge zur Soziologie. Herausgegeben von Theodor W. Adorno und Walter Dirks. Band 4: Soziologische Exkurse. Frankfurt am Main, 1956. S. 175.

Das römische Stadtviertel Tiburtino und ein Straßenverkäufer in Neapel (Foto: De Biasi). Aus »Ideal-Standard«

zukünftigen Stadt sich Erwartungen und Verhalten orientieren sollen) werden von einem »Wertsystem« abgelöst, das auf Grund der von ihm vertretenen Werte (Wohlstand, Sicherheit, Konsum usw.) in einem weiter gefaßten Sinn als eine »Ideologie« des Gegenwartsgenusses, des Konsums und der Freizeit bezeichnet werden könnte.
Über die Art und Weise, wie die Parteien zur Veränderung dieses Modells beitragen könnten, schreibt Onofri: »In einem Punkt allerdings können die Parteien ihre *Überlegenheit* gegenüber den Mechanismen der Wohlstandsgesellschaft beweisen. Die Wohlstandsideologie und die Massen- und Industriegesellschaft verführen meistens zu einem rein passiven, individualistischen und unsolidarischen Konsumverhalten. Wenn die politischen Parteien überhaupt zu einer Erneuerung fähig sind, dann können sie hier zu ihrer Überlegenheit (das heißt zu ihrer führenden sozialen Rolle) zurückfinden. Sie müßten sich dazu so organisieren und so handeln, daß Individuen und Gruppen wieder aktiv am öffentlichen Leben teilnähmen. Dabei würde es nichts ausmachen, wenn diese Gruppen zum Teil ähnliche Ziele wie die Wohlstandsgesellschaft verfolgten. Wichtig wäre vor allem, daß sie sich aktiv an deren Durchsetzung und Kontrolle beteiligten, sich frei und bewußt für sie entschieden. Hierauf, das heißt auf ihrer *sozialen Funktion*, beruht die Rechtfertigung für das Fortbestehen der Parteien.«[9]
Abgesehen davon, daß die Wohlstandsgesellschaft, von der Onofri spricht, in Italien erst zu einem Teil verwirklicht ist, überraschen vor allem seine Überlegungen zur Lösung der gegenwärtigen politisch-ideologischen Krise, das heißt seine Vorstellungen von der neuen Rolle der Parteien, die alle Bürger zur Selbstverwaltung und zum kritischen Konsum der Wohlstandsgüter anleiten sollen. Diese These hat zwar etwas Verführerisches. Dennoch kann man die Frage nicht unterdrücken: Auf Grund welcher Kompetenzen, welcher Kriterien und mit welchen Zielen sollen die Parteien diese Aufgaben erfüllen? Am klarsten hat Antonio Giolitti diese Einwände formuliert: »In einer Diskussion über das, was die Sozialisten tun sollten, muß man auch über Ziele und nicht nur über Mittel reden. Eine Erklärung über das Endziel, die Utopie, ist nicht länger hinauszuschieben. Die ›Erneuerung‹ steckt uns darüber kein Licht auf . . . Wir brauchen eine Utopie und müssen sie definieren und erklären. Woran könnten wir sonst die Zweckmäßigkeit unseres Handelns messen? An seiner Effizienz? Effizienz in welcher Hinsicht? Am Maß der Erneuerung? Erneuerung in welchem Sinn? Ich höre schon die Antwort: ›Natürlich im sozialistischen Sinn.‹ Aber – wie ›Tempi moderni‹ mit Recht

[9] Fabrizio Onofri: Costituente aperta. Firenze, 1966. S. 318–320.

schreibt – gerade diesen sozialistischen Sinn muß man neu definieren.«[10]
So taucht von neuem das Bedürfnis nach einer Ideologie auf, die hier zweckmäßigerweise als Utopie definiert wird, weil niemand oder kaum jemand weiß, in welcher Richtung er sie suchen soll. Den Beweis dafür, daß eine Ideologie auch heute noch notwendig ist, liefern die Katholiken und die Kommunisten, deren Stärke weit mehr als auf ihrem politischen Taktieren auf ihrer ideologischen Fundierung beruht. Aber während Giolitti diesen Aspekt stärker betont, zeichnet sich Onofri, der sich ebensosehr für radikale Reformen einsetzt, durch seinen Willen aus, zu verstehen und – hier und jetzt – ohne Aufschub zu handeln.

Auch heute ist es wie in der Vergangenheit wahrscheinlicher, daß neue Utopien, neue ideologische Ansätze, die die Schemata der überholten und verkalkten Parteien ersetzen, im kulturellen Bereich entstehen als in dem der aktiven Politik. Das ist eine zusätzliche Rechtfertigung für das Bestehen einer unabhängigen Kultur.

Nach unserer knappen Analyse des politischen Bereichs wollen wir uns nun den wichtigsten Aspekten der Kultur und insbesondere der Architektur und des Städtebaus zuwenden. Zunächst ist festzustellen, daß bei den kulturellen und Verwaltungs-Institutionen, die mit Architektur und Stadtplanung zu tun haben, wenn möglich Stagnation und Verkalkung noch weiter forgeschritten sind als bei den politischen Institutionen von Staat und Parteien. Der Hinweis auf die unzureichende Gesetzgebung, die mangelnde Voraussicht und das Fehlen ausreichender Behörden für die Denkmalspflege usw. erübrigt sich hier. Zu diesen Schwächen der Verwaltung kommt aber die Uninformiertheit der öffentlichen Meinung hinzu, deren Folge ein geringes Interesse der Gesellschaft an dem ist, was diese Verwaltungen tun oder nicht tun. Wenn das Publikum schon kaum Anteil an der Politik nimmt, der sich mindestens die Hälfte aller Zeitungs- und Fernsehnachrichten widmet, was kann man dann für ein Interesse an Architektur und Städtebau erwarten, über die die Öffentlichkeit – außer bei großen Unfällen oder Skandalen – systematisch im Dunkeln gelassen wird? Wenn es auch auf unserem Gebiet und auf vielen anderen des Kulturlebens für ihre Politik der Tatsachen so etwas wie Wahltermine gäbe, dann müßten die politischen Machthaber der Wählerschaft wohl oder übel verraten, was sie im geheimen ausgeheckt haben. Für das öffentliche Bauwesen ergäbe sich so zumindest »potentiell« die Möglichkeit einer Ablösung unfähiger Leute oder eines Ansporns zu größerer Effizienz.

[10] Antonio Giolitti: Fine e mezzi dell'azione socialista in Italia: alcune osservazioni preliminari, a.a.O. S. 35–36.

Wie die Dinge heute aber liegen, identifiziert die Massengesellschaft, und häufig nicht einmal zu Unrecht, politisches und städtebauliches Geschehen, das ihr immer fremder und unverständlicher wird. Sie fühlt sich keineswegs als dessen Hauptperson, sondern betrachtet beides wie Steuern und Wehrdienst mißtrauisch als einen Tribut, den man dafür bezahlen muß, daß man Bürger dieses Staates ist. Die Parallele zwischen dem politischen System von Staat und Parteien und dem kulturellen System von Universität und Berufsstand in ihren Beziehungen zur Gesellschaft geht dabei so weit, daß beide sich in ihrer Taubheit, ihrer Blindheit und ihrem reaktionären Verhalten, dessen Sturheit sich allenfalls von nicht wiedergutzumachenden Katastrophen momentan erschüttern läßt, zum Verwechseln ähnlich sehen. Am schlimmsten sieht es in dieser Hinsicht an den Architekturfakultäten mit ihren Widersprüchlichkeiten, ihren Illusionen und ihrem Schlendrian aus, deren Dozenten und Studenten mehr schlecht als recht auf die Erfüllung der ihnen von der Gesellschaft anvertrauten Aufgaben vorbereitet sind.

Aber unsere Untersuchung gilt nicht dem Bestehenden, angesichts dessen man nur zu leicht ins Rhetorische verfällt, wenn man nicht nackte Daten und Zahlen sprechen läßt, sondern den Kräften und Ideen, die sich zu seiner Veränderung anschicken. Zu diesem Thema stellt Roberto Guiducci fest: »Die fortschrittlichste Kultur ist bei uns nicht avantgardistisch gewesen, sondern stellte ein Nachholen dar ... Dieses Nachholen wurde nicht nur von der Rechten, sondern auch von der Linken behindert, die 1945 ganz stalinistisch orientiert war. Deshalb begann das wirkliche Nachholen, zunächst für einige Minderheiten, dann auch für die Mehrheit, erst 1956, als man die Konsequenzen aus dem XX. sowjetischen Parteikongreß und der ungarischen Tragödie zog. Aber von 1945 bis 1956 war ein weiteres Jahrzehnt verstrichen, und diese wiederum versäumte Zeit machte sich nun allenthalben bemerkbar.«[11]

Indessen ist in Italien die ideologische Fixierung der politischen Linken nur zum Teil an der kulturellen Rückständigkeit schuld. Viel dazu beigetragen hat auch die Engstirnigkeit in den einzelnen kulturellen Bereichen. Auf dem Gebiet, mit dem wir es zu tun haben, hinderten vor allem die »realistischen« und utopischen Übertreibungen Architekten und Stadtplaner daran, sich auf die Wirklichkeit einzustellen. Beide Tendenzen haben einander in den verschiedenen Phasen der modernen Architekturbewegung häufig abgelöst. Heute hat sich das zu einem wahren Paroxysmus gesteigert. In der komplexen und pluralistischen Wirklichkeit unserer Zeit verschreiben sich die Architekten nämlich der jeweiligen Richtung mit

---

[11] Roberto Guiducci: New deal socialista. Florenz, 1965. S. 55 ff.

Luftaufnahme von Chicago. Aus »Casabella-continuità«

einer Ausschließlichkeit, daß alle anderen Komponenten des heutigen Lebens aus ihrem Blickfeld verschwinden.»Aber«, schreibt Edgar Morin,»die heutigen Gesellschaften sind polykulturell. Kulturzentren verschiedener Art werden wirksam: die Religion (oder Religionen), der Nationalstaat, die humanistischen Traditionen stellen ihre Moral, ihre Mythen, ihre Vorbilder im Rahmen der Schule und außerhalb der Schule einander gegenüber oder vereinigen sie. Diesen verschiedenen Kulturen muß die Massenkultur hinzugerechnet werden. Ein und dasselbe Individuum kann morgens in der Masse ein Christ, dann vor dem Gefallenendenkmal ein Franzose sein, ehe es im Theater den ›Cid‹ sieht oder *France Soir* und *Paris-Match* liest. Diese Massenkultur integriert und integriert zugleich sich selbst in eine polykulturelle Wirklichkeit, sie unterwirft sich Beschränkungen, Kontrollen und der Zensur (durch Staat oder Kirche) und hat zugleich die Tendenz, andere Kulturen zu zersetzen oder zu ersetzen ... Doch ist sie ihrerseits nicht die einzige Kultur des 20. Jahrhunderts. In den Vereinigten Staaten entstanden, hat sie sich in Europa bereits akklimatisiert. Einzelne ihrer Elemente haben sich über den ganzen Erdball verbreitet. Ihrer Tendenz nach ist sie kosmopolitisch, ihrem Umfang nach global. Sie stellt uns vor die Probleme, die eine erste universelle Kultur in der Geschichte aufwirft.«[12]

Ihr Eklektizismus kennzeichnet die technisch-produktive Wirklichkeit ebenso wie die nicht produktive Freizeit, die als Kollektivphänomene typische und konstante, aber nicht auf traditionelle Verhaltensmuster zurückführbare Merkmale aufweisen. Zu ihnen gehört, daß die Industrie- und Massengesellschaft die Einseitigkeit aller Ideologien ablehnt, aber auf keinen der überkommenen Werte vollständig verzichtet, mag es sich dabei um Religion, Familie oder andere Traditionen handeln. Das ist nicht etwa auf das Klischee zurückzuführen, daß unsere Zeit eine Übergangszeit sei (denn in gewisser Hinsicht sind alle Zeiten Übergangszeiten), in der noch Reste der alten Werte vorhanden sind. Vielmehr beruht es darauf, daß die Massenkultur aus dem Zusammenprall der neuen Werte und Medien mit allen früheren Mythen, Gewohnheiten, Wünschen und Erwartungen der Volksmassen entsteht. Sie stellt deshalb eine lebensprühende, unfaßbare Mischung von Altem und Neuem dar, bei der die Konsumfreudigkeit nur eines der auffallendsten Symptome ist.

In Architektenkreisen scheint man die Bedeutung dieses für die Massengesellschaft typischen Pluralismus und Eklektizismus nicht begriffen zu haben, sondern verschreibt sich – jeweils mit Haut und Haaren – bald dieser, bald jener Richtung und nimmt, was die eine

---

[12] Edgar Morin: Der Geist der Zeit. Versuch über die Massenkultur. Köln, 1965. S. 15.

oder andere angesehene Persönlichkeit dafür geltend macht, so wörtlich, als handele es sich um eine ewige Wahrheit, von der deshalb später nur schwer wieder abzurücken ist. So gab es eine Zeit, in der an den Architekturfakultäten und in den qualifiziertesten Berufskreisen jeder Architekt, der von dem Zwiespalt zwischen der überkommenen Theorie und einer aller Kriterien und sogar einer einschlägigen Gesetzgebung entbehrenden Praxis enttäuscht war, sich in einen Soziologen, Wirtschaftswissenschaftler oder Experten für industrielle Techniken zu verwandeln suchte. Angesichts der Schwierigkeit, nach dem Krieg beruflich wieder Boden unter die Füße zu bekommen, und unter dem Eindruck der ersten Kontakte mit dem angloamerikanischen Städtebau weihten die Architekten sich einer »realistischen« Aufgabe, die einerseits durch die Übergriffe in andere Disziplinen, andererseits dadurch gekennzeichnet war, daß man sich mit nichts Geringerem als der Planung ganzer Stadtviertel begnügte. Der Fanfani-Plan, die organische Architektur und der sozialistische Realismus gingen eine Einheit ein, von der man sich bei der Revision der funktionellen Schemata und der Einführung des Nachbarschaftsbegriffes als Richtschnur für die Gestaltung neuer Stadtviertel bestimmen ließ. Da die funktionalistischen Grundsätze als überholt galten, versuchte man, an unsere »nationalen Volkstraditionen« anzuknüpfen. Das Tiburtino-Viertel in Rom ist beispielhaft für alle diese Bestrebungen, die nicht durchweg abzulehnen sind. Wir jedenfalls halten immer noch etwas von dieser Siedlung, schon weil sie der Anonymität von zahllosen anderen vorzuziehen ist und als Ausdruck eines bestimmten historischen Augenblicks einen präzisen Ansatzpunkt für die spätere Diskussion bot. Andererseits hielten die Enttäuschungen, der »Realismus« und die auf ihre Art berechtigte Polemik gegen die herrschende Schicht die Architekten davon ab, die positiven Seiten an der Entwicklung der Industriegesellschaft mit ihrer chaotischen Lebendigkeit zu erkennen. Die Kluft zwischen ihr und den architektonischen Bestrebungen ist auch seither nicht geschlossen worden.
Sehr bald stellte man allerdings fest, daß die Prinzipien, der Größenmaßstab und der organische Charakter dessen, was man baute, schnell in Gegensatz zu einer nur ihre eigenen Gesetze befolgenden expansiven Wirtschaft gerieten, die durch ihre Taten und häufiger noch Missetaten eine ganz andere Umwelt entstehen ließ, als sie den Architekten vorschwebte. Diese setzten sich zwar energisch für eine Planungspolitik ein, konnten sich aber nicht über die Rolle einigen, die der Architekt bei der interdisziplinären Planung spielen sollte. So wandte man sich zwar vom Realismus und von der nationalen Volkstradition ab, gab aber den Anspruch nicht auf, bei der Planung sowohl baulich wie sozio-ökonomisch Regie zu führen. Wie seriöse

Spezialisten, die sich über die Grenzen ihres Berufs keinen Täuschungen hingaben, auf diesen unbegründeten Anspruch reagierten, kann man sich nur zu gut vorstellen.

Das Interesse an einer interdisziplinären Zusammenarbeit fiel mit einer ideologischen Krise zusammen, die nicht nur auf die Ereignisse in den kommunistischen Ländern zurückging, sondern auch auf die Erkenntnis, daß diesseits wie jenseits des Eisernen Vorhangs im Guten wie im Bösen mit ähnlichen Faktoren, insbesondere einem heftigen Konsumbedürfnis und Drang nach Nivellierung, zu rechnen war, die hier wie dort unseren Bestrebungen zuwiderliefen und damit die von uns verfolgten Richtlinien in Frage stellten. Damals entdeckten wir, daß die proletarischen Massen sich keineswegs eine der bäuerlichen ähnliche Umwelt wünschten, sondern in möglichst »urbanen« Wohnungen leben wollten, und daß das private Baugewerbe auch unsere Mitarbeit auf technischem Gebiet ablehnte und sie durch die berüchtigten »technischen Baubüros« ersetzte.

Wir erkannten, daß die angelsächsische Welt nicht nur aus Gartenstädten bestand und daß ihre Art des Städtebaus das Ergebnis zahlreicher verschiedenartiger Faktoren war, die wir in unserer Schwarz-Weiß-Manier, die Dinge zu sehen, und mit unserem aufklärerischen Erbe nicht begriffen. Der Pragmatismus, die Widersprüche und Mythen dieser Länder, die immer noch unsere Vorbilder sind, schienen mit ihrer Vielfalt unser einseitiges Problembewußtsein und unseren Intellektualismus Lügen zu strafen, die außerdem noch einer importierten Kultur aufgepfropft waren. Selbst unsere Sprache ist bei internationalen Kontakten unverständlich.

Bezeichnend für diese Ideenkrise und die sich daraus ergebende Bemühung der Architekten, ein anderes Verhältnis zur Gesellschaft zu gewinnen, war die Gründung des »Istituto Nazionale di Architettura«. Der Vortrag, in dem Bruno Zevi zu dessen Gründung aufrief, ging auf alle um 1960 wichtigen Probleme ein und entsprach mit seiner Initiative einem Bedürfnis, das wir damals alle empfanden. Zevi konstatierte das Scheitern einer Architektenpolitik, die ohne oder gegen die anderen Berufsgruppen und oft sogar gegen Personen betrieben wurde, die ebenfalls an der Bauproduktion interessiert waren, und forderte zu einer zugleich kritischen und pragmatischen Vereinigung aller Kräfte in dem zu gründenden Institut auf.

Dieser Vortrag ist für unser Thema insofern besonders wichtig, als Zevi im Hauptteil insbesondere auf das Los der Architekten in einer Massengesellschaft eingeht: »Es handelt sich vor allem um eine Überprüfung unserer Berufsstruktur in der heutigen Gesellschaft ... Angesichts der Massenmedien ist die intellektuelle Minderheit machtlos. Eine tiefe Unruhe erfüllt sie. Das Gefühl, abseits der Gesellschaft zu stehen, verurteilt sie zu einer dramatischen und

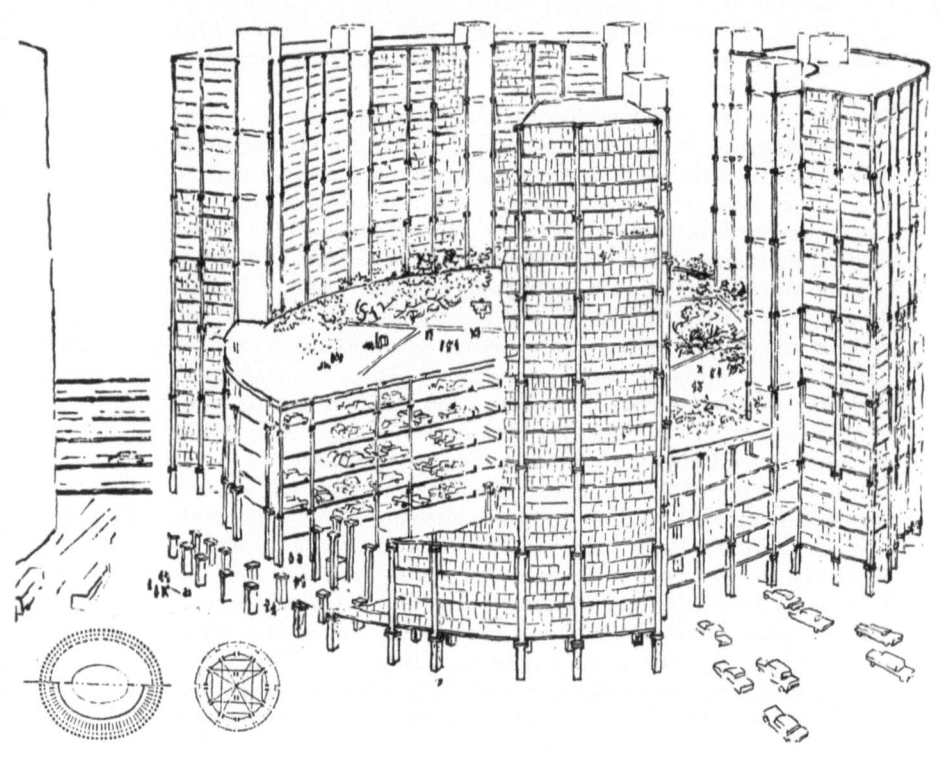

Mehrgeschossiges Parkhaus und ringförmiges Geschäftshochhaus für das Zentrum von Philadelpia von Louis I. Kahn

Turm des Rathauses von Philadelphia von Louis I. Kahn

manchmal schmerzlichen Isolierung, die um so verzweifelter ist, je weniger der Intellektuelle sich ihrer bewußt ist.« Das deutlichste Zeichen für diese Isolierung ist die Kluft, die sich zwischen den beiden am meisten an der Bauproduktion interessierten Gruppen auftut: zwischen den Architekten und dem Baugewerbe. »Die Bauproduzenten befinden sich in einer ständigen Polemik gegen die Kräfte, die die Produktion von Architektur erlauben. Und da die wirtschaftliche Initiative ungleich gewichtiger und schneller bei der Hand ist als die kulturelle, werden die Architekten an den Rand des Baugeschehens und in die Passivität gedrängt ... So scheinen sich in einer Zeit, in der die kreative Tätigkeit des Architekten mit der Erstellung des Bauprogramms beginnt, die, um es einmal so zu nennen, Bauinhalte der Bestimmung durch den Architekten zu entziehen.«

Zevi weist dann noch einmal auf das tiefe Unbehagen hin, das alle – Architekten und Architekturkritiker, Politiker und Verwaltungsbeamte, Unternehmer und Bankiers – erfüllt, und betont, daß es keine Alternative zu der von ihm vorgeschlagenen Zusammenarbeit zwischen kulturellen und wirtschaftlichen Kräften gebe. »Im Bereich der Architektur, in dem so etwas wie Klassenkampf absurd wäre, weil es keinen Konsumentenstreik und keine Aussperrung von seiten der Produzenten geben kann, versteift man sich auf einen Puritanismus am falschen Platz, lehnt grundsätzlich alles ab, was von seiten der Wirtschaft vorgeschlagen wird (um dann freilich in der eigenen Berufsausübung sich alledem nur zu leicht zu fügen). Man bietet keine Alternativen an, erkennt nicht sein Recht auf wirtschaftliche Initiative und versucht deshalb gar nicht, es mit seinem Recht als Architekt in Einklang zu bringen.«

Daraus ergibt sich die Notwendigkeit des Gesprächs zwischen den verschiedenen Gruppen und einer freien Diskussion der unterschiedlichen Interessen. In dem zu gründenden Institut würde das nunmehr möglich sein. »Zum ersten Mal werden wir gleichberechtigt mit unseren Klienten darüber verhandeln, inwiefern und wie weit sich die verschiedenen Interessen aufeinander abstimmen lassen. Was wollen die Unternehmer? Am Bauen verdienen. Ist das vielleicht nicht zulässig? Was wollen die Kunstkritiker? Landschaft und Stadtlandschaft erhalten. Dagegen hat doch niemand etwas einzuwenden. Aber muß denn das Bauen zwangsläufig die Städte ruinieren oder ist es gar notwendig, zur Erhaltung von Kunstdenkmälern das Bauen zu verbieten? Und wenn es noch so schwierig scheint, hier muß sich doch ein gemeinsamer Weg finden lassen. Andernfalls wird es bei der gegenwärtigen Lähmung bleiben.«

Aus der Perspektive der Architekten und Stadtplaner sprach für die Gründung des IN/ARCH der Wunsch, zu einer Planungspolitik zu kommen, die der Zustimmung aller interessierten Kreise, aber auch der gesamten Gesellschaft sicher sein durfte. In politisch-ideologischer Sicht stellte das den Übergang von Maximalforderungen zu einem – in der Stille ohnehin von jedem Architekten längst geteilten – Reformwillen dar, der jetzt aber in einer kulturpolitischen Institution seinen Ausdruck finden sollte.

»In Italien«, fährt Zevi fort, »äußern in Sachen Architektur alle Parteien das gleiche, weil alle nichts Verpflichtendes äußern. Und es gibt niemanden, der sie dazu zwingen könnte, konkrete Verpflichtungen einzugehen.«[13] Zevi war der Ansicht, daß die Neugründung »entweder ein solennes Fiasko erleben oder ein neuartiges und ungewöhnlich wirkungsvolles Instrument« werden müßte. Leider hat sich weder das eine noch das andere bewahrheitet. Das IN/ARCH entwickelt von Stadt zu Stadt eine sehr unterschiedliche Aktivität. Es verdient Achtung, ist aber weit entfernt davon, die erhoffte soziokulturelle Wirkung auszuüben. Infolgedessen dauert das frühere Unbehagen weiter an und wird durch die fehlende Gesetzgebung, das Mißtrauen, die Unfähigkeit einzelner und ganzer Gruppen zu koordinierter Zusammenarbeit und durch die allgemeine Gleichgültigkeit diesen Problemen gegenüber noch verstärkt.

Unter dem Eindruck, daß es nicht zu dem erhofften Gespräch zwischen ihnen und der Gesellschaft darüber gekommen war, daß Planung und Ausführung hinsichtlich Qualität, Größenordnung und Terminen differieren, und vor allem in dem Wunsch, Italien das zugänglich zu machen, was in anderen Ländern erarbeitet worden ist, versuchten die Architekten in den sechziger Jahren, sich noch einmal neue Ziele zu stecken. Es kommt zu einer neuen Modellvorstellung vom Architektenberuf. Man verzichtet wieder auf die Übergriffe in andere Disziplinen und bemüht sich auch in Hinblick auf die neue Regionalplanung, die durch die raschen gesellschaftlichen Entwicklungen notwendig wird oder zumindest als notwendig gilt, um eine stärkere Spezialisierung. Dieses neue Berufsbild ist nicht zuletzt auf die Aufwertung unseres spezifischen Erfahrungsbereiches zurückzuführen. Man entdeckt die Phänomenologie und erfährt, daß auch in Italien von Antonio Banfi eine phänomenologische Ästhetik erarbeitet worden ist. Man nimmt mit dem Strukturalismus Fühlung auf, der nicht wenige unserer Probleme zu beantworten vermag. Die linguistische Forschung erweist sich auch für unser Gebiet als recht nützlich. Man folgt dem Beispiel avantgardistischer Gruppen in der bildenden Kunst, das Umberto Eco »Bilden als Engagement für die Wirklichkeit« genannt hat. So verwandelt sich das »inhaltsbezogene

---

[13] Bruno Zevi: La costituzione dell'Istituto Nazionale di Architettura. In »Casabella-continuità«, Nr. 324.

Engagement« der fünfziger Jahre im folgenden Jahrzehnt in ein »formales Engagement«. Wer wenige Jahre früher von Form, Sprache und einer eigenen Struktur der Architektur gesprochen hätte, wäre auf Argwohn und Ablehnung gestoßen und hätte als »unengagiert« gegolten. Was aber hat außer der Enttäuschung über den mißlungenen Versuch, an die »Wirklichkeit« heranzukommen, zu einem so radikalen Kurswechsel in der Architekturdiskussion geführt? Anlaß dazu gab die Feststellung, daß unsere Mittel, unsere Themen, unsere Methodologie und die realen Probleme, die es zu lösen gilt, auf zwei verschiedenen Ebenen zu liegen scheinen, zwischen denen es keine Verbindungsmöglichkeit gibt. Die eigenständigen Entwicklungen der Technologie, die neue Größenordnung der in die Landschaft ausgreifenden Städte und schließlich das Vorbild des Ingenieurs, der die wichtigste Figur für die Kultur des 19. Jahrhunderts war, scheinen die gegenwärtige Wandlung nahegelegt zu haben. Dazu kommt die Erkenntnis, daß die Kultur der Politik gegenüber zumindest den Vorzug größerer Beweglichkeit und der Fähigkeit besitzt, ihre Strukturen rascher den gesellschaftlichen Bedürfnissen anzupassen. Entscheidend für die heutige Situation sind das Zusammenwachsen der Städte, die größeren Dimensionen, in denen geplant und gebaut wird, und der Vorrang des Wissenschaftlich-Technischen vor dem Ideologischen.

Das spontane und unkontrollierte Zusammenwachsen von Städten, durch das Wohn- und Industrieviertel, Handels- und Landwirtschaftszentren in engen Kontakt kommen, gilt heute nicht mehr als bloße Stadterweiterung, sondern als Verbindung von Stadt und Land zu neuen regionalen Einheiten. »Jede Industriestadt von einer gewissen Bedeutung läßt um sich einen ständig wachsenden Einzugsbereich entstehen. Das Wachstum der Stadtrandgebiete ist oft so stark, daß die Agglomerationspunkte schließlich zusammenstoßen und sich verschmelzen. Dieses Phänomen nennt man *conurbation*.«[14] Angesichts dieser Tatsachen müssen die Stadtplaner sich fragen, ob die alten Themen und Instrumente der Stadtplanung des 19. Jahrhunderts und des Funktionalismus – Bebauungsplan, Ausweisung verschiedener Nutzungsgebiete, Unterscheidung zwischen Stadt und Land usw. – heute noch gültig sind. Und falls diese Begriffe unzweckmäßig geworden sind, muß man weiterfragen, ob das auch für das Prinzip gilt, daß die verschiedenen Bereiche vom Design bis zur Regionalplanung auf Grund derselben Methodologie behandelt werden können.

[14] Hervé Carrier: L'urbanisation dans le monde. In »Le Phénomène urbain.« Aubier-Montaigne, 1965. S. 42.

Bei dem Versuch, die *conurbation*, die ein unmittelbarer Ausdruck der Massengesellschaft im städtebaulichen Bereich ist, in den Griff zu bekommen, taucht das Konzept der Regionalstadt auf. Schon Le Corbusier hatte von einer urbanisierten Landschaft gesprochen, wo industrialisierte Landwirtschaftszentren, Industriezentren, die den Hauptversorgungssträngen entlang entwickelt werden müßten, und Verwaltungszentren mit einem Straßennetz ausgerüstet würden, das die einzelnen Siedlungseinheiten zugleich verbinden und trennen sollte. Gegenwärtig kann man den einstweilen problematischen und wenig eindeutigen Begriff der Regionalstadt zwar noch nicht genau definieren. Jedenfalls kennzeichnet er aber, außer der Beziehung zwischen zwei geographischen Begriffen, die dynamische Qualität der neuen Stadteinheit. Durch diese wirtschaftliche, soziale und stadtplanerische Dynamik bewirkt jede Teilveränderung der Regionalstadt Veränderungen in dem ganzen System. Das alte Stadtzentrum stellt sich im Vergleich zu ihr lediglich als Standort des tertiären Sektors dar.

Dementsprechend müssen Planen und Bauen sich in der Regionalstadt auch in einer anderen Größenordnung als bisher vollziehen. Welche Rolle kann aber bei einer Planung dieser Art, bei der die interdisziplinäre Zusammenarbeit immer wichtiger wird, der Architekt spielen? Für ihn bedeutet die Regionalplanung eine Beschränkung seiner Aufgaben auf das bereits erwähnte formale Engagement. Denn in neuester Sicht soll unser Beitrag zur Regionalplanung, deren sozio-ökonomische, geographische, ökologische Voraussetzungen von anderen Experten erarbeitet werden, in der visuellen Gestaltung dieses neuen Umweltbereichs bestehen. Der Architekt, der von der ersten Planungsphase an mit den anderen Experten zusammenarbeitet, wird sein Tätigkeitsfeld also von der Stadt auf die Region ausweiten, sich dabei aber auf seinen spezifischen Erfahrungsbereich beschränken. Er würde damit zwar nicht die Gesellschaft reformieren, aber die Umwelt, die deren Ausdruck ist, aufs höchste qualifizieren.

In der Praxis muß die neue Größenordnung zu neuen Themen, neuen Typologien und einem neuen Instrumentarium führen. Tatsächlich ist bereits davon die Rede, daß zwischen Bau- und Stadtplanung eine neue Planungsebene notwendig wird[15] und daß »nach dem gegenwärtigen Stand der Erkenntnisse ... in der Regionalstadt an die Stelle der bisherigen Gesamtplanung die Ermittlung von Punkten treten wird, an denen zum Beispiel zur Entwicklung der Infrastruktur unmittelbar eingegriffen werden soll. Das wird eine Raumplanung sicherlich nicht überflüssig machen.«[16] Für die Praxis

[15] vgl. Manfredo Tafuri: Razionalismo critico e nuovo utopismo. In »Casabella-continuità«, Nr. 293.
[16] Giorgio Piccinato usw., a.a.O.

Utopische Modelle: A. Isozaki, Shinjuku-Terminal in Tokio; R. Buckminster Fuller, Geodätische Kuppel; P. Brueghel d. J., Turmbau zu Babel

werden Wohn-Container, Straßenführung, Verwaltungszentrum usw. die größte Rolle spielen. Von diesen neuen problematischen Begriffen scheint der des Wohn-Containers vom größten innovatorischen Gehalt zu sein und vor allem die neue mittlere Planungsebene zu werden«[17]. Als charakteristisch für ihn gelten außer dieser die in der Phase der Stadtplanung einen beträchtlichen Spielraum offenläßt, um erst beim Übergang zur Ausführung genauer definiert zu werden.«[17] Als charakteristisch für ihn gelten außer dieser Undeterminiertheit seine Größe und sein – innerhalb gesteckter Grenzen – plurifunktionelles und polymorphes Verhalten.
So interessant diese neuen Ideen sind, so geben sie doch Anlaß zu einigen Zweifeln. Vor allem wäre zu klären, ob und wie weit sie den Bedürfnissen der heutigen Gesellschaft tatsächlich entsprechen und deren Ausdruck sind. Gewiß wird in dieser neuen städtebaulichen Diskussion der Vitalität der Industrie- und Massengesellschaft, oder zumindest einigen ihrer Aspekte, ein Wert zuerkannt. Erfreulicherweise ist man sich auch der eigenen beruflichen Grenzen bewußt geworden und erklärt sich zugleich bereit, in einer anderen Größenordnung zu arbeiten. Aber das alles hat nur dann einen Sinn, wenn es wieder auf die gesellschaftlichen Entwicklungen abgestimmt wird. Und in dieser Beziehung ist Optimismus kaum am Platz. Die gegenwärtige Revision unseres Aufgabenbereichs kam zwar durch die Erkenntnis in Gang, daß unsere Überlegungen oft an der Wirklichkeit vorbeigehen. Aber seit Kongresse, nationale und internationale Wettbewerbe und der Universitätsunterricht sich der neuen Thematik bemächtigt haben, entwickelt diese ein Eigenleben und wirft »Grundsatzfragen« auf, die im krassen Gegensatz zu dem stehen, was mit ihr ursprünglich gemeint war.
Die versäumte soziologische Überprüfung und damit das Fehlen von Gesprächspartnern soll dann durch die Verwissenschaftlichung der Stadtplanung ersetzt werden. Das klingt zunächst überzeugend, denn es entspricht der Bedeutung, die Wissenschaft und Technologie heute für alle Bereiche des Lebens haben. An die Stelle des verderblichen Vertrauens auf die bloße Intuition, dessen Folgen noch allenthalben zu beobachten sind, scheint eine Objektivität zu treten, die mit einem Minimum an Risiken und Fehlentwicklungen ein optimales Niveau der Produkte garantiert. Kurzum, eine gemeinsame Verständigungsebene für alle an der Stadtplanung Interessierten scheint gefunden zu sein.
Wir wollen hier nicht näher auf die einzelnen Versuche eingehen, Stadtplanung wissenschaftlich zu betreiben. Hingewiesen aber sei auf das Prinzip, daß es nach Aufhebung der Trennung zwischen

---

[17] Mafredo Tafuri a.a.O.

theoretischen und empirischen Disziplinen zulässig wird, die empirische Methodologie auch auf die theoretischen Disziplinen anzuwenden. Von besonderer Wichtigkeit für die wissenschaftliche Stadtplanung ist dabei der Begriff des Modells[18]. Die Grundhypothese lautet hier, daß es auch auf unserem Gebiet möglich ist, »Modelle für die Analyse von Phänomenen zu verwenden . . . das heißt, für einen bestimmten Stand einer Stadtentwicklung determinierende Faktoren ausfindig zu machen, auf Grund derer ein Modell, eine geometrische oder mathematische Formalisierung, erarbeitet werden kann. An diesem Modell ist die Wirklichkeit dann zu messen und zu prüfen, wieweit sie damit übereinstimmt oder davon abweicht.«[19] Wahrscheinlich ist von der wissenschaftlichen Methode für die Planung mehr zu erwarten als aus anderen Richtungen. Diese vorerst nur von einer Minderheit vertretene Methodologie wird sich unserer Auffassung nach deshalb durch die zukünftige Entwicklung aufzwingen und als notwendig erweisen und verdient infolgedessen großes Interesse. Gleichwohl sind wir der Meinung, daß die Wissenschaft zwar Nützliches zur Arbeit des Architekten und Stadtplaners beitragen und sie qualifizieren kann, daß sie aber nicht alle architektonischen und städtebaulichen Probleme zu lösen vermag. Dennoch hofft man heute von ihr Antworten auf die Fragen zu erhalten, die Architektur und Stadtplanung mit ihren herkömmlichen Methoden anscheinend nicht lösen können. Man spricht von der Wissenschaft als einer Alternative zu den enttäuschenden Ideologien, als einer Möglichkeit, Architektur und Stadtplanung eigenständige Grundlagen zu geben. »Die wissenschaftliche Arbeitsteilung läßt sich nicht ignorieren, wenn kein geistiges Chaos entstehen soll«, schreiben die Frankfurter Soziologen, »ganz gewiß jedoch sind ihre Sparten nicht der Struktur der Sache selbst gleichzusetzen . . . Im Geiste der Kritik wäre Wissenschaft mehr als bloße Verdoppelung der Realität durch den Gedanken . . . Solche Kritik bedeutet nicht Subjektivismus, sondern die Konfrontation des Gegenstandes mit seinem eigenen Begriff. Das Gegebene gibt sich nur dem Blick, der es unter dem

---

[18] Vgl. den Artikel »Metodi scientifici« von Ludovico Geymonat in der »Enciclopedia della scienza e della tecnica«, Mailand, 1963, Band 6, S. 735. Hier heißt es: »Ein theoretisches Modell erstellen bedeutet, den Elementen des zu erklärenden Phänomens bestimmte, einer zuvor bekannten Wissenschaft (oder dem Allgemeinwissen) entnommene Begriffe zuordnen und durch Kombination dieser Begriffe nach für sie gültigen Gesetzen die Entwicklungen des Phänomens unter allen denkbaren Voraussetzungen voraussagen.«
[19] Giancarlo De Carlo: L'utilizzazione dei modelli di analisi dei fenomeni urbanistici e il problema di definizione pratica dei comprensori. In »Atti Convegno di studi e di indagini per una pianificazione del territorio di Como.« Oktober 1963.

Aspekt eines wahren Interesses sieht, unter dem einer freien Gesellschaft, eines gerechten Staates, der Entfaltung des Menschen. Wer die menschlichen Dinge nicht an dem mißt, was sie bedeuten wollen, der sieht sie nicht bloß oberflächlich, sondern falsch.«[20] Die wissenschaftliche Tendenz (nach ihrem allgemeinen und leider am weitesten verbreiteten Verständnis) stellt mit ihrer Garantie von Objektivität und Autonomie deshalb selbst eine »Ideologie« dar, da sie einerseits in Übereinstimmung mit dem Technizismus der heutigen Gesellschaft die Wirklichkeit widerspiegelt und andererseits, insofern sie Kritik an der Wirklichkeit ist, auf ein nicht existierendes, aber als dringend notwendig empfundenes Modell verweist, das heißt, auf das utopische Modell.

Der Begriff der Utopie bezeichnet heute zu viele Dinge, als daß man ihn ohne genauere Definition benutzen könnte. Die negativen Bedeutungen, die ihm eine »positive und konformistische« Kritik gibt, wollen wir hier beiseite lassen und nur kurz seine beiden heute wichtigsten Bedeutungen betrachten. Beide Auffassungen von Utopie gehen weniger von einer Ablehnung der realen historischen Gegebenheit aus, die durch futurologische Phantasien ersetzt werden soll, als von der Bemühung, vermutlichen zukünftigen Gegebenheiten zuvorzukommen und sie vorwegzunehmen. Das ist vor allem in Architektur und Stadtplanung der Fall, da die Berücksichtigung einer zu erwartenden Zukunft für jede Art von Planung ohnehin notwendig ist. Diese Zukunftsutopie stellt sich aber unter zwei verschiedenen Aspekten dar. Unter dem einen erscheint sie als gültiges Ziel allen heutigen Forschens und Experimentierens. Unter ihrem anderen Aspekt wird sie – und das ist bei Architekten sehr viel häufiger der Fall – als technologische Utopie verstanden. Die Modelle von Louis I. Kahn, Kenzo Tange oder Lubicz-Nycz sind in jeder Art von Gesellschaft zu verwirklichen. Ihnen liegt deshalb im allgemeinen keine ideologische und soziokulturelle Entscheidung zugrunde. Damit haben wir aber nur die aus architektonischer Sicht überzeugendsten Beispiele genannt. In Wirklichkeit manifestiert sich die technologische Utopie in zahllosen mehr oder weniger bedeutenden Modellen und Planungen, bei denen die statischen Gesetze, die Möglichkeiten der verwendeten Materialien, der Komposition, Mobilität usw. bis zum äußersten ausgenutzt werden. Der Geist dieser Utopie leitet sich aus einem übertriebenen Funktionalismus und dessen ingenieurmäßigstem Verständnis her.

Läßt man nun die Fälle von augenscheinlichem Funktionalismus, die expressionistischen und informellen Überreste beiseite, so zeichnet sich die heutige architektonische Utopie durch ein hohes Maß

---

[20] Frankfurter Beiträge a.a.O. S. 17–18.

an Gegenwartsbedingtheit aus. Im übrigen ist jede Utopie, trotz ihrer ahistorischen Intention, von den Gegebenheiten ihrer Zeit abhängig. Für die heutige technologische Utopie ist aber eine so geringfügige Abweichung von der Wirklichkeit bezeichnend, daß sie ständig Gefahr läuft, überhaupt keine Zukunftsprojektion mehr zu sein und damit ihren eigentlichen Sinn zu verlieren. »Die moderne Utopie folgt einer Grundregel: sie stellt sich eine Welt vor, in der es keinen anderen als den technologischen Fortschritt gibt. Zum ersten Mal droht die Utopie deshalb verwirklicht, von den Fakten eingeholt und überholt zu werden ... In der Vergangenheit beruhte sie auf etwas anderem als der jeweils gegenwärtigen Praxis. Damals war die Idee die Theorie, an der die Praxis sich orientierte. Am Anfang stand damals die Idee; heute steht am Anfang die Tat.«[21]
Diese Vergötzung der Praxis, die Widerspiegelung des Wirklichen und die Tatsache, daß die Utopie konformistisch geworden ist, kommen zu den schon früher erwähnten Erscheinungen, dem Formalismus, den großen Dimensionen und dem häufig unkritischen Rückgriff auf wissenschaftliche Methoden, hinzu. Alles zusammen ist ein deutliches Zeichen für die Krise der Ideen, der Ansatzpunkte und Kriterien, um wieder eine Beziehung zwischen Kultur und Gesellschaft herzustellen. Die Gesellschaft ihrerseits nimmt das alles gleichgültig hin, erkennt nicht die Unterschiede und die Zusammenhänge zwischen den einzelnen Erscheinungen und regt sich über nichts mehr auf. Die Themen der heutigen Architekturdiskussion haben keine Durchschlagskraft, sie haben keine Bedeutung oder scheinen wenigstens keine zu haben. Dieser Mangel an Bedeutung kommt, wie die aufmerksamste Kritik zu wiederholen nicht müde wird, einem Mangel an Wert gleich.
Daß die Bedeutungskrise mit der Krise der Ideologie im positiven Sinn zusammenhängt, ist zu augenscheinlich, als daß das hier noch einmal betont werden müßte. Die neuen Vorschläge scheinen diesen Zustand aber nur weiter zu verfestigen. Denn wie ließe sich bestreiten, daß die Idee einer neuen Dimension, einer neuen polymorphen und plurifunktionalen Typologie und eines »positiven« Verständnisses der Technologie eine ausweichende, formalistische Komponente enthält? Und wie könnte man dabei den Wunsch übersehen, die widersprüchlichsten Erscheinungen auf einen Nenner zu bringen, sich für jede unvorhergesehene Entwicklung bereitzuhalten und schließlich die Frage nach der Bedeutung des praktischen Tuns beiseite- oder hinauszuschieben? Daß ständig von Offenheit, Undeterminiertheit, großem Maßstab, Entmythologisierung usw. gesprochen wird, weist auf eine berechtigte Ablehnung von Dogmen und Vor-

---

[21] Giulio Carlo Argan: Progetto e destino. Mailand, 1965. S. 13.

Serigraphie von Roy Lichtenstein

urteilen hin. Es führt aber auch unausweichlich dazu, daß kein Experiment mehr konsequent zu Ende geführt wird, daß es keine Ansatzpunkte für die Kritik mehr gibt, ja daß jede Verständigungsmöglichkeit zwischen Kultur und Gesellschaft entfällt. Zweifellos besteht die Gefahr, daß in der von der heutigen realistischen Utopie erträumten Region mit ihren großen Dimensionen, ihren multifunktionalen Strukturen und ohne definierte Formen jede Bedeutung verlorengeht und vom Standpunkt der Kommunikation aus jene Wüste entsteht, die William Morris in seiner bekannten Definition den einzigen Ort ohne Architektur nennt.

Nachdem man sich erst für die Inhalte, dann für die Form engagiert hat, wird man nun wohl daran denken, sich für die Bedeutungen zu engagieren. Ja, im Grunde ist es bereits soweit. Wir haben nichts dagegen einzuwenden. Allerdings darf dabei auf die Erfahrungen der Vergangenheit nicht verzichtet werden, und man darf der schwierigen Aufgabe nicht aus dem Wege gehen, Bezugspunkte festzulegen, die – mögen sie auch provisorisch oder konventionell sein – für die Definition eines jedem Kulturniveau verständlichen Code unumgänglich sind. Mögen wir diesen Code dann akzeptieren oder ablehnen, so wird er doch für alle endlich einen Beweis dafür darstellen, daß wir es auf Konkretes abgesehen haben.

Diese notwendige Klärung wird nicht mehr nur eine Forderung weniger Kritiker sein, sondern die brennendsten Probleme unseres Berufslebens berühren. Ein Beispiel für das vorläufig problematische Verhältnis der Architekturfakultäten zum Architektenberuf ist einer der Angelpunkte der erwarteten Reform, nämlich die Absicht, in kürzerer Zeit eine größere Zahl von Absolventen zu produzieren.

Im *Bericht der Kommission für die Untersuchung von Stand und Entwicklung des Öffentlichen Unterrichtswesens in Italien* vom 24. Juli 1963 heißt es von den Architekturfakultäten: »Nach weit verbreiteter Meinung entspricht die Zahl der Absolventen von sieben Fakultäten, selbst wenn man die Architekten hinzurechnet, die an den Ingenieurfakultäten ausgebildet werden, nicht entfernt den gegenwärtigen und zukünftigen Bedürfnissen der Regionalplanung, des Bauwesens und der Industrieplanung.« Man will also mehr Architekten, obwohl jede Erfahrung dafür spräche, ihre Zahl zu vermindern. Dieses fundamentale Mißverständnis, das sich auf statistische Daten unbekannter Herkunft stützt, stellt die notwendige Reform in Frage, anstatt sie einzuleiten. Hinzu kommt, daß mit Rücksicht auf den internationalen Austausch in den EWG-Ländern angestrebt wird, die italienische Abschlußprüfung Diplomen anderer Länder gleichzustellen, die in weniger als fünf Jahren erworben werden können. So wird der Produktionsrhythmus beschleunigt, das Produkt vervielfältigt, aber niemand kann im Ernst erklären, wer es konsumieren soll. Die große Zahl von Architekten, die sich an Wettbewerben aller Art beteiligen, die Masse derer, die an Oberschulen unterrichten, und alle jene, die, ohne dafür wirklich geeignet zu sein, sich auf das Abenteuer einer Universitätskarriere einlassen, machen es unwahrscheinlich, daß die künftige Nachfrage dem Angebot entsprechen wird.

Wie kann man an eine Vermehrung denken, solange wir nicht wissen und nicht voraussehen können, welche Aufgaben dem Architekten, dessen Berufsbild nicht geklärt ist, in einer Welt der Spezialisten, der Planung, der Elektronenrechner und der Automation zufallen werden? Außer den Reformern ist jedermann klar, daß man die Frage nach der Zahl der Architekten zurückstellen muß, bis man weiß, was der Architekt eigentlich tun soll und wie deshalb seine Ausbildung auszusehen hat, was nicht nur statistische Untersuchungen, sondern klare kulturelle Entscheidungen voraussetzt.

Abschließend ist zu unserer Analyse der Beziehung zwischen Architektur und Ideologie zu sagen, daß die Struktur der heutigen sozioökonomischen Wirklichkeit jedes ideologische Prinzip auszuschließen scheint und daß der Verzicht darauf es den Architekten ermöglicht hat, in unserem Bereich mit alten politischen Dogmen Schluß zu machen. Gleichwohl können wir in Theorie, Praxis und Lehre ohne eine ideologische Komponente nicht auskommen. Der endgültige Verzicht auf sie führt unausweichlich zur Herrschaft der Technologie, die schon jetzt sehr stark und – das wurde vielfach nachgewiesen – wie jedes menschliche Tun ideologisch keineswegs neutral ist. Es handelt sich also offensichtlich darum, eine Ideologie anzustreben, die sich vor allen »ideologischen« Fehlern hütet, und die »Bedeutungen« ausfindig zu machen, die auch in der Massenkultur hinter ihren bekannteren und am meisten auffallenden Merkmalen verborgen sein müssen. Zu dieser sozio-politischen Aufgabe können die Architekten, die trotz den erwähnten Grenzen zu den interessiertesten, kampflustigsten, lebendigsten und anregendsten Kreisen gehören, auf dem Gebiet, für das sie kompetent sind, einen aktiven Beitrag zur Verständigung und zur Entscheidung in der heutigen Realität leisten, der anderen auf Grund ihres Konformismus und ihres Mangels an Ideen versagt ist.

Architektur als Massenmedium

Unsere Hypothese lautet: Die heutige architektonische Produktion gehört in den Umkreis der Massenmedien. Damit wollen wir zur Analyse der Architektur im heutigen anthropologischen Rahmen, der durch die Massenkultur charakterisiert wird, neue Elemente beisteuern.

Die gegenwärtig entstehende Architektur – die einstweilen als Ganzes und ohne qualitative Unterscheidungen betrachtet werden soll – und ihre bekannten Mängel machen ein neues kritisches Instrumentarium erforderlich. Denn die syntaktischen Analysen, die moralisierenden Anklagen, die künstlichen Polemiken zwischen Avantgarde und Tradition, vor allem auf einem Gebiet, auf dem die Nivellierung der Sprache solche Unterscheidungen erschwert, genügen nicht mehr.

In diesem Kapitel soll unsere Hypothese auf ihre Brauchbarkeit hin untersucht werden. Dazu muß erst einmal festgestellt werden, zu welchem besonderen Typus der Massenmedien die Architektur gehört oder zu gehören scheint. Ehe wir aber die gegenwärtige Architektur mit den Massenkommunikationsmitteln vergleichen, sollen einige von deren Merkmalen spezifiziert werden. Vor allem ist der Begriff der *Kommunikation* zu präzisieren.

»Unter ›Massenkommunikation‹ sind einmal die sogenannten Massenkommunikationsmittel (Kino, Rundfunk, Fernsehen, Presse, Werbung usw.) zu verstehen, das heißt also die Kanäle, durch die man relativ schnell mit den Massen kommuniziert. Zum anderen wird darunter die eigentliche Kommunikation verstanden, die sich durch Filmvorführungen, Rundfunk- und Fernsehsendungen sowie durch Presseveröffentlichungen tatsächlich vollzieht.«[22]

Unsere Hypothese versteht die Architektur vorwiegend als ein solches Massenmedium im eigentlichen Sinn. Denn während die Architektur auch als »Kanal« für die Kommunikation anderer Kulturtypen gedient hat, bedienen sich die meisten heutigen Massenmedien neuer Kanäle oder sind sogar mit diesen zugleich entstanden. Einen weiteren nützlichen Hinweis zur Unterscheidung oder jedenfalls zum Vergleich der Architektur mit anderen Massenmedien gab uns der amerikanische Semantiker Stuart Chase: »Die *Massenmedien* kön-

---

[22] La »Comunicazione di massa«: situazione e progetti. In: »Criteri«, Nr. 9/10.

nen als technische Erfindungen definiert werden, die die Mitteilungen – zumeist einer Gruppe oder einer Person – verbreiten. Anstatt sich, wie in alten Zeiten, direkt an ein Individuum oder eine Gruppe zu wenden, erreicht die Mitteilung jetzt Millionen von Menschen sehr viel schneller und lautstärker.«[23]
Chase teilt die Massenmedien in drei Gruppen auf. Die erste Gruppe stellen die geschriebenen Worte dar, die von einem Massenpublikum *gelesen* werden. Zu ihr gehören Zeitungen, Bücher und Werbeveröffentlichungen. Die zweite Gruppe besteht aus der *gehörten* Rede und der Musik. Zu ihr rechnen Rundfunk, Schallplatten, Lautsprecher und die Musiksendungen in Fabriken und Büros. Die dritte Gruppe stellen *von Worten begleitete* Bilder dar, das heißt Film, Fernsehen, Fotos, Comics usw. Ausgeschlossen von dieser Aufzählung sind also Darbietungen ohne die Elemente Wort und Ton. Städtebau, Architektur, Design und bildende Künste würden demnach nicht zu den Massenmedien gehören, da sie nur aus sichtbaren Bildern bestehen.

Zur Erhärtung unserer Hypothese, daß auch die Architektur ein Massenmedium ist, muß deshalb dieser Kriterienkatalog erweitert werden. Entweder ist nachzuweisen, daß der Klang kein entscheidendes Merkmal der Massenmedien ist, oder, daß Kommunikation auch durch Bilder stattfinden kann, oder es ist ein ästhetischer Rahmen ausfindig zu machen, innerhalb dessen die Architektur auf dieselbe Weise wie andere Aktivitäten des Alltagslebens untersucht werden kann.

Tatsächlich lassen sich die Massenkommunikationsmittel ihren Intentionen, Techniken und soziologischen Merkmalen nach nicht auf die bloße Übermittlung von Klangnachrichten festlegen. Denn ihre Aufgabe ist es, die größtmögliche Zahl von Nutznießern zu erreichen, zu bedienen und, jedenfalls nach der Meinung einiger Kritiker, zu überreden und zu nivellieren. Dasselbe scheint auf Architektur, Städtebau und Design zuzutreffen, die durch die Vereinheitlichung und Standardisierung ihrer Produkte jede Art und Menge von Nutznießern ohne Unterschied erreichen können. Auch die Größenordnung von Bauten und Städten, die sich früher an die herkömmlichen Vorbilder hielt, ist durch das Zusammenwachsen der Städte, die Regionalplanung, die neuen Wohneinheiten und die Wohn-Container, die Tausenden von Menschen zugute kommen, ins Riesige gewachsen. Diese Vervielfachung, die manchen geradezu als Wertkriterium gilt, wird durch dieselben technologischen Methoden, die auch die Voraussetzungen für Klangnachrichten darstellen, ermöglicht. Denn Industrialisierung, Vorfertigung, Transport und Montage

[23] Stuart Chase: Power of words. New York, 1954.

der Einzelelemente bestimmen gleichermaßen die Architektur wie die Anlage der anderen Kommunikationskanäle. Was die soziologischen Auswirkungen angeht, so wagen wir nicht zu entscheiden, ob die Umwelt unserer Städte oder die Produkte der anderen Kommunikationskanäle im Guten wie im Bösen stärker nivellierend wirken. Wenn Zeitungen, Fernsehen, Werbung usw. sich durch die Unmittelbarkeit ihrer Informationen auszeichnen, so tun Städtebau, Architektur und Design das durch deren Dauer.
Schwieriger ist die Frage zu beantworten, ob auch rein visuelle Bilder Nachrichten übermitteln können. Auf den ersten Blick scheint das zwar selbstverständlich zu sein. Bei einer gründlicheren Untersuchung des Mediums und der Arten dieser Kommunikation stellen sich indessen in verschiedener Hinsicht Zweifel und Bedenken ein. Bekanntlich betrachtet Saussure die Sprachwissenschaft als Teil einer allgemeinen Wissenschaft von den Zeichen, der Semiotik. Infolgedessen erkannte man auch den nichtsprachlichen Zeichensystemen, zu denen auch die Architektur gehört, dieselben signifikativen und kommunikativen Eigenschaften zu wie der gesprochenen Sprache. Zumindest hielt man es für möglich, auch diese Systeme in kommunikativer Hinsicht zu untersuchen. Nun ist aber neuerlich eine Hypothese aufgestellt worden, die zwar den semantischen Gehalt anderer Zeichensysteme nicht bestreitet, aber Saussures These insofern umkehrt, als sie behauptet, die Semiotik sei ein Teil der Linguistik. »Trotz unserer Überflutung durch Bilder«, schreibt Roland Barthes, »ist unsere Kultur mehr denn je eine Kultur der Schrift. Denn es erscheint immer schwieriger, ein System von Bildern und Objekten zu konzipieren, deren *Bedeutungen* unabhängig von der Sprache existieren können.«[24] Zu dieser Behauptung kommt Barthes durch die Beobachtung, daß viele Zeichensysteme (Film, Werbung, Comics) zusätzlicher sprachlicher Informationen zu ihrem Verständnis bedürfen, und durch die Feststellung, daß die Sprachwissenschaft weit fortgeschrittener, fundierter und reicher als die noch fragwürdige Semiotik ist, der gleichwohl sein Hauptinteresse gilt.
Gewiß kann man die Sprachwissenschaft mit ihren älteren Grundlagen als Modell für die semiotische Forschung betrachten, doch scheint uns das Saussures Auffassung nicht zu widerlegen. Denn die anderen Zeichensysteme als Provinzen der Sprachwissenschaft betrachten, heißt nicht nur, sie zu »Sekundärsprachen« machen, sondern ihnen auch die Autonomie nehmen, die sie zur Fundierung als eigene Disziplin benötigen. Dabei ist, sofern menschliche Aktivitäten sich überhaupt unterscheiden lassen, für jedermann intuitiv oder auf

---

[24] Roland Barthes: Éléments de sémiologie. In »Le Degré zéro d l'écriture«, Paris, 1965.

Seue Steinberg, On the City. Aus: »Journal of the AIP«

Grund allgemeiner Lebenserfahrung deutlich zu erkennen, daß ein Zeichensystem wie die Architektur genügend nur ihm eigene Merkmale besitzt, um zum Verständnis seiner Bedeutung von der gesprochenen Sprache unabhängig zu sein.

Die Schwierigkeit, die Sprache der Bilder für ebenso kommunikativ wie die gesprochene Sprache zu halten, beruht unter anderem auf deren unterschiedlichen Funktionen. Während Sprache im eigentlichen Sinn ausschließlich der Kommunikation dient, erfüllt die Sprache der Bilder (und insbesondere die der Architektur) noch weitere Funktionen. Gleichwohl kann man auch sie lediglich als Bedeutungssystem untersuchen. Die Zweifel, die Barthes in dieser Hinsicht äußert, ergeben sich vielleicht aus den Bereichen der Semiotik, die er persönlich analysiert. Aus ihnen werden nämlich Fakten der Kunst fast immer sorgfältig ausgeschlossen[25]. Damit kommen wir zu dem ästhetischen Rahmen, innerhalb dessen die Massenmedien zu untersuchen sind.

Zunächst ist hier auf das Mißtrauen hinzuweisen, mit dem viele Ästhetikforscher der These begegnen, auch Bilder könnten eine kommunikative Beziehung eingehen. Bis auf wenige Ausnahmen wird deshalb, sowohl in den Systemen, die die Kunst als Sprache betrachten, wie in jenen, die ihr keinen sprachlichen Wert zugestehen, dem ästhetischen Phänomen, um dessen Autonomie zu wahren, keine Beziehungsfunktion zuerkannt. Auf dieses Problem werden wir später noch einmal zurückkommen. Hier mag die Erklärung genügen, daß wir geneigt sind, der ästhetischen Erfahrung kommunikativen Charakter zuzuschreiben.

Wenn wir aber auch die nicht sprachlichen Bildsysteme als Kommunikationsmittel betrachten wollen, so können wir doch nicht an dem vorübergehen, was die Ästhetikforschung zum Problem der Form sagt. Das heißt, wir müssen uns fragen, welcher Art die nicht zu leugnende ästhetische Komponente der Bildsysteme und in unserem Fall der Architektur als Massenmedium ist. Kann die ästhetische Kategorie überhaupt einem System eingeordnet werden, in dem soziologische und kulturelle Faktoren überwiegen, während bei der Untersuchung und Beurteilung von Kunst als solcher die soziokulturellen Faktoren der Ästhetik untergeordnet werden? Selbstverständlich wird die Ästhetik innerhalb eines Bild-Zeichen-Systems eine andere Rolle spielen, als wenn es um Kunst als solche geht, und muß zugunsten der interdisziplinären Aufgabe auf ihren Führungsanspruch verzichten. An diesem Punkt ist eine Unterscheidung fällig, die zur Definition unseres Problems zwar nicht ausreicht, aber not-

---

[25] Michel Dufrenne: L'art est-il langage? in »Revue d'Estéthique«, Neue Reihe, Nr. 1.

W. Klein, Lebensbotschaft. Aus dem Band »New York«

wendig ist. In den verschiedenen ästhetischen Systemen erscheint, wenn auch unter wechselnden Namen, neben dem Begriff der Kunst ein zweiter Begriff, der Geschmack, Talent, die richtige Verwendung vorgegebener Formen, das den Erwartungen der Mehrheit Entsprechende usw. beinhaltet und damit eine Parallele zur eigentlichen künstlerischen Erfahrung darstellt. Die neueste Formulierung dieser Dichotomie stammt von Luigi Pareyson, der schreibt: »Ich glaube, daß man die größte Sorgfalt darauf verwenden muß, etwas allgemein Küntlerisches, das allem produktiven menschlichen Tun und Erfahren eigen ist, nicht mit der eigentlichen Kunst, und das heißt, mit der Kunst der Künstler zu verwechseln.«[26] Anschließend verweist er noch einmal auf den Unterschied zwischen dem allem produktiven menschlichen Tun *innewohnenden* Künstlerischen und der das menschliche Leben *überragenden* Kunst und fügt hinzu, daß das Künstlerische von Natur einen Hang zum Schönen und zur Imitation habe, die Kunst dagegen eine Norm- und Modellfunktion erfülle.

Aus dieser Sicht läßt sich die Frage nach dem Kommunikationscharakter der Kunst ausklammern, und Architektur und Städtebau dürfen als etwas inhärent Künstlerisches gelten. Wir sind zwar davon überzeugt, daß auch die überragende und außerordentliche Kunst, da sie ebenfalls aus kommunikativen Zeichen besteht, kommunikativen Charakter hat. Der handlichere Begriff des Künstlerischen erlaubt uns aber, unseren Gegenstand von allen Seiten zu untersuchen, und läßt den Vergleich zwischen Architektur und Massenmedien nicht als »Sakrileg« erscheinen.

Aus dem bisher Gesagten geht hervor, daß unsere Ausgangshypothese, die Architektur gehöre zu den Massenkommunikationsmitteln, nur unter der Voraussetzung zu akzeptieren ist, daß sie dieselben soziologischen Merkmale wie die Massenmedien aufweist, daß dem architektonischen Zeichensystem kommunikativer Charakter zugestanden wird und daß die Architektur in demselben Sinn wie jede andere produktive menschliche Tätigkeit als etwas Künstlerisches gilt. Das schließt nicht die Möglichkeit aus, auch bei der als Massenmedium gekennzeichneten Architektur Fälle von echter Kunst zu erkennen.

Um unsere Hypothese zu erhärten, wollen wir jetzt auf eine Reihe analoger Erscheinungen eingehen. »Nach dem Zweiten Weltkrieg«, schreibt Edgar Morin, »entdeckt und erkennt die amerikanische Soziologie die dritte Kultur und gibt ihr den Namen Massenkultur. Massenkultur wird nach den Massen-Normen der industriellen Fabrikation erzeugt, nach den Methoden des Massen-Vertriebs (die

---

[26] Luigi Pareyson: I teorici dell'Ersatz. In »De homine«, Nr. 5/6. Vgl. auch L. Pareyson: Estetica. Teoria della formatività. Bologna, 1960.

ein merkwürdiger anglo-lateinischer Neologismus Massenmedien nennt) verbreitet. »Diese dritte Kultur« taucht neben den klassischen Kulturen – nämlich den religiösen oder humanistischen – und neben den nationalen Kulturen auf«[27].
Zu dieser dritten Kultur muß – im Gegensatz zur religiösen oder humanistischen und nationalen Architektur – auch die heutige Architektur gerechnet werden. Ihrer ursprünglichen Ideologie nach ist sie religionsfeindlich, »antihumanistisch« und international, revidiert aber heute einige dieser Positionen. Vor allem verzichtet man jetzt auf die Polemik gegen die Vergangenheit und insbesondere gegen die Renaissance, die bei aller Unterschiedlichkeit in mancher Hinsicht ähnliche Theorien wie die Meister der modernen Bewegung vertrat und bekanntlich funktionelle, technische, moralische und didaktische Begründungen für sich ins Feld führte. Eines der Motive dafür, daß die moderne Architektur ihr Verhältnis zur Vergangenheit revidiert, ist die Tatsache, daß sie aus einer Vorort- und Stadtrandarchitektur zu einer städtischen Architektur geworden ist. Die dadurch gegebene Auseinandersetzung mit der früheren Architektur hat auch zu einer neuen Morphologie und zu einem Verzicht auf die bisherige Traditionsfeindlichkeit und Bilderstürmerei geführt.
An dem internationalen Charakter der heutigen Architektur kann kein Zweifel bestehen. Denn obgleich die Meister das bald zugegeben, bald bestritten haben, existiert ein moderner »Stil«, der sich auf das Bauen in den verschiedenen Ländern auswirkt und es nivelliert. Daneben aber gibt es immer noch so etwas wie einen Nationalcharakter, der auf dem jeweiligen Stand des wirtschaftlichen, gesetzgeberischen, technisch-produktiven Fortschritts beruht. Da sich also die sozio-ökonomischen Bedingungen jeden Landes in seiner Architektur und seinem Städtebau widerspiegeln, tritt in der Praxis die ideologische und morphologische Internationalität der jüngsten Architektur hinter der für jedes Land charakteristischen Umwelt zurück.
Die – wenn auch unausgesprochenermaßen – von der Aufklärung übernommene Religionsfeindlichkeit kann heute nicht mehr als einer der Grundpfeiler der neuen Architektur gelten. Denn der religiöse Sinn eines Teils der historischen Avantgarde ist nicht zu übersehen, auch wenn er seinen Ausdruck nicht immer in Sakralbauten gefunden hat. Zu einem doktrinären Vorurteil wird die Religionsfeindlichkeit schließlich, wenn, wie bei Argans Kritik an Ronchamp, allein die Tatsache, daß es sich hier um eine Kirche handelt, Grund genug ist, um diesem durch seine Ausdruckskraft interessanten Bau jeden Wert abzusprechen.

[27] Edgar Morin a.a.O., S. 12.

Le Corbusier, Detail der Eisenbetonkonstruktion für die Stadtautobahn von Algier mit eingebauten Wohnungen

Der im Hinblick auf die religiöse und nationale Kultur tertiäre Charakter der Massenkultur, von dem Morin spricht, läßt sich also auch bei der Architektur nachweisen. Vor allem seit dem Zweiten Weltkrieg gibt sie im Guten wie im Bösen ihre Ausgangspositionen insbesondere dann auf, wenn sie der Massenkultur begegnet, den Dialog mit ihr aufnimmt und zu ihrem Ausdruck wird. Das Adjektiv tertiär, das auf die Massenkultur angewandt wird, hat im städtebaulichen Bereich allerdings noch einen anderen Sinn. »Das wichtigste Phänomen der letzten Jahrzehnte stellt in den Großstädten die ständig beschleunigte Zunahme von leitenden, verwaltenden und Dienstleistungsberufen dar, mit der das Wachstum der eigentlich produzierenden Kräfte schon infolge der Automatisierung nicht Schritt halten kann. Das führt zum Überwiegen des sogenannten tertiären Sektors in der modernen Stadt. Diese Entwicklung kann man als die eigentliche Revolution unserer Zeit bezeichnen.«[28] Und gerade in diesem tertiären Sektor, in den Wohn- und Kerngebieten der Städte, erweist sich die Architektur durch auffallende technologische, konsumbezogene, mythische, mit einem Wort, urbane Merkmale als eigentliches Massenmedium. Zwar erleichtert die feine Verästelung der übrigen Kommunikationsmittel durch die Verringerung von Abständen und Unterschieden den Austausch zwischen Stadt und Land. Aber das mindert keineswegs die Anziehungskraft der Stadt. Der Urbanisierungsprozeß, der mit der ersten industriellen Revolution einsetzte, hat deshalb seit dem letzten Krieg einen überregionalen Umfang angenommen. »Die sich daraus ergebende Verstädterung und die Bildung neuer sozialer Schichten haben die Strukturen des sozialen Kontextes verändert und das Publikum für den Kommunikationsfluß zugänglicher gemacht.«[29] Derselbe Prozeß wird von Clement Greenberg, allerdings mit kritischem Abstand, geschildert, wenn er den Kitsch als ein Produkt der industriellen Revolution bezeichnet, »die zur Verstädterung der Massen in Westeuropa und Amerika und zur sogenannten Universalliteratur führte ... Die neuen städtischen Massen übten einen Druck darauf aus, daß ihnen die Gesellschaft eine Art von Kultur lieferte, die ihren speziellen Konsumbedürfnissen entsprach. Um diesen neuen Markt zu befriedigen, entstand eine neue Ware: das Kultursurrogat, der Kitsch. Er war für die bestimmt, die für die Werte einer echten

---

[28] Aus dem Bericht der Quaroni-Gruppe zum Wettbewerb für das Turiner Verwaltungszentrum. Zit. bei Paolo Ceccarelli: Urbanistica »opulenta«. In »Casabella-continuità«, Nr. 278.
[29] Franco Leonardi: Elementi di sociologia. Mailand, 1961, Band 3, S. 209–210.

Kultur unempfänglich sind, aber nach den Annehmlichkeiten verlangten, die eine Kultur dieser Art zu bieten hat.«[30] Der unmittelbare Zusammenhang zwischen dieser neuen städtischen Kultur und dem modernen Städtebau, zwischen Massenkultur und neuen Bautypen ist nicht zu übersehen. Ja, man kann sogar behaupten, daß die Architektur vielen anderen Massenmedien zuvorgekommen ist. Und zwar nicht nur in technologischer Perspektive, etwa in dem Sinn, daß die modernen Baustrukturen und -schemata der Erfindung des Radios, des Fernsehens und des Kupfertiefdrucks vorangegangen sind, sondern vor allem, weil Architektur und Städtebau unmittelbarer mit dem Beginn der industriellen Revolution und der Entstehung des modernen Proletariats zusammenhängen.
Die Massenkultur ist bekanntlich eine Folge der technologischen Entwicklung.»Wenn man (in Form einer Hypothese) eine Behauptung wagen darf, so möchte man die moderne Technologie als die notwendige und ausschließliche Ursache für die Massenkultur bezeichnen. Weder der Nationalcharakter, noch das politische System, noch die wirtschaftlichen Bedingungen haben eine determinierende Bedeutung für dieses Phänomen.«[31] Jedes Produkt der Massenkultur ist von einer komplexen technisch-produktiven Organisation abhängig. Analog dazu entsteht in der Architektur jede Form aus der neuen Technologie oder tut zumindest so, als sei sie aus ihr abgeleitet. Denn alles, was nicht in dieses System paßt, ist ein unerträglicher ökonomisch-produktiver Irrtum oder gilt jedenfalls als solcher.
Die Massenkultur ist als eine Freizeitkultur definiert worden. Ihre Medien produzieren Bequemlichkeit und Annehmlichkeiten und füllen die Freizeit aus. Dieselben Merkmale kennzeichnen auch eine architektonische Produktion, die sich heute an einem reinen Hedonismus orientiert. Die Parallele zwischen der Unterhaltungsfunktion der Massenmedien und der sozialen Aufgabe der Architektur ist aber schon insofern sicher nicht zu gewagt, als auch die Massenmedien durch ihre Freizeitfunktion und die Verhaltensweisen, die sie propagieren, ebenfalls eine soziale Aufgabe erfüllen. Ihre Erholungsfunktion »wird durch die Rolle ergänzt, die sie als Informationsquelle spielen. Die Massenmedien liefern eine große Menge von Informationen und gehören in dieser Hinsicht zu den wichtigsten Vehikeln für den Transport und die Verbreitung von Kulturformen (auch zwischen den Generationen).«[32]

---

[30] Clement Greenberg: Avant-Garde and Kitsch. In der von B. Rosenberg und D. Manning White herausgegebenen Anthologie »Mass culture«. Glencoe, 1963. S. 102
[31] Bernard Rosenberg: Mass culture in America. In: »Mass culture«, S. 12.
[32] Franco Leonardi: a.a.O., S. 230.

Freizeit. Montage mit Bildern von Renato Guttuso, V. D'Arbela und R. Drexler

Unterhaltung, Bequemlichkeit und Freizeit als für die Massenkultur bezeichnende Aspekte implizieren das Problem der Entscheidung, des Brauchs und der Volkskunst. Auf die umstrittene Frage, wie weit es hier freie Entscheidungen gibt, werden wir später zurückkommen. Vorläufig wollen wir mit unserer Untersuchung der Analogien fortfahren und dabei auf einige Eigentümlichkeiten des neuen Volksgeschmacks hinweisen, die bei den Massenmedien ebenso wie bei der Architektur auffallen.

Bei seiner Beschreibung eines dem neuen Volksgeschmack zusagenden Objekts sagt Reyner Banham: »Wenn wir den Buick auf die Eigenschaften hin untersuchen, die ihn so erregend und unverwechselbar machen, so fallen an ihm der Glanz, der Eindruck von etwas Massivem, Dreidimensionalem und die nachdrückliche Darstellung des Technischen auf. Das alles summiert sich zum Eindruck einer Potenz, deren großsprecherisches Gehabe dazu bestimmt ist, jedem Betrachter zu imponieren. Natürlich sind das keine Eigenschaften der reinen Kunst, aber solche der Volkskunst. Dabei ist hier mit Volkskunst nicht die naive und derbe Kunst der Primitiven oder Bauern gemeint . . . Die Volkskunst des Autos in einer mechanisierten Gesellschaft ist wie Film, illustrierte Zeitschriften, science-fiction-Romane, comic strips, Rundfunk, Fernsehen, Tanzmusik und Sport eine kulturelle Manifestation.«[33] So kann man die heutige Volkskunst, die Kunst, die dem Geschmack des städtischen Proletariats entspricht, weitgehend mit den Massenmedien identifizieren. Dieser Volksgeschmack hat in der Industrieproduktion zum *Styling* geführt, das man als eine Resemantisierung des Design von unten betrachten kann[34]. In der Architektur entsprechen dem am meisten die Bauten, die eine Gestaltungsmöglichkeit durch die Bewohner zulassen, auf große Modellstrukturen abzielen und für das Element der Zelle die größtmögliche individuelle Veränderbarkeit vorsehen. Bei der Zeichnung von Le Corbusier, die die Eisenbetonkonstruktion für die Stadtautobahn von Algier darstellt, ist in diesem Sinn die Möglichkeit vorgesehen, auf einer der Plattformen für die Wohnungen sogar ein Zellenelement im maurischen Stil einzubauen.

Aber wo entsteht dieser neue Volksgeschmack? Die Massenmedien benutzen nach Ansicht von Umberto Eco den Code der herrschenden Klasse. »So ergibt sich die für eine Massenkultur einzigartige Situation, daß ein Proletariat in ihrem Rahmen bürgerliche Kulturmodelle konsumiert und für seinen echten eigenen Ausdruck hält. Die bürger-

---

[33] Reyner Banham: Industrial design e arte popolare. In »Civiltà delle macchine«, November/Dezember 1955.
[34] Vgl. die Beiträge von Filiberto Menna in der Diskussion »Design e mass media« in »Edilizia Moderna«, Nr. 85.

liche Kultur – insofern die ›höhere‹ Kultur immer noch die Kultur der bürgerlichen Gesellschaft der letzten drei Jahrhunderte ist – betrachtet ihrerseits die Massenkultur als eine ›Subkultur‹, die ihr fremd ist. Sie bemerkt dabei nicht, daß die Matrizen der Massenkultur die gleichen wie die der ›höheren‹ Kultur sind.«[35] Dem entspricht, daß das – mehr oder minder bewußte – architektonische Ideal derer, denen der soziale Wohnungsbau zugute kommt, immer noch das in objektiver Sicht häufig schlechtere Produkt ist, das dem Bürgertum von privaten Unternehmern geliefert wird. Den Wohnvierteln mit geringer Bebauungsdichte, den Wohnungstypen, die eigens im Hinblick auf sparsame Bewirtschaftung für die unteren Einkommensschichten erarbeitet worden sind, ziehen deren Angehörige scheußliche Stadtrandquartiere vor, wenn sie nur an bürgerliche Gepflogenheiten erinnern. Ihr Ideal ist die »Fünfzimmerwohnung mit zwei Bädern« in einem mehrgeschossigen, für jeden Zweck verwendbaren Bau.

Aber daß die als Massenmedium verstandene Architektur bis auf Ausnahmen, von denen später die Rede sein soll, »kultivierten« Vorbildern folgt, hat auch seine positiven Seiten. Denn wenn die Massenkultur in ihrem Ausdruck tatsächlich mehr oder minder bewußt dem der bürgerlichen Kultur folgt, dann wäre sie zumindest nicht an jenen Beschädigungen der Umwelt, der Landschaft und der städtischen Strukturen schuld, für die zumeist die Massenproduktion verantwortlich gemacht wird, während größerer Schaden offensichtlich von jenen »außergewöhnlichen« Bauten angerichtet wird, die Ausdruck einer »höheren« Kultur sind und der Massenkultur nur zum Vorbild dienen. Wenn es dieser je gelingen sollte, zu einem eigenständigen Ausdruck zu kommen, so werden deshalb unserer Ansicht nach viele der heutigen Mißlichkeiten verschwinden.

Damit, daß die Massenmedien dem Vorbild der herrschenden Klasse folgen, entprechen sie aber auch den Formen der Volkskunst im traditionellen Sinn. Wir erinnern hier nur an die Meinung von Bernard Berenson, daß jedes Werk der figurativen Volkskunst nichts anderes als die Kopie einer Kopie eines wirklichen Kunstwerks ist, dessen besonderer Charakter der auf der Unerfahrenheit seines Schöpfers beruhenden Minderwertigkeit dem Vorbild gegenüber zuzuschreiben ist. Deshalb bedeutet das Ende der Folklore nicht, daß das Volk seine Kreativität verloren hätte. Diese Kreativität, die sich heute wie gestern an den Beispielen der wirklichen Kunst orientiert, manifestiert sich gegenwärtig in den Konsumentscheidungen und drückt sich in den vielfältigen Freizeitbeschäftigungen und den hundert Mythen des städtischen Lebens aus.

[35] Umberto Eco: Apocalittici e intergrati. Mailand, 1964. S. 21.

Wenn wir mit unseren Analogien zwischen Massenmedien und Architektur fortfahren, so ist eine andere bemerkenswerte Affinität in ihren jeweiligen Beziehungen zur Tradition und Geschichte zu erkennen. »Die Massenmedien«, schreibt Eco und zitiert einige kritische Äußerungen über die Massenkultur, »führen zu einer ungeheuren Informiertheit über die Gegenwart, verwandeln auch das, was sie eventuell aus der Vergangenheit ausgraben, in eine aktuelle Reportage und trüben dadurch jedes historische Bewußtsein.«[36] Tatsächlich drückt die Massenkultur (und die Architektur) die Bedürfnisse und Verhaltensweisen auf ein allgemeines niedriges Niveau hinab, macht sie so homogen wie möglich und verdinglicht jede Erfahrung dadurch, daß sie die Gegenstände der Kontemplation in konsumierbare Bilder verwandelt, und opfert der reinen Gegenwart alle anderen zeitlichen Dimensionen. Dadurch scheint sie alles Außergewöhnliche, alle Eigenart des historisch Gewordenen, in unserem Fall der historischen Umwelt, zerstören zu wollen. Auch »das private Individuum, das sein eigenes Leben genießen will, ist geneigt, die Gegenwart hoch einzuschätzen. Im übrigen wird es der Vergangenheit immer mehr beraubt; die Vergangenheit bietet ihm keine Weisheit und keine Lebensregeln mehr; die alten Werte, die großen Transzendenzen sind durch einen beschleunigten Wandel in Staub zerfallen.«[37]

Was von der historischen Umgebung gilt, trifft auch auf die Beziehung der heutigen Architektur zur Landschaft zu. Hier stehen die neuen architektonisch-städtebaulichen Bedürfnisse unmittelbar unter dem Einfluß der anderen Massenmedien. Die Bedeutung des Urlaubs, der außer seinen direkten Vorzügen auch ein Symbol für den erreichten Wohlstand darstellt und inzwischen für das physische und soziale Prestige obligatorisch geworden ist; der Konsumanreiz, der von einer riesigen Menge eigens für den Aufenthalt am Meer oder in den Bergen hergestellter Produkte ausgeht; die Werbung, die Vergnügungen und Entdeckungen von Naturschönheiten aller Art verspricht; die Möglichkeit von Begegnungen und Austausch außerhalb des engen Bekanntenkreises in der eigenen Stadt – das alles gehört zu den Hauptgründen für die Bautätigkeit an den Stränden und in den Gebirgsorten. Diese Bautätigkeit muß schließlich zu einer Zerstörung der vorhandenen Umwelt führen, wenn sie dem für die heutige Massenzivilisation typischen Anspruch nachkommt, daß auch Ferienorte dieselben Eigentümlichkeiten und Vorzüge wie eine städtische Umgebung haben müssen.

Man könnte anhand der zahlreichen Definitionen von Massenkultur, die Soziologie und Kritik anbieten, noch viele Analogien zwischen

---

[36] Umberto Eco a.a.O., S. 39.
[37] Edgar Morin a.a.O., S. 229.

Pirelli-Hochhaus im Bau. Aus »Domus«

ihr und der Architektur ausfindig machen. Die Attribute, die Gilbert Seldes den von ihm als »öffentliche Künste« bezeichneten Massenmedien zuschreibt, belegen unsere These aber besonders nachdrücklich. Seldes schreibt, die öffentlichen Künste seien so populär, daß sie überall akzeptiert würden. »Immer häufiger werden sie beruflich ausgeübt und immer seltener privat gepflegt. Meistens werden sie von Gruppen und nur gelegentlich von einzelnen Individuen produziert. Sie werden nach einem vom Unternehmer-Organisator-Administrator gelieferten Modell in Auftrag gegeben. Sie sind mit Absicht kurzlebig, anfangs wertvoll, aber ohne später an Wert dazuzugewinnen . . . Sie erreichen gleichzeitig eine große Anzahl von Menschen, und ihre Wirkung beschränkt sich nicht auf diejenigen, denen sie unmittelbar zu Gehör kommen. Sie sind miteinander verbunden, unterstützen sich gegenseitig und erzeugen dadurch eine Art Widerhall. Sie bringen in großem Umfang neue Gewohnheiten hervor, und ihre Wirkung ist ansteckend.«[38]

Alle diese Analogien erhalten aber erst einen Nutzen für die Kritik, wenn wir versuchen, den Typ von Massenmedium zu definieren und zu bewerten, den die Architektur darstellt. Deswegen müssen wir nun vom bloßen Verständnis zu einer genaueren Beurteilung übergehen.[39] Vor allem ist darauf hinzuweisen, daß außer in einigen Bereichen, die sich erst durch die Industrialisierung ergeben haben, die Architektur, anders als die übrigen Massenmedien, die zur Information der Massen *entstanden* sind, erst ein Massenmedium *geworden* ist. Dieser Unterschied ist nicht ohne Bedeutung, denn die anderen Massenmedien leben von der bloßen Gegenwart. Die Architektur dagegen muß oder müßte stets die Vergangenheit, ein vorgegebenes Milieu, in das sie sich einfügen muß, ihre gegenwärtige praktische Funktion und schließlich eine Zukunft im Auge haben, die von ihr unweigerlich geprägt wird. Daß Planung immer in diesen drei zeitlichen Dimensionen denken muß, ist im übrigen eine Binsenwahrheit. Deshalb verliert die Architektur, wenn sie sich den Gesetzen beugt, mit ihrem Zeitbezug auch jeden Wertbezug. Denn wenn sie nicht mehr in bezug auf eine gegebene historische Umwelt oder auf eine Zukunft, auf die sie abzielt, beurteilt werden kann, ist sie nur noch danach zu werten, wie weit sie der Gegenwart entspricht, und zwar nicht einer verantwortungsbewußten Gegenwart, die die Grenzen ihrer Immanenz und Weltlichkeit kennt und bejaht, sondern einer verantwortungslosen, konsumbesessenen Gegenwart.

---

[38] Gilbert Seldes: The Public Arts. In »Mass Culture« usw., S. 557–558.
[39] Sinnvollerweise ist einem der Beiträge zu der Anthologie »Mass Culture« eine Maxime von Spinoza vorangestellt: »Non ridere non lugere, neque detestari; sed intelligere.«

Durch ihre Identifizierung mit der Massenkultur verzichtet die Architektur noch auf ein weiteres ihrer ursprünglichen Merkmale, nämlich in gewisser Hinsicht immer eine Ausnahme darzustellen. Denn um den praktischen und den Ausdrucksbedürfnissen einer wechselhaften Wirklichkeit folgen oder gar sie vorwegnehmen zu können, müßte die Architektur sich ständig ändern und verwandeln, sich eben als Ausnahme zeigen. Daß sie stattdessen auf immer denselben Typen beharrt, nur einem einzigen, wenn auch dem auffallendsten Bedürfnis, dem nach Quantität entspricht, läßt sie ebenso unveränderlich wie die anderen Massenmedien erscheinen. Denn nach einer These von Paul Lazarsfeld »erwarten die Menschen von den Massenmedien keine neuen Erfahrungen, sondern eine Wiederholung und Variation ihrer früheren Erfahrungen, in die sie sich leichter hineinprojizieren können«[40].

Auch die bildenden Künste nähern sich der Massenkultur, übernehmen und benützen deren Produkte, beziehen sie aber – und in diesem Zusammenhang ist es unwichtig, mit welcher Intention und mit welchem Erfolg das geschieht, – immer in den Kontext des Bildes, der Plastik oder des Raumobjekts ein. Dagegen wird die Architektur, sobald sie mit der Massenkultur in Berührung kommt, selbst zu einem Gegenstand dieser Kultur, die zwischen dem *midcult* einer leeren und formalistischen Produktion und dem Kitsch unterentwickelter Gebiete hin und herschwankt.

Man kann von der gegenwärtigen Architektur behaupten, daß sie geradezu unfähig zu einem Kompromiß mit der Kulturindustrie ist. Denn der Kulturindustrie gelingt es, einen großen Teil der avantgardistischen und experimentellen Kunst, ja selbst die kritische Literatur, von der sie am heftigsten angegriffen wird, einzubeziehen und zu assimilieren. Aber bis auf die Bauten mit ins Auge springender Werbefunktion bringt sie es nicht fertig, eine Architektur zu produzieren, die keinen Massencharakter hätte.

Die kritische Diskussion über die Massenkultur ist also noch keineswegs abgeschlossen. Von den darin geäußerten uneingeschränkt bejahenden oder ebenso ablehnenden Urteilen möchten wir uns keines zu eigen machen. Dagegen scheint uns – zumindest auf den ersten Blick und zum gegenwärtigen Zeitpunkt – die Tatsache, daß die Architektur zu den Massenmedien zu rechnen ist, für ihren Verfall zu sprechen.

Das gilt allerdings nicht für einige ihrer Bereiche, die von vornherein spezielle Funktionen erfüllten und deshalb aus unserer Sicht zu den wirklich authentischen Zeugnissen der Massenkultur gehören. Ihr Beispiel erlaubt nicht nur die Vorwegnahme einiger theoretischer

---

[40] Zitiert bei Franco Leonardi a.a.O., S. 211.

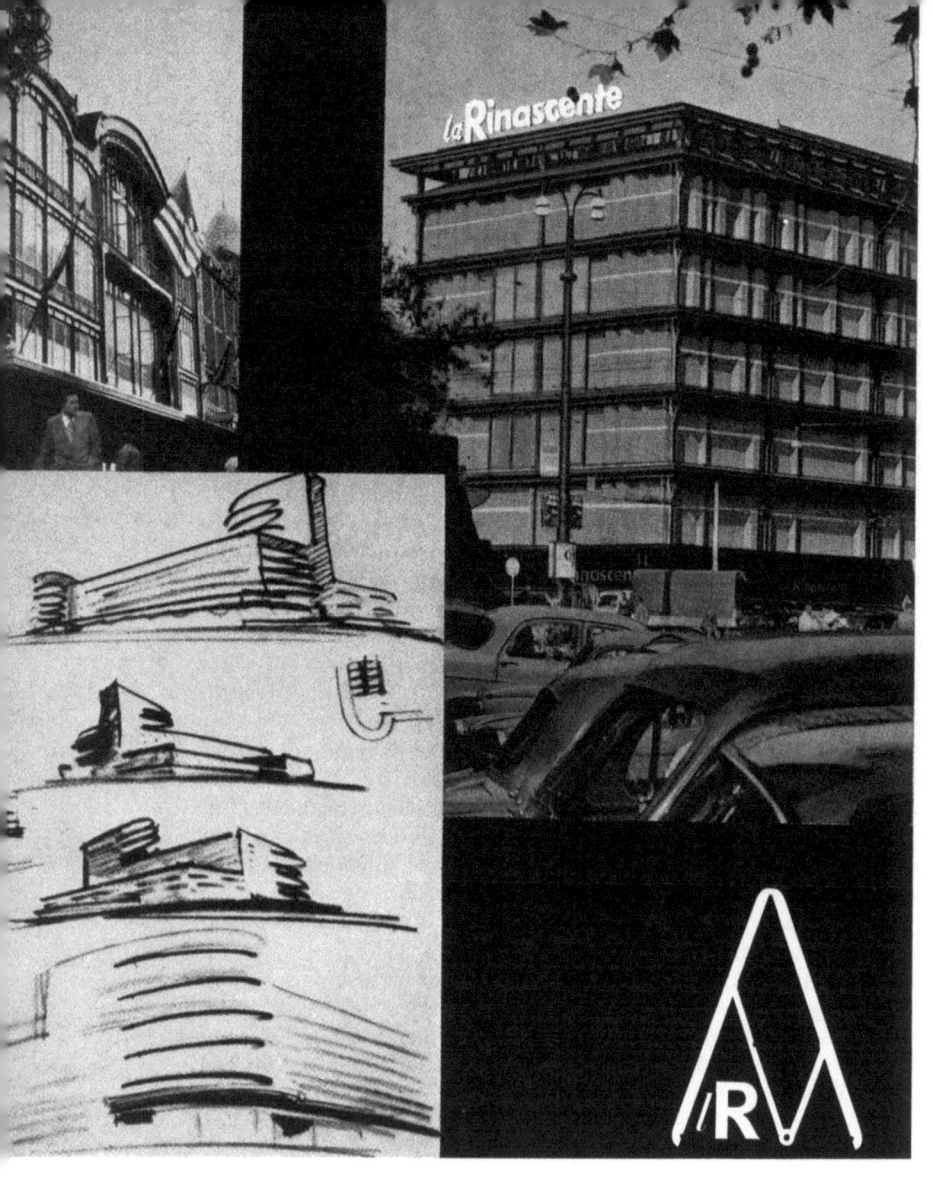

Die Kaufhäuser »Innovation« von Victor Horta in Brüssel, »La Rinascente« in Mailand und Entwürfe für das Kaufhaus Schocken in Stuttgart von Erich Mendelsohn

Schlüsse; es verweist auch auf positive Möglichkeiten, die man der gesamten Architektur wünschen möchte, soweit sie jetzt oder später den Massenmedien vollständig assimiliert werden kann.

Als ein erstes Beispiel dieser Art sind die großen Ausstellungen des 19. Jahrhunderts anzusehen. Sie sind ein Ausdruck jener modernen industriellen Volkskunst, die Leslie Aaron Fiedler Pop Art genannt hat, ehe dieser Begriff zum Namen für eine bestimmte Kunstrichtung wurde. »Die zeitgenössische Volkskunst, eine Funktion der Industriegesellschaft, unterscheidet sich von der Kunst anderer sozialer Sphären dadurch, daß sie sich weigert, bescheiden und als etwas Zweitrangiges aufzutreten und sich mit ihrem Platz zu begnügen. Und doch sind die Objekte dieser Volkskunst nicht dazu gemacht, als Kostbarkeiten aufbewahrt, sondern um weggeworfen zu werden.«[41] Gerade diese volkstümliche Seite der Massenmedien zeigt sich in ihren auffallendsten Aspekten bei den großen Ausstellungen mit ihrer Anziehungskraft und Lautstärke, mit ihrer Flüchtigkeit und Kurzlebigkeit. Siegfried Giedion hat darauf hingewiesen, daß sie alle, angefangen von der ersten Gewerbeausstellung 1798 in Paris, den Charakter großer Volksfeste hatten.

Auf die technologischen Aspekte ihrer Bauten – die Erstellung aus vorgefertigten Elementen, die rasche Einrichtung, das Fassungsvermögen und die Demontage – denen wir auch bei anderen Erzeugnissen der Massenkultur begegnen werden, braucht hier nicht eigens eingegangen zu werden. Wichtiger ist dagegen der Vergleich dieses speziellen Bausektors mit den Massenmedien hinsichtlich ihres kommunikativen, symbolischen und Freizeitcharakters. Die Weltausstellungen waren gewaltige Informationsmedien. Sie ermöglichten den Vergleich der Warenproduktion in den verschiedenen Ländern, erleichterten deren Austausch und zeigten den Fortschritt von Produktion und Technik in jedem Land und in jeder Firma. Die Architektur wurde so auch zu einem gewaltigen Instrument der Propaganda, und zugleich entstand die moderne Werbung.

Mehr als die ausgestellten Waren brachten die gigantische Größe der Ausstellungsbauten, ihre neuen Formen und ihr Symbolwert für die Volksphantasie diese Kommunikation, diesen Austausch und den sich daraus ergebenden Geist des Wettbewerbs und der Konkurrenz zum Ausdruck. Beispielhaft dafür waren 1889 die »galerie des machines« und vor allem der Eiffelturm, der zum Symbol für das ganze Jahrhundert wurde. Die zahlreichen Polemiken der gebildeten Stände, insbesondere gegen den Eiffelturm und Paxtons Glaspalast, sind die ersten Indizien für grundlegende Meinungsdifferenzen zwischen Elite und Massen in Fragen der Architektur.

[41] Zitiert bei R. Banham a.a.O.

Im übrigen verlief dieser ganze kommerzielle und Ausstellungsbetrieb nach den Regeln einer Freizeitbeschäftigung. Giedion schreibt: »Das 19. Jahrhundert ist der Wendepunkt, an dem die Muße aus dem Alltagsleben verschwand... Auch die Ausstellungen mußten ihre praktische Funktion erfüllen. Aber sie fanden in einer Atmosphäre statt, die vom Hochbetrieb des Alltagslebens weit entfernt war, und es gelang ihnen, einen festlichen Charakter zu bewahren.«[42]

Die großen Ausstellungen waren aber nicht nur die ersten Manifestationen der Massenkultur, sie stellen auch einen neuen Bautyp dar. Ebenso wie bei traditionellen Bauten für große Volksmengen – Stadien, Arenen, Theater usw. – blieben ihre Grundstrukturen auch in späterer Zeit erhalten und paßten sich nur ganz äußerlich den Geschmackswandlungen an. Die letzte Weltausstellung in New York war ebenso »pop art« und Futurologie wie ihre berühmteren Vorgängerinnen im 19. Jahrhundert, die wegen des Fehlens anderer Massenmedien mehr Gehalt und Wirkung als die heutigen Ausstellungen hatten.

Ein weiteres Beispiel für eine Architektur, die als Massenmedium entstanden ist, sind die großen Kaufhäuser. Ausdruck der Massenkultur sind sie nicht nur, weil sie – wie Markthallen und Bahnhöfe – einen neuen Bautyp darstellen, sondern weil die billigen Waren, die dem Konsumenten nicht mehr direkt vom Produzenten geliefert werden, Einrichtungen notwendig machten, die eine schnelle, erschöpfende und übersichtliche Auswahl und dadurch auf ihre Art Kommunikation ermöglichen.

Vom Kaufhaus Bon Marché aus dem Jahr 1876 in Paris bis zu den heutigen Einkaufszentren fand in funktioneller Hinsicht eine ständige Weiterentwicklung statt. Denn die ersten Kaufhäuser entstanden in der Stadtmitte und waren für Fußgänger gedacht. Die heutigen Einkaufszentren dagegen werden am Stadtrand gebaut, um für Autos leichter erreichbar zu sein. Aber abgesehen von diesen Veränderungen und der Vervollkommnung einiger Dienstleistungen wie Kindergärten, Selbstbedienung usw. sind die charakteristischen Merkmale der Warenhäuser vom 19. Jahrhundert bis heute dieselben geblieben und unterscheiden sie von jedem anderen Bautyp. Aber nicht das ist in unserem Zusammenhang am interessantesten, sondern die Beständigkeit, mit der sich die Kaufhäuser den Geschmackswandlungen anpassen und über Produkte und Waren, die in immer größerem Ausmaß betrachtet, angefaßt und verglichen werden können, informieren, sie anpreisen und für sie werben. Neben den großen Ausstellungen mit ihrer begrenzten Dauer und längeren

---

[42] Siegfried Giedion: Zeit, Raum, Architektur. Ravensburg, 1965. S. 178.

Montage zum Thema »Einkaufszentrum« mit dem Bau von Marcel Breuer in Rotterdam

Zwischenpausen bieten die Kaufhäuser immer noch die vollständigste und dazu tägliche Information über das Warenangebot auf dem Markt. Ihre von Schaufensterdekorateuren, Grafikern und Verpackungsspezialisten geschickt dargebotenen und aufgemachten Konsumgüter sind deshalb in unserer Zeit ein Stück echter visueller Kommunikation. Einige Warenhäuser – wir erinnern nur an die von Sullivan, Horta, Mendelsohn und Albini – gehören infolgedessen zu den typischsten Bauten der modernen Architektur.
Schließlich ist auf seine Weise auch der moderne Museumsbau eng mit der Massenkultur verbunden. In einem interessanten Artikel über die didaktische Funktion des Museums schreibt Enrico Fulchignoni: »Der größte Teil der Nationalmuseen und Bildergalerien ist im 19. Jahrhundert gegründet worden ... Unabhängig davon, wie diese Sammlungen zustandegekommen waren, profitierten sie von der städtebaulichen Entwicklung in Europa, die durch die industrielle Revolution in Gang gekommen war.« Die Museumstätigkeit, die als erste Begegnung des Volkes mit der »gehobenen« Kultur außerhalb der Kirche zu gelten hat, erwies sich als erfolgreich und unersetzlich. Ihre didaktische Funktion hängt aber von einer ständigen Erneuerung ihrer Strukturen ab. Schon nach dem Ersten Weltkrieg nahmen die Museen angesichts der neuen sozialen Bedürfnisse, vor allem in der UdSSR, einen stärker pädagogischen Charakter an. Heute »muß das Museum als Stützpunkt einer Pädagogik des Visuellen ... sich seiner Verantwortung bewußt sein. Dank den neuen Methoden können seine zahllosen Möglichkeiten noch besser ausgeschöpft werden ... Das Publikum, das von dem, was die anderen Massenmedien ihm bieten, auf Grund der deformierenden Zwänge der technisch-ökonomischen Strukturen dieser Medien so oft enttäuscht und getäuscht wird, muß endlich im Museum einen sicheren Hafen finden.«[43]
Abgesehen von all den Visualisierungstechniken wie Dokumentarfilme, Fernsehen, Diapositive, Mikrofilme usw., über die das Museum verfügt, spielen natürlich vor allem seine baulichen Voraussetzungen eine entscheidende Rolle für seine Kommunikationsfähigkeit. Ähnliches gilt auch für Schulbauten, die durch ihre spezifisch pädagogischen Kommunikationsfunktionen zu den positivsten Aspekten der Massenkultur gehören. Aber auch unter den Bauten, die Freizeitbeschäftigungen dienen, gibt es zahlreiche Beispiele für die Funktion der Architektur als Massenmedium. Wir erinnern nur an Kinos, Tanzlokale, Stadthallen und all die Bauten, die der Freizeit und dem Tourismus dienen. Sie alle erfüllen nicht nur spezifische Funktionen,

---

[43] Enrico Fulchignoni: Il museo scientifico come ausiliare e visivo. In »Comunicazione di massa«, Nr. 4 und 5.

Innenansicht des Guggenheim-Museums von Frank Lloyd Wright

sondern fördern Gemeinsamkeit und Austausch, reizen zum Konsum an, werben für Produkte und produzieren dadurch auch eine ungeheure Masse von Informationen, die ihrerseits wieder zu neuen Architekturtypen und -schemata, zu neuen Einrichtungen und neuem Design führen.

Wir können es aber nicht dabei bewenden lassen, diese Bereiche aufzuzählen, die sich sozusagen am besten als Massenmedien eignen, und die Grenzen der Gebiete zu zeigen, in denen ein Verfall der Architektur zu verzeichnen ist. Denn die einzig fruchtbare Kritik an den Massenkommunikationsmitteln besteht in dem Versuch, ihre Funktionen zu verändern und ihre möglicherweise hinter den negativen Aspekten verborgenen Bedeutungen zu ermitteln. Im übrigen wäre es auch kaum noch möglich, weitere negative Aspekte ausfindig zu machen (wie es eine heute weit verbreitete Kritik mit ihrer Schwarzweiß-Malerei versucht) als die, auf die Soziologie und Sozialpsychologie im Gefolge von Horkheimers und Adornos scharfsinnigen Analysen schon hingewiesen haben.

Wir stimmen indessen mit Renato Solmis Beurteilung der technologischen Produkte überein, die ohne weiteres auch auf die Massenmedien und die Architektur zu beziehen ist. »Die technischen Erfindungen sind keine neutralen und indifferenten Instrumente, die gleichermaßen Gutes und Böses bewirken können. Ihre schlimmen Wirkungen beruhen auf ihren Geburtsfehlern. Mit dieser Behauptung soll eine ›Umfunktionierung‹ (die das Hauptproblem einer progressiven Kritik ist) nicht ausgeschlossen werden. Aber wir möchten die Aufmerksamkeit auf die enge Beziehung der technischen Erfindungen zu ihrer sozialen Funktion lenken, die ihre objektive Konstitution schon im voraus bestimmt. Der schlechte Zweck, zu dem man ein Instrument benützt, wohnt ihm selbst inne. Man sollte einem gewissen billigen Optimismus mißtrauen, der sich aufgeklärt gebärdet, das Instrument für neutral erklärt und alles vom guten Willen dessen abhängig macht, der sich seiner bedient. Aus dem einfachen Grund, weil alles ein Produkt des Menschen ist, ist leider nichts neutral.«[44]

Aufgrund unserer Überzeugung, daß die Massenkommunikationsmittel nicht nur Medien (aber auch nicht notwendigerweise etwas Negatives) sind, untersuchen wir ihre immanente Struktur zu dem Zweck, ihre Funktion zu verändern. Hier greifen wir auf den nicht ganz eindeutigen Begriff der Volkskunst zurück, der in einem unausgesprochenen Zusammenhang mit den Massenmedien und der Massenarchitektur steht. Beim 15. Internationalen Kongreß in

[44] Renato Solmi in der Einleitung zu Theodor W. Adorno, Minima moralia. Turin, 1954. S. XLI–XLII.

Verucchio, der sich dem Thema »Volkskunst heute« widmete, wurden für unser Thema wichtige Vorträge gehalten. In dem Teil seines Referates, in dem sich Argan mit der Beziehung zwischen Volkskunst und Massenmedien beschäftigt, erklärte er, sobald der Mann aus dem Volk mit der industriellen Produktion in Berührung komme und sich die neuen Techniken zu eigen mache, werde er zum Arbeiter und nehme an einem Arbeitsprozeß teil, bei dem Idee und Ausführung, anders als früher bei der handwerklichen Arbeit, getrennt sind. Diese Spezialisierung führe zum Verlust einer vom Volk gemachten Kunst. Darüber hinaus werde aber auch das potentielle Ausdrucksvermögen des Arbeiters durch die neuen Volkskonsumgüter, in deren Genuß er komme, frustriert. Denn die Massenmedien seien keine Kunst für das Volk, weil durch sie das Bürgertum auf Grund seines wirtschaftlichen und ideologischen Führungsanspruchs nicht die Wünsche des Volkes, sondern die einer fremdbestimmten Masse zu befriedigen suche. Die Unterscheidung von Volk und Masse – sie stammt von Adorno, und wir sind nicht mit ihr einverstanden – und die sich aus ihr ergebende unterschiedliche Bewertung dieser beiden Begriffe, diskreditiert zum x-ten Male die Massenmedien, ihre nivellierende Funktion, ihren Zwangscharakter, ihren Mangel an Intentionen usw.[45]

Einen deutlichen Bezug zu unserem Thema hat auch das Referat, das Alberto Maria Cirese bei demselben Kongreß hielt. In diesem Referat wird nicht nur der Begriff des Volkstümlichen in der Volkskunst in Frage gestellt, den auch einige Kunsthistoriker für fragwürdig halten, sondern auch bezweifelt, daß es sich bei ihr wirklich um eine Kunst handelt. Auf Grund der Tatsache, daß die Volkskunst in den verschiedenen anthropologisch-kulturellen Kontexten eine unterschiedliche Rolle spielt, scheint es Cirese nämlich nicht berechtigt, sie einer individualisierenden kunsthistorischen Analyse zu unterziehen, die ihr Augenmerk auf das Unwiederholbare, Einmalige, Außergewöhnliche, Bedeutende, das heißt auf das Individuelle in seiner Unwiederholbarkeit richtet. Wenn man den Bedeutungsgehalt der Volkskunst ausfindig machen wolle, müsse man sich der Wiederholung, dem Wiederholbaren und den Normen für diese Wiederholbarkeit zuwenden, das heißt man müsse Systeme und Strukturen mit den ihnen innewohnenden Logiken zu erkennen versuchen[46].

Auch die Anthropologie bestätigt also unsere Hypothese, daß die

---

[45] Vgl. Giulio Carlo Argan: Arte popolare come arte moderna. Referat beim 15. Internationalen Kongreß in Verucchio, September 1966.
[46] Vgl. Alberto Maria Cirese: Per una nozione scientifica di arte popolare. Referat beim 15. Internationalen Kongreß in Verucchio, September 1966.

kritisch-ästhetische Untersuchung der Massenmedien es nicht eigentlich mit Kunst, sondern eher mit etwas Künstlerischem zu tun hat, zu dessen Charakter insbesondere »Wiederholung und Wiederholbarkeit« gehören. Die Massenmedien sind deshalb gewiß keine Kunst des Volkes, das zum Industrieproletariat geworden ist und andere Aufgaben hat als die der handwerklichen Produktion, aber sie sind sicherlich, wenn auch keine Volkskunst, so doch Volkskonsumgüter (wobei Volk hier vor allem als quantitativer Begriff gemeint ist), an deren Erarbeitung die Konsumenten immer unmittelbarer partizipieren oder partizipieren sollten.

In den bisherigen Kapiteln haben wir von der kollektiven Vorstellungswelt als der Ebene gesprochen, auf der sich Entscheidungsgruppen und Benutzermassen treffen. Hier kommt es uns nun darauf an, daß diese kollektive Vorstellungswelt als ein unerschöpfliches Reservoir von Ideen, Intentionen, Wünschen, Geschmacksrichtungen, Symbolen und Mythen[47] der Ursprungsort der Systeme der Massenmedien, ihrer Logiken, Bedeutungen und sogar ihrer Struktur ist. Auf sie muß unserer Ansicht nach eine progressive Kritik einwirken, die nicht nur darüber jammern will, daß einige intellektuelle Schemata praktisch nicht verwirklicht worden sind, sondern es auf Veränderung negativer und vermassender Funktionen abgesehen hat, die wir alle von vielen Konsumgütern kennen.

Wenige Worte genügen, um die Zeichen dieser kollektiven Vorstellungswelt im Umkreis von Architektur und Städtebau zu schildern. Die negativen Seiten der systematischen Zerstörung von Stadt und Land sind bekannt. Verantwortlich für sie sind die offensichtlichen Fehler des Systems. Aber wir müssen auch lernen, die möglicherweise positiven und perfektionierbaren Seiten dieser Erscheinungen zu erkennen. Wenn es stimmt, daß jede Epoche ihren Ausdruck in einem von ihr bevorzugten Bautypus findet, scheint die unsere das Ausmaß der Infrastrukturen mit ihren weitläufigen Straßennetzen, gewaltigen Industrieanlagen und der Dichte ihrer Wohn- und Verwaltungsviertel gekennzeichnet zu sein. Hinter ihrer augenfälligen praktischen Funktion die sybolischen Werte, die verborgenen Bedeutungen und den phantastischen Charakter in den Formen und Gestalten ihrer Strukturen nicht zu erkennen, heißt,

---

[47] Vgl. auch Edgar Morin, a.a.O., S. 102. Hier heißt es von dieser Vorstellungswelt: »Das Imaginäre ist das vielgestaltige und vielfältige Jenseits unseres Lebens, und gleichfalls die Umhüllung unseres Lebens. Es ist das unendliche virtuelle Hervorsprudeln und begleitet das, was gegenwärtig, also einmalig, in Zeit und Raum begrenzt und endlich ist. Es ist die antagonistische und komplementäre Struktur dessen, was man das Wirkliche nennt, ohne die es zweifellos nichts Wirkliches oder vielmehr keine menschliche Wirklichkeit für den Menschen gäbe.«

Teilansicht von Werksanlagen der Firma Montecatini. Aus »Ideal-Standard«

daß man zu diesem Problem keinen Zugang hat, heißt aber auch, daß man auf ein eigenes Eingreifen verzichtet und die Regionalstadt den Gestaltungsmöglichkeiten der Technologie überläßt. Wenn wir indessen von diesen Dingen gebührend Kenntnis nehmen, so bedeutet es, daß der Architekt sein gestalterisches Können dieser neuen Aufgabe zuwendet, die bisher auf Maschinen-, Industrie- und Straßenbau spezialisierten Ingenieuren vorbehalten waren. Denn diese Ingenieurs-Konstruktionen sind so phantasielos, so fern der Vorstellungswelt des Volkes, daß sie sich schließlich antifunktionell auswirken. Ein Beispiel dafür ist unser Autobahnnetz. Abgesehen von seinen technischen Mängeln folgt es einem so stumpfsinnigen funktionalistischen Prinzip, daß es keinerlei Rücksichten auf die Geländestruktur und auf den Ausblick auf die Landschaft nimmt, obwohl Millionen von Menschen unser Land hauptsächlich so kennen, wie sie es bei Fahrten über die Autobahn zu sehen bekommen. Wenn wir Architekten uns in Zukunft dieser durch die neuen Bedürfnisse der Massengesellschaft notwendig gewordenen Verkehrsarchitektur annehmen, dann ist es wahrscheinlich, daß das Wort »Kunstwerk« (opera d'arte), das die Straßenbauer für technische Vorkehrungen gebrauchen, aus einem Euphemismus zu einer zutreffenden Bezeichnung wird.

Wenn das Verständnis und die Analyse jener Erscheinungen, von denen wir gesehen haben, daß sie der kollektiven Vorstellungswelt entstammen, zu einer Umfunktionierung der Architektur als Massenmedium führen soll, so dürfen wir uns indessen nicht auf Forderungen beschränken, sondern müssen auch zeigen, wie sie zu erfüllen sind.

Eine unmittelbare Möglichkeit, sich wirksam in den Lauf der Dinge einzuschalten, bietet vor allem die Politik. Hier haben wir schon auf die Meinung von Fabrizio Onofri hingewiesen, der es für eine der wichtigsten neuen Aufgaben der Parteien hält, dafür zu sorgen, daß das passive Konsumverhalten den Massengütern gegenüber durch ein kritischeres Verhältnis zu ihnen abgelöst wird. Für Architektur und Städtebau könnte das lang erwartete einschlägige Gesetz ein Instrument werden, das in ähnlichem Sinn zu verwenden wäre, wenn auch seine Vorgeschichte nicht gerade optimistisch stimmt. Bei diesem Stand der Dinge ist deshalb eher als von Regierung und Parteien etwas von der Kulturpolitik zu erwarten, so begrenzt ihre Möglichkeiten auch sein mögen. Das erste Ziel muß es dabei sein, die Manipulation der Massenmedien durch eine Minderheit abzuschaffen. In dieser Frage ist allerdings auch die Ansicht geäußert worden, daß Kultur immer die Sache einer Minderheit sei. »Der einzige Unterschied gegenüber der Kultur, die sich der Massenmedien bedient, besteht im Publikum. Denn jene ist eine Kultur von wenigen für

wenige, diese aber eine Kultur von wenigen für viele oder sogar sehr viele.«[48]
Aber die Kluft zwischen Entscheidungsgruppen und Masse der Nießbraucher ist eine Erscheinung, die für die frühe Phase der Massenkultur bezeichnend ist. Sie hat ihre Ursache sowohl in den technischen Gegebenheiten als vor allem im künstlichen Konsumanreiz von seiten der Produzenten. Aber schon heute zeichnet sich eine Änderung dieses beklagenswerten Zustandes ab. Wir haben bereits auf die Möglichkeit eines Dialogs zwischen den beiden Gruppen und eines Einflusses der Konsumenten auf die Produktion durch ihre Auswahl hingewiesen. Marktforschung und Hörerumfragen sind zwar noch weit von einer effizienten demokratischen Interpretation und Wertung entfernt, stellen aber immerhin ein Indiz für die Notwendigkeit dar, diesen Dialog aufzunehmen. Bestätigt wird diese neue Beziehung zwischen Mehrheit und Minderheit und damit der politische Charakter dieser Frage von Edgar Morin, wenn er schreibt: »Man kann nicht die vereinfachte Alternative stellen: Ist es die Presse (oder das Kino, Radio usw.), die das Publikum *macht*, oder ist es das Publikum, das die Presse macht? Drängt sich die Massenkultur dem Publikum von außen auf, oder spiegelt sie die Bedürfnisse des Publikums wider? Es liegt auf der Hand, daß die *Dialektik* zwischen dem System der Kulturproduktion und den kulturellen Bedürfnissen des Konsumenten das wahre Problem darstellt ... Die Massenkultur ist also das Produkt einer Dialektik zwischen Produktion und Konsum im Rahmen einer globalen Dialektik, der Dialektik der Gesellschaft in ihrer Gesamtheit.«[49]
Nach diesen Hinweisen auf die kulturpolitischen Möglichkeiten für die »Umfunktionierung« der Massenmedien wollen wir dieses Kapitel mit einigen Überlegungen, die sich speziell auf die Architektur beziehen, abschließen. Mit voller Absicht haben wir für die Architektur den Begriff Massenkommunikation verwendet. Warum tun wir das und sprechen nicht lieber von sozialer Aufgabe, kollektivem Nutzen oder Immobilienbesitz, die den Bedürfnissen einer Massengesellschaft entsprechen? Zweifellos hat die Architektur alle diese Aspekte. Gleichwohl haben wir den Begriff der Kommunikation vorgezogen, weil wir der Ansicht sind, daß gerade der Kommunikationsprozeß wichtige Hinweise für das heutige Bauen gibt.
Zu Beginn des Kapitels haben wir gesehen, daß man die Architektur nur zu den Massenmedien zählen kann, wenn man ihr eine kommunikative Bedeutung beimißt. Sie im Zusammenhang mit den

---

[48] Paolo Facchi: Cultura di massa e industria culturale. In »Comunità«, Nr. 116.
[49] Edgar Morin a.a.O., S. 58.

W. Klein, Lebensbotschaft. Aus dem Band »New York«

Massenmedien zu untersuchen heißt infolgedessen, sie in ein anthropologisch-kulturelles Beziehungssystem unserer Zeit einfügen, das uns erlaubt, sie mit dessen anderen Faktoren zu vergleichen. Als Massenmedium verstanden, stellt die Architektur deshalb ein soziologisch-kulturelles Modell dar, an dem man die heutige architektonische Realität messen kann. Außerdem sprechen wir von Kommunikation, weil wir auf diese Weise die geheimen Bedeutungen, deren Logik und sogar die Struktur der Massenmedien untersuchen und auf sie einen Einfluß ausüben können. Und schließlich kann die eminent kommunikative Funktion der Architektur, wenn sie tatsächlich gegeben ist, nicht ohne Antwort bleiben: das ist der Grund für die Bemühung der Kritik, diesen Austausch zu erleichtern und damit die Partizipation der Mehrheit an diesem dialektischen Prozeß zu ermöglichen.

Grundlage für eine Ästhetik und Methodologie der Konsumgüter ist – wie Reyner Banham bemerkt – die Präzisierung von ästhetischen Begriffen einer nicht im traditionellen Sinn, sondern als Massenproduktion verstandenen Volkskunst. »Daß die Wurzeln einer solchen Methodologie in der Soziologie und in der Untersuchung des Symbolismus zu finden sind, ist nicht schwer nachzuweisen ... Der alte snobistische, wirtschaftsfeindliche Sarkasmus, mit dem die akademischen Ästheten ebenso wie die revolutionären Sozialisten behaupten, »alles sei recht, wenn nur verkauft werde«, ist heute offensichtlich unzutreffend. An seine Stelle muß die Frage treten: Was kann man verkaufen? Der Kritiker kann nicht mehr im Namen der stumpfsinnigen, abstrakten und aller Träume baren Marionette sprechen, die sich die Neo-Akademiker ausgedacht haben, sondern im Namen des Volkes, wie es ist und wie es sein wird. Und er wird künftige Wünsche und Träume des Volkes mit der gewissenhaften Sorgfalt dessen, der diesem Volk selbst angehört, projizieren müssen. Nur so wird er an dem Abenteuer der Massenproduktion partizipieren und dem alten aristokratischen Slogan ›wenige seltene Blumen‹ und seiner Folgerung ›die Massen sind Unkraut‹ einen neuen Slogan entgegensetzen können, der mit allen akademischen Kategorien Schluß macht: viele wilde Blumen.«[50]

Man braucht den brutalen Optimismus des englischen Kritikers nicht zu teilen, um auf Möglichkeiten hinzuweisen, wie die Architektur in diesen irreversiblen Prozeß in der Massengesellschaft eingreifen und seine Veränderungen in die Wege leiten kann. Vor allem »stellt die Gemeinschaft der kultivierten Menschen immer noch eine *pressure group* dar«[51]. Die Architekten sind sich bei all ihren

---

[50] Reyner Banham a.a.O.
[51] Umberto Eco a.a.O., S. 53.

Widersprüchlichkeiten dieses kritischen Vorrechts durchaus bewußt. Für diejenigen unter ihnen, die keine hochmütigen »Humanisten« und keine »Seeleningenieure« sind, wie Tschakotin die Förderer der Vermassung genannt hat, handelt es sich auch vom didaktischen Standpunkt aus darum herauszufinden, wie sie eine der gewandelten sozialen Lage entsprechende Tätigkeit ausüben können, bis (und das ist für jeden wichtig, der zur Veränderung eines unbehaglichen Zustandes beitragen will) radikalere Strukturreformen es ermöglichen, die bisherigen negativen Erscheinungen in Architektur und Städtebau zu eliminieren. Von den Möglichkeiten, die sich der Kritik in dieser Hinsicht bieten, sollte unserer Meinung nach zweierlei Vorrang genießen. Einmal sollte die Kritik auf Grund jener Werte, die von einem möglichst großen Teil der Massengesellschaft anerkannt werden, eine Analyse von Architektur und Städtebau versuchen, die deren rein technische und Konsumaspekte in einen kritischen und bewußten Ausdruck der gesamten sozialen Sphäre verwandeln. Zum anderen sollte sie den kommunikativen Aspekt der Architektur in den Vordergrund rücken. Dadurch könnte sie dazu beitragen, die bisher ausgeübte Suggestion in echte Mitteilung zu verwandeln, auf die der Benutzer eine Antwort finden kann. Das heißt sie sollte dazu beitragen, dessen bisherige Fremdbestimmung in Selbstbestimmung zu verwandeln. »Dazu ist es für eine gesunde Entwicklung der modernen Architektur notwendig, daß sie ›sich semantisiert‹, daß sie jeden neuen Bau durch Formen rechtfertigt, die semantisch deutbar sind und zu einer unbehinderten Kommunikation führen.«[52]

Die Sprache der Architektur zu semantisieren heißt heute, einen gemeinsamen Code für Techniker und Massengesellschaft finden und institutionalisieren[53], der es möglich macht, die Bedeutungen und Werte dieses neuen Massenmediums zu akzeptieren oder abzulehnen. So würde nicht alles von Strukturreformen oder von der Verwirklichung utopischer städtebaulicher Modelle in riesigem Maßstab

---

[52] Gillo Dorfles: Simbolo comunicazione e consumo. Turin, 1962. S. 188–189.
[53] Vgl. Emilio Garroni: Arte e comunicazione. Referat beim 14. Kongreß in Verucchio 1965: »Wenn man heute von Institutionalisierung spricht, spitzen die Zuhörer im allgemeinen empört die Ohren. Institutionen gelten als das Grab der Kunst, wie die Ehe als das Grab der Liebe gilt. Aber das sind Gemeinplätze, die von der heutigen Erfahrung selbst der avantgardistischen Kunst systematisch widerlegt werden. Jedenfalls bedeutet Institutionalisierung nicht Konformismus nach theoretischen Regeln, sondern Innovation, die auf Regeln oder auf der Veränderung der vorgegebenen Regeln im bestehenden linguistischen System beruhen. Solche Veränderungen können sogar radikal sein und mit zerstörerischer Heftigkeit durchgesetzt werden. Sie vollziehen sich aber immer in einem determinierten linguistischen Milieu.«

abhängig gemacht werden, die all die kleinen Unzuträglichkeiten beheben sollen. Vielmehr wäre es allen – unabhängig von der Größenordnung ihrer Beiträge und der Art und dem Grad ihrer beruflichen Kompetenz als Stadtplaner, Architekt oder Designer – möglich, sich an der Umfunktionierung des Produktions-Konsum-Prozesses in der heutigen Architektur zu beteiligen. Denn auf eine Kommunikation von Bedeutungen hinwirken heißt heute kritisch handeln.

Altes und Neues in der Massenkultur

Die Beziehung zwischen Vorhandenem und Neuem stand bekanntlich im Mittelpunkt der Architekturdiskussion der fünfziger Jahre und kennzeichnet unseres Erachtens eine Wendung in der jüngsten italienischen Architekturgeschichte. Nach der Zeit der großen Hoffnungen, in der die Architekten enthusiastisch an der Hochstimmung der Nachkriegszeit und der umfänglichen Bautätigkeit zum Wiederaufbau des Landes teilgenommen hatten, begann sich unter ihnen eine tiefe Enttäuschung auszubreiten. Auf ihre Gründe haben wir bereits hingewiesen. Wir brauchen also jetzt nur kurz daran zu erinnern, daß man sich bewußt wurde, wie wenig das realistisch-soziologische Kulturmodell, das man abgekürzt als Engagement für die Inhalte bezeichnen kann, der Gesellschaft entsprach. Ludovico Quaroni, der damals eine große Rolle spielte, schrieb kürzlich: »Nach dem Zweiten Weltkrieg wandten sich – vielleicht gerade wegen der langen Abwesenheit aus den Städten und deren starker Zerstörung – die Lebendigsten von uns von der Architektur ab und der Stadtplanung zu... Hatten sie von ihr eine klare Vorstellung? Wenn man zwanzig Jahre später an das zurückdenkt, was wir damals dachten, wieder liest, was wir damals schrieben, und untersucht, was damals gebaut oder auch nur entworfen wurde, kann man das nur verneinen. Auch damals war es schon klar, daß die Architekten recht verwirrte Vorstellungen hatten. Gerade die besten von uns machten sich deshalb voller Naivität daran, eine Arbeit zu übernehmen, die nicht die unsere war. Anstatt zu entwerfen, vertaten wir viel Zeit mit Sozialenqueten, statistischen Erhebungen, Gesetzgebung und Baupolitik... Man hoffte, in der Stadtplanung eine Lösung für die Krise der Architektur zu finden... Wir möchten behaupten, daß die Architekten tatsächlich darauf verzichteten, beharrlich ihre eigenen Probleme zu lösen und das Feld den Schakalen von der Akademie überließen. Stattdessen flüchteten sie sich in die Stadtplanung, die ihnen durch ihre Großräumigkeit, und das heißt durch ihren kleinen Entwurfsmaßstab, nicht so verantwortungsvoll erschien wie der Bauentwurf.
Da sie die Kunst, ihre angetraute Gattin, mit ihren zahlreichen Forderungen und hohen Ansprüchen nicht für sich hatten interessieren können, trösteten sie sich mit der Erbärmlichkeit von dürftigen Geliebten, die ihnen fremd und für sie im Grund bedeutungslos waren... Inzwischen hat die Aufgeschlossenheit anderer Spezia-

listen – Soziologen, Wirtschaftswissenschaftler, Juristen, Ökologen, Technologen usw. – für diese Probleme die Architekten der Notwendigkeit enthoben, diese Fachleute zu ersetzen, und die Stadt dadurch vor den Fehlern bewahrt, die sie bei ihren Untersuchungen auch weiterhin gemacht hätten.«[54]
Gewiß ist Quaroni als Architekt die Berechtigung nicht abzusprechen, die Dinge heute aus einem anderen Blickwinkel zu betrachten als in den fünfziger Jahren. Wenn man indessen an seine damalige Rolle als Dozent denkt, ist sein radikales Umdenken weniger verständlich und erscheint uns zumindest als harte Selbstkritik. Jedenfalls gehört diese Erklärung zu den bemerkenswertesten und gewichtigsten Zeugnissen dafür, daß die Architekten sich heute ihrer erzieherischen Aufgabe deutlich bewußt werden. Diese erzieherische Aufgabe zeichnet sich gerade in der Tatsache ab, daß man die allgemeine Aufmerksamkeit auf das Problem der Beziehung zwischen Alt- und Neubauten lenkt. Denn während die Architekten durch die erwähnten Übergriffe in andere Disziplinen Aufgaben übernahmen, für die sie heute vielfach als unzuständig gelten, wurden die Stadtzentren und die Landschaft systematisch verändert und zerstört. Zwar beschäftigen sich mit der Planung auf verschiedenen Ebenen und ihren sozio-politischen Implikationen nur wenige, wenn auch die besten Architekten. Was sich in den historischen Stadtzentren, in den Stadtrandgebieten und in der erhaltenswerten Landschaft abspielte, ging aber den ganzen Berufsstand an. Diese problematische Entwicklung bahnte sich nämlich gerade in dem Augenblick an, als die stadtplanerischen Tendenzen im Sinne von Howard-Geddes, Mumford und Gutkind, die das Ende der großen Städte prophezeiten und auf die Vorzüge autarker, über ein weites Gebiet zerstreuter Siedlungen hinwiesen, in Frage gestellt wurden. Dieses Modell mit seinen nicht zu bestreitenden Qualitäten hatte in anderen Ländern verwirklicht werden können. Für Italien mit seiner raschen Industrialisierung nach dem Krieg und seiner Verstädterung im Gefolge einer gewaltigen Binnenwanderung erwies es sich als ungeeignet. Deshalb stand und steht hier die Stadt, ihre Umwelt, ihre Aufnahmebereitschaft und die vitalen Kräfte, die von innen und außen Druck auf sie ausüben, im Mittelpunkt jedes architektonischen und stadtplanerischen Programms.
Bei dem Versuch, diesen Notwendigkeiten einer Massen- und Industriegesellschaft zu entsprechen, ergaben sich indessen Probleme, die darauf zurückzuführen sind, daß Italien einerseits ein reiches histo-

---

[54] Ludovico Quaroni: Il disegno per la città: cultura, espressione, comunicazione. Referat beim »VIII Corso Internazionale d'Alta Cultura.« Venedig, 1966.

risches, künstlerisches und landschaftliches Erbe besitzt, andererseits aber eine unzureichende und uneffiziente Gesetzgebung zu dessen Schutz. Baubedarf, Umweltschutz und das Fehlen einschlägiger Gesetze sind aber nur die drei wichtigsten Faktoren im Gesamt jener Umstände, die die spezielle Problematik der Beziehung von Altem und Neuem in Italien ausmachen. Das Grundübel stellt dabei eine zwischen freier Marktwirtschaft und Dirigismus schwankende Politik dar. Sie läßt der privaten Initiative freie Hand, die der Staat nicht ersetzen kann und die zudem zwar gewaltigen Schaden angerichtet, aber auch recht und schlecht den ersten Bedürfnissen des Wiederaufbaus genügt hat. Gleichzeitig hofft man, in einem bestimmten Augenblick durch Planung alle diese privaten Interessen zum Nutzen der gesamten Gesellschaft koordinieren und ausrichten zu können. Das heißt, man glaubt, zunächst die private Initiative bis zu den unseligsten Konsequenzen stimulieren zu können, um sie später Normen zu unterwerfen, die unsere intelligente Bürokratie bis dahin ausgearbeitet haben wird. Selbstverständlich sorgte und sorgt die herrschende Schicht dafür, daß die Erarbeitung und Anwendung dieser heilsamen Normen so lange wie möglich verzögert wird. Vielleicht ist es in anderen Bereichen möglich, erst die Privatunternehmer zum Zuge kommen zu lassen und dann zu einem Kompromiß zwischen ihrem und dem öffentlichen Interesse zu kommen. Auf dem Bausektor hat diese Methode nur zu oft zu katastrophalen Folgen geführt. Denn da es sich hier um Grundbesitz und die Produktion von Konsumgütern handelt, die nur langsam verbraucht werden, wird eine einschlägige Gesetzgebung, wenn sie überhaupt zustande kommt, vollendeten Tatsachen gegenüberstehen. Das gilt für die gesamte italienische Stadtplanung, führt aber für Landschaft und historische Stadtzentren zu besonders ernsten Konsequenzen.

Italien ist überreich an erhaltenswerten Bauten. Die meisten von ihnen befinden sich in privatem Besitz. Der Staat habe, so heißt es, nicht die Mittel, um sie zu enteignen, zu restaurieren und zu unterhalten. Die Grundstücke, auf denen sie stehen, haben einen hohen wirtschaftlichen Wert. Ihre Besitzer können sie nicht veräußern oder erzielen bei einem Verkauf nicht den gleichen Preis wie bei gewöhnlichen Bauten. Sie betrachten sich deshalb als Opfer des halb marktwirtschaftlichen Systems. Zu der Unlösbarkeit dieses Problems, solange man an der Marktwirtschaft und der liberalen Moral festhält, kommt hinzu, daß es sich nicht nur darum handelt, einzelne Bauten, sondern die Gesamtheit eines historischen Stadtzentrums zu erhalten. So kann es zwar in vielen Fällen möglich sein, eine gewisse Rendite aus einem Gebäude, das Denkmalscharakter hat, zu ziehen, indem man es für öffentliche oder repräsentative Zwecke benutzt. Für die umliegenden Bauten, die von jeher eine untergeordnete

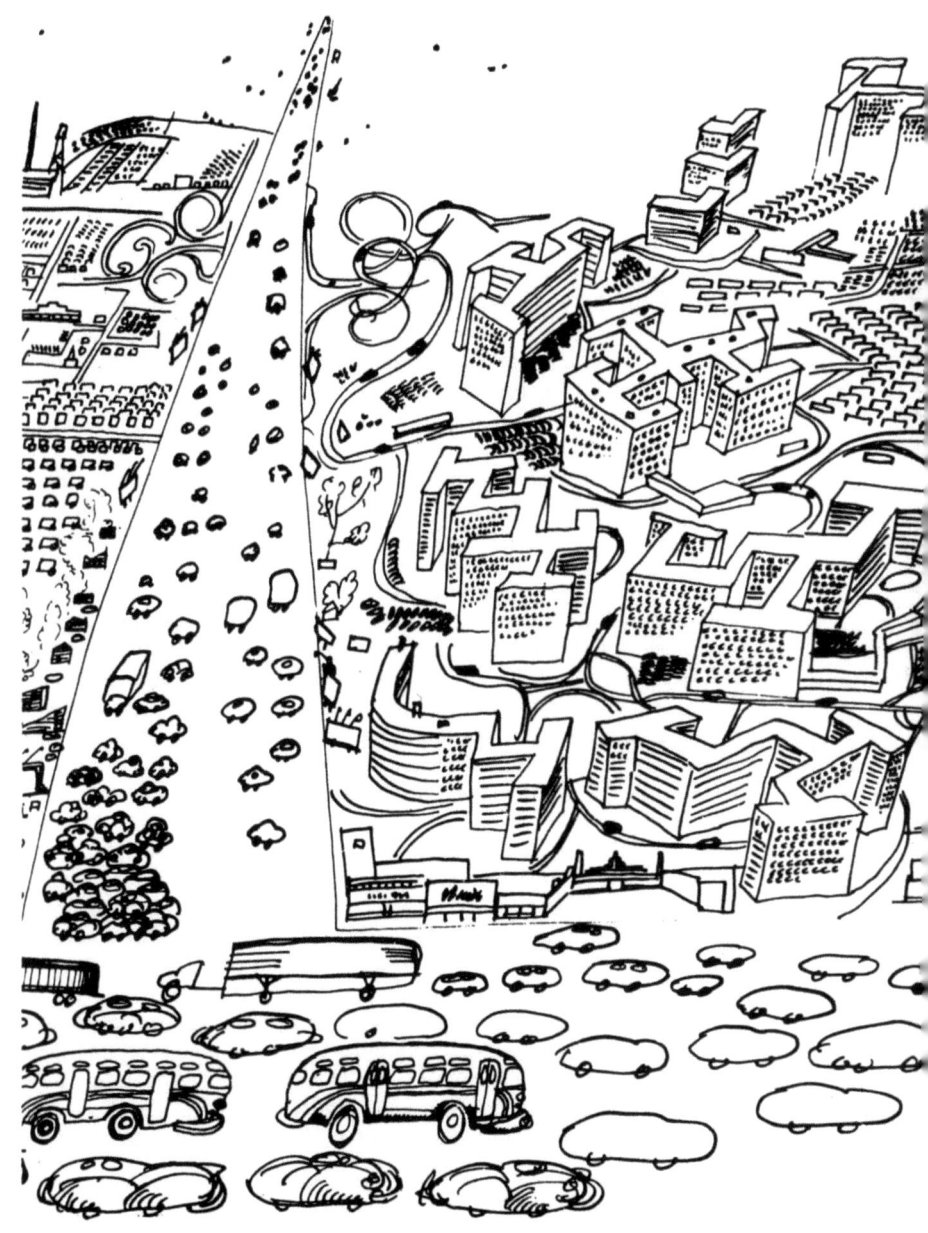

Saul Steinberg, On the City. Aus »Journal of the AIP«

Rolle gespielt haben und jetzt kaum noch eine Funktion erfüllen, ist das aber meist nicht möglich. Sie sind deshalb »unrentabel« und werden dem natürlichen Verfall überlassen.
Auch Quaroni ist der Ansicht, »daß die einzige kulturelle Kraft auf diesem Gebiet das Recht ist, das in Italien aber nur ein Privatrecht ist, weil es keine demokratische Institution gibt, die gewisse kollektive Interessen wahrnimmt und schützt, zumindest wenn sie, wie das immer der Fall ist, privaten Interessen zuwiderlaufen. In einem armen Land, wo der Besitz immer noch die einzige solide Vorsorge darstellt, an den sich deshalb die Wünsche und Hoffnungen der einzelnen heften, wird es schwer sein, diese von der Notwendigkeit der Erhaltung oder gar der Notwendigkeit, sich diese Erhaltung etwas kosten zu lassen, zu überzeugen.«[55]
Mit diesen Widersprüchen, die die Bau- und Stadtplanungspolitik nicht bereinigen will oder kann, sollen dann die machtlosen Behörden, die für den Denkmalschutz zuständig sind, fertig werden. Ihrer gibt es in ganz Italien genau fünfundzwanzig, eine wahrhaft lächerliche Zahl angesichts der zahllosen kleinen und großen Pressionen, die von ganzen Scharen von Eigentümern, Unternehmern und Technikern in einem teils gemeinsamen, teils gegensätzlichen Kampf um »Sondergenehmigungen« ausgeübt werden. Auch angesehen von den persönlichen Fähigkeiten, dem Durchsetzungsvermögen, den Mitteln und der Zuständigkeit der für den Denkmalschutz verantwortlichen Beamten, stehen diese immer vor einer unlösbaren Aufgabe. Denn wie einer von ihnen, Armando Dillon, erklärte, »halte ich persönlich es für absurd und unmoralisch, daß ein Beamter des Denkmalschutzes die Möglichkeit hat, einen Bankrott zu veranlassen oder ein Vermögen zu schaffen«[56].
Zu diesen objektiven Schwierigkeiten kommt das mangelnde Interesse der Öffentlichkeit am Denkmal- und Naturschutz hinzu. »Empört sind jeweils nur die zwei-, drei- oder vierhundert Besucher unserer Veranstaltungen ... die Öffentlichkeit, die breite Öffentlichkeit ist an der Erhaltung der Landschaft vollkommen uninteressiert ... Die Behörden setzen sich keineswegs mehr dafür ein. In schöner politischer Einmütigkeit ist die rote Stadtverwaltung von Ventimiglia gern bereit, Hand an die Villa Hanbury legen zu lassen, die nicht zuletzt eine große und nutzbringende touristische Attraktion darstellt, und die christdemokratische Stadtverwaltung von Rom tut alles dazu, um den Monte Mario unter Beton zu begraben. Schließ-

---

[55] Ludovico Quaroni: La difesa e il rinnovamento del paesaggio urbano e rurale. In: »L'architettura, cronache e storia«, Nr. 22.
[56] Zitiert in Mario Labò: Gestione vincolistica della tutela delle bellezze naturali. In »Casabella-continuita«, Nr. 217.

lich fragt man sich, für wen wir uns eigentlich so viel Mühe geben...«[57]

Zur Überwindung all dieser Widersprüche machte die Architektenschaft einige – im Grunde bescheidene und praktisch wirkungslose – Vorschläge, die aber durch die Voraussetzungen, von denen sie ausgingen, und dadurch, daß sie der italienischen Kritik aller Richtungen ein gemeinsames großes Ziel gaben, Interesse verdienen.

Täuschen wir uns nicht, so haben zwar einige Gelehrte sofort nach dem Krieg die dramatischen Aspekte dieses Problems erkannt und ihm ihre besten Kräfte gewidmet. In ganz Italien wurde man aber erst auf das Thema aufmerksam, als man nach Abklingen der Polemik, die der Funktionalismus gegen die Tradition führte, aus verschiedenen und komplexen Gründen seine Anschauungen über die Beziehungen der modernen Architektur zur Tradition zu revidieren begann. Dem Problem der Tradition widmeten sich die ersten Jahrgänge von »Casabella-continuità«. 1955 schrieb Ernesto Rogers dort in einem Leitartikel:

»Anfangs beschränkte sich die moderne Architekturbewegung darauf, jedes Phänomen einzeln zu behandeln, und trachtete nach einer Objektivität des Ausdrucks, die jedes künstlerische Produkt in den Grenzen seiner individuellen Existenz darstellen sollte ... Das Problem der historischen Kontinuität (und das heißt der bewußten historischen Einordnung moderner Bauten, obwohl sie noch ein Stück unseres gegenwärtigen Lebens sind, in den Zusammenhang der bestehenden) ist von den Architekten erst vor kurzem erkannt worden.«[58]

Schwieriger wurde das Problem aber, sobald es sich nicht mehr um eine grundsätzliche Anerkennung der Kontinuität von Vergangenheit und Gegenwart handelte, sondern um die Feststellung, daß diese Kontinuität in unseren historischen Stadtzentren nicht gewahrt worden war. Eine Folge dieser Feststellung war die Gründung von »Italia Nostra«. Vorträge, Zeitungs- und Zeitschriftenbeiträge griffen das Problem auf, an dessen Diskussion sich alle italienischen Architektenkreise beteiligten. Selbst die Architekturfakultäten stellten die Frage der Einordnung von Architektur und Stadtplanung in die bestehende Umwelt in den Mittelpunkt ihrer Lehrprogramme. Dabei wurde die Lösung dieses Problems allgemein von den Flächennutzungsplänen und einer Spezialgesetzgebung zum Schutz der historischen Stadtzentren und der Landschaft erwartet. Abgesehen aber von dieser Übereinstimmung im Grundsätzlichen gingen die Meinungen über die anzuwendenden Normen stark auseinander.

[57] Mario Labò a.a.O.
[58] Ernesto N. Rogers: Le preesistenze ambientali e i temi pratici contemporanei. »Casabella-continuità«, Nr. 204.

Zu den radikalsten Positionen gehörte die, die Antonio Cederna in seinen 1956 zu dem Band »I vandali in casa« (Die Vandalen zu Hause) zusammengefaßten Artikeln in der Zeitung »Il Mondo« vertrat. Er geht davon aus, daß die industrielle Revolution zu einem endgültigen Bruch in der Geschichte der Städte geführt habe. Die Probleme, die Bedürfnisse, die Größenordnung und die Mittel hätten sich seither so verändert, daß eine Koexistenz von alten und neuen Strukturen nicht mehr denkbar sei. Das müsse die moderne Stadtplanung zugrundelegen, deren Instrument der Bebauungsplan sei. Seine Effizienz und sein moderner Charakter zeige sich an einer klaren Trennung zwischen Bestehendem und Neuem. Er »projektiert die Entwicklung der modernen Stadt in einer Hauptrichtung, in der sich alles vorauszusehende Wachstum weiterentfalten kann.« Die Unvereinbarkeit von Vergangenheit und Gegenwart sei nicht eine Frage der Größenordnung und der Bauformen, sondern der gesamten Stadtplanung.

»Der Respekt vor den historischen Stadtzentren und die daraus abgeleitete Verpflichtung, sie als Ganzes zu erhalten, ist ein ganz modernes Problem, Folge eines Jahrhunderts historischer Bildung. Unser historisches Bewußtsein läßt uns die grundsätzlichen Unterschiede zwischen unserer und früheren Zeiten erkennen. Früher war die Beziehung zwischen Überkommenem und Modernem *direkt*, aktiv und kreativ. Deshalb wurde ein bestimmter Stil so sehr als kanonisch und normativ angesehen, daß die physische Zerstörung seiner Denkmäler ebenso gerechtfertigt erschien wie die der Bauten aus unverstandenen Zeiten. Heute ist unser Verhältnis durch ein kritisches Bewußtsein *reflektiert*. Wir sind deshalb in der Lage, jede frühere Stilphase ohne Ausnahme historisch zu würdigen und physisch zu respektieren, und wir haben den Wert einer Umwelt zu begreifen gelernt, die den Charakter, die Einheit und die Kontinuität der alten Stadtzentren ausmacht.«[59]

Dies ist der entscheidende (und umstrittenste) Passus für Cedernas Position. Er unterstellt darin, daß man in der Vergangenheit jeweils eine kreative »Auswahl« traf, das heißt, Vorbilder setzte und Wertungen vornahm. Sie erlaubten es, Bauten und Strukturen, die man für überholt hielt oder nicht verstand, zu zerstören oder zu verändern. Heute kann eine solche Auswahl nicht mehr getroffen werden, alles hat ohne Unterschied einen Wert. Nun hat es aber – abgesehen von den bekannten Beispielen vandalischer Zerstörung älterer Bauten – auch in der Vergangenheit durchaus einen Sinn für Erhaltung gegeben, auch wenn er seine besonderen Vorlieben hatte und eine bestimmte Auswahl traf. Nur so war es möglich, daß die jüngere

---

[59] Antonio Cederna: La città difesa. In »Il Mondo«.

Neues über Altem in einer Zeichnung von Yona Friedman

Vergangenheit uns das Erbe einer weiter zurückliegenden Zeit erhalten hat. Es stimmt auch nicht, daß wir heute die gesamte Vergangenheit schätzen. Beispiele dafür sind nicht nur das vernichtende Urteil vieler Meister der Moderne über die Bauformen der Renaissance, sondern auch die immer noch weit verbreitete Ablehnung der Bauten des 19. Jahrhunderts, ganz zu schweigen vom Jugendstil, der für mehrere Generationen der Inbegriff alles Scheußlichen war.
Auch abgesehen von den Missetaten der Gesetzgebung und der Spekulation sind wir deshalb heute, trotz unserer kritischeren Einstellung, gezwungen, eine Auswahl zu treffen. Zwar werden viele Wissenschaftler wie Cederna behaupten, daß unser Verhältnis zur Vergangenheit ein grundsätzlich anderes als das früherer Generationen sei und daß wir heute mehr verstehen und würdigen können. Beispielhaft dafür sind die Theorien von Alois Riegl. Aber eine kritisch reflektierte Beziehung zur Vergangenheit beinhaltet nicht nur ein historisches Verständnis für das gesamte überkommene Erbe, sondern auch Wertung und Auswahl. Denn wo alles unterschiedslos als gültig angesehen wird, gibt es keine Möglichkeit der Wertung, die auf Vergleichen beruht. Das bedeutet nicht, daß wir zerstören,

was wir für weniger wertvoll halten. Denn allein die Tatsache, daß es sich um alte und unwiederholbare Strukturen und Milieus handelt, weist auf deren besonderen Wert hin. Gleichwohl muß man, zumindest theoretisch, auf der Unterscheidungsfähigkeit der Kritik bestehen, um die historische Bedingtheit unserer Urteile zu betonen und aus dieser Bedingtheit die Kriterien zur Erhaltung aller – höheren oder geringeren, auffallenden oder verborgenen – Werte in den Strukturen der Vergangenheit abzuleiten.

»Jede Polemik zwischen ›Konservativen‹ und ›Neuerern‹ ist müßig und haltlos«, schreibt Cederna, »denn nur wer die alten Stadtzentren erhält, ist modern, und nur wer in modernem Sinn plant, erhält die alten Stadtzentren ... Nur die volle Anerkennung, daß die alten Stadtorganismen, jenseits aller heuchlerischen Konzessionen ›Fall für Fall‹, kulturell und praktisch notwendig sind, nur die volle Anerkennung der gewandelten Bedürfnisse unserer Zeit können zu einer funktionalen Erneuerung unserer Städte führen. Wir können nicht abwarten, bis die öffentliche Meinung das begriffen hat, sondern müssen drastische Maßnahmen ergreifen ....« Und dazu rechnet Cederna das, was jahrelang seinen persönlichen Beitrag zur Lösung des Problems ausgemacht hat: »Wir müssen die tausend Einzelheiten wahrnehmen, aus denen die schwachsinnige Zerstörung Italiens besteht. Nur eine genaue Dokumentation, nur Anklage, Protest, intolerante Polemik, Entschiedenheit und Skandal können in einem Land, in dem Schlendrain und Konformismus herrschen, zu Ergebnissen führen.«

Wenn Cedernas Radikalismus auch durch seine historische und kritische Begründung gewisse Grenzen hatte, so erfüllte er doch durch seine Hinweise und durch die Alarmierung der öffentlichen Meinung eine wichtige Funktion. Schwächer noch als bei ihm erscheint uns die theoretische Begründung der Unvereinbarkeit von Altem und Neuem in dem Essay »Processo all'architettura moderna« von Cesare Brandi. Hier wird die Behauptung aufgestellt, daß frühere und heutige Architektur sich nicht miteinander vertrügen, weil das Raumgefühl der einen das der anderen ausschließe. »Weder Michelangelo noch Bernini, Borromini, Juvara oder Vanvitelli haben Brunelleschi und der Renaissance den Rücken gekehrt. Aber die moderne Architektur verliert ihren Sinn, wenn man sie als perspektivische Räumlichkeit verstehen will ... Mag es sich dabei um Kubismus, abstrakte Kunst oder Frühsurrealismus handeln, jedenfalls behandeln alle modernen Architekten den Raum auf eine Art, die, wenn auch unausgesprochen ... eine perspektivische Räumlichkeit ausschließt, die sich beständig auf das menschliche Maß bezieht ... Der Raum in der modernen Architektur ... ist der Raum eines In-der-Welt-sein. Niemals seit der Renaissance hat es eine größere und spontanere Übereinstim-

mung zwischen der Philosophie und der besonderen Kunst der Architektur gegeben als heute. Und wie alle heutige Philosophie nicht von den phänomenologischen Prämissen absehen kann, auf denen der Existenzialismus beruht, so ist der Raum der heutigen Architektur kein geometrischer Ort, keine ideale Projektion des menschlichen Gedankens, sondern, vor allem in der *Banalität des Alltags*, ein *Gefäß* für unser *In-der-Welt-sein*, besser noch unser *In-der-Welt-sein* selbst... Die moderne Architektur, die das Aussehen der Städte verändert hat, braucht ihre Glaubwürdigkeit nicht auszuweisen. Denn sie beruht auf unserem täglichen Leben, unserem alltäglichen guten oder schlechten Befinden. Aber gerade darum hat sie kein Recht, eine Vergangenheit zu zerstören, die bis an die Schwelle unserer Zeit reicht und mit ihr nicht auf demselben Platz und in derselben Straße zusammenleben kann.«[60]
In derselben Nummer der Zeitschrift, in der Brandi seinen Essay veröffentlichte, widerlegt Bruno Zevi Punkt für Punkt diese Thesen. Am wichtigsten ist dabei Zevis Behauptung: »Das moderne raumzeitliche Sehen hat die Kreativität der letzten fünfzig Jahre stimuliert. Es hat aber nicht nur für sie eine Bedeutung, sondern stellt eine dynamische Art, ein neues Prinzip des Sehens dar, das an die Stelle des perspektivischen Sehens tritt und auf die gesamte gegenwärtige und frühere Architektur anwendbar ist.«[61]
Auch für dieses Sehen gilt also die Fähigkeit, auszuwählen und einen bestimmten Blickwinkel einzunehmen, die wir zuvor für die Kritik in Anspruch genommen haben. Denn entweder gibt es die Möglichkeit, die Vergangenheit auf eine bestimmte und das heißt auf unsere zeitbedingte Art zu sehen, oder jede Zeit kann nur entsprechend ihrem eigenen Code verstanden werden, was bedeutet, daß jeder Stil unverständlich für eine spätere Zeit ist und daß es infolgedessen keine historische Kontinuität und keine historische Entwicklung geben kann.
Dagegen ist Roberto Pane der Auffassung, daß die Möglichkeit einer Koexistenz von Altem und Neuem die Garantie für das Überleben des Alten ist, das andernfalls verlassen und zerstört würde. Da man kaum hoffen könne, daß der Staat das Alte im Namen der Kunst und der Geschichte schützen werde, sieht er eine Überlebensmöglichkeit für das Alte nur darin, daß es eine praktische Funktion erfüllt. »Geradezu absurd an der These von der Unvereinbarkeit von alter und neuer Architektur aber ist, daß man die Überlagerungen nicht

[60] Cesare Brandi: Processo all'architettura moderna. In »L'architettura, cronache e storia«, Nr. 11.
[61] Bruno Zevi: Visione prospettica e spazio-temporalità nell'architettura moderna. a.a.O.

sehen will, aus denen sich das gebildet hat, was wir erhalten wollen, und daß man bestreitet, daß solche Überlagerungen auch heute noch stattfinden können und müssen. Auch die strengsten Bestimmungen zum Schutz des Alten könnten, selbst wenn sie gewissenhaft befolgt würden, nicht verhindern, daß neue Bauformen in den Altstädten Einlaß fänden. Damit das aber auf die bestmögliche Weise geschieht, muß das Milieu der Altstädte als eine Kollektivschöpfung bewußt werden, die es als solche zu erhalten gilt. Das heißt, nicht eine Summe von Einzelheiten muß, wie bei der Erhaltung eines einzelnen Gebäudes, kompromißlos erhalten werden, sondern die Beziehung von Maßen und Räumen, die unter Umständen auch den Ersatz eines alten Baus durch einen neuen zuläßt.« Das erlaubt in der Praxis, für die es andernorts (Amsterdam, Frankfurt, Warschau) schon zahlreiche Beispiele gibt, »Häuser zu bauen, die die Durchschnittshöhe der umgebenden Gebäude nicht überragen.«
Brandis Auffassung erscheint Pane »rein ästhetisch (um nicht zu sagen ästhetisierend). Sie hat etwas Schematisches und Unhistorisches.« Und hier schlägt Pane, analog zu Croces Unterscheidung von Poesie und Literatur, eine Unterscheidung zwischen Architektur und Bauen vor. »Die Unterscheidung zwischen Poesie und Literatur in der Architektur findet ihre beste Bestätigung in der Tatsache..., daß nicht die wenigen außergewöhnlichen Baudenkmäler das Milieu unserer Altstädte bestimmen, sondern die zahlreichen Bauten, die im Chor des Ganzen ihre besondere Bedeutung haben und die individuelle Ausprägung einer Kultur darstellen.«[62]
Panes Thesen stießen bei den Architekten auf vielfältigen Widerstand. Sie haben über die Polemik jener Jahre hinaus ihre Bedeutung behalten und fanden in den zukünftigen Ereignissen – in dem, was zum Schaden der Altstädte geschah, ebenso wie in dem, was zu ihrem Schutz nicht unternommen wurde, – ihre Bestätigung. Seine Vorschläge sind wohl auch die einzigen geblieben, die, unabhängig von den möglichen Planungen der Zukunft, *hier und heute* ein Kriterium zur aktiven Erhaltung der Altstädte anboten, deren Wert von der Mehrheit immer noch nicht verstanden wird. Denn, wie Leonardo Benevolo schrieb, »man muß eine Überlegung anstellen, die insbesondere für den gegenwärtigen Augenblick Bedeutung hat. Der Übergang von der akademischen Auffassung – die die Denkmäler ganz abstrakt, unabhängig von ihrer Umgebung betrachtete – zu der modernen Konzeption, die die Baudenkmäler und ihre Umgebung als ein untrennbares Ganzes betrachtet, wird in der Theorie

---

[62] Roberto Pane: Città antiche edilizia nuova. Referat beim Kongress des Istituto Nazionale di Urbanistica 1956. Veröffentlicht in »Convegno dell'I.N.U. Torino 1956«, Neapel 1959.

zweifellos akzeptiert, hat sich aber noch nicht allgemein durchgesetzt. Wir befinden uns in einem Übergangsstadium, in dem die Gesellschaft aufhört, an die alte Konzeption zu glauben, aber an die neue noch nicht glaubt. In diesem Stadium ist die Gefahr, daß dem historischen Erbe irreparable Schäden zugefügt werden, besonders groß. Einen effizienten Umweltschutz werden wir erst haben, wenn die modernen Thesen zum Allgemeingut geworden sind.«[63]
Panes Unterscheidung zwischen einer Poesie und einer Literatur der Architektur macht nicht nur deutlich, daß es sich um eine Frage der Kultur und nicht der Kunst handelt, sondern wird auch von der modernen Linguistik bestätigt, die die poetische Sprache von der kommunikativen und signifikativen Alltagssprache unterscheidet. Und genau als eine solche kommunikative und signifikative Alltagssprache sind unsere Altstädte zu verstehen. Ihre »architektonische Literatur« besteht, neben den sozio-ökonomischen Faktoren, aus all den Motivationen, Symbolen und Bedeutungen, die die Volksphantasie den alten Formen zuschreibt und die für die Erhaltung und Neustrukturierung der Altstädte entscheidend sind.
Doch damit haben wir bereits unsere Schlüsse vorweggenommen. In der damaligen Diskussion stimmte Ernesto N. Rogers in einem Leitartikel in »Casabella« Panes Auffassung von der historischen Kontinuität zu, hielt aber dessen Unterscheidung von Poesie und Literatur in der Architektur für allzu theoretisch. »Man sollte lieber anerkennen, daß das Phänomen der Architektur sich historisch immer als funktionelle Beziehung zwischen Nutzen und Schönheit manifestiert ... Wenn das zutrifft, ist daraus unmittelbar zu folgern, daß die Architektur nicht nur die Interpretation des Raumes ist, sondern vielmehr die Zeit räumlich charakterisiert. Deshalb genügen zur Definition der Architektur die räumlichen Werte nur, wenn sie in eine Beziehung zu denen der Zeit gesetzt werden.«[64]
Auf die Frage nach den Kriterien, um Raum und Zeit eines unveränderlich zu erhaltenden städtebaulichen Gesamtkomplexes zu definieren, verwies Rogers auf Entscheidungen »von Fall zu Fall« und klärte auch in einer anschließenden Polemik mit Pane seine Position nicht genauer.[65] Seine Ablehnung der Unterscheidung von

---

[63] Leonardo Benevolo in einem Diskussionsbeitrag bei der Tagung des Istituto Nazionale di Urbanistica, »La difesa del paesaggio urbano e rurale.« Veröffentlicht in »Architettura, cronache e storia«, Nr. 21.
[64] Ernesto N. Rogers: Proposte per il tema del prossimo Convegno dell'Istituto Nazionale di Urbanistica. In »Casabella continuità« Nr. 213.
[65] Obwohl die Einstellung von Rogers etwas Einleuchtendes hat, scheint sie mir doch nicht zum Kern des Problems vorzustoßen. Das gilt auch für seinen Diskussionsbeitrag beim Kongreß des Istituto Nazionale di Urba-

Paul Klee, Stadtperspektive

Poesie und Literatur in der Architektur hing mit der gesamten Polemik gegen Croce in jenen Jahren zusammen, als die Architektenschaft sich mit Recht die ästhetischen und wissenschaftlichen Erfahrungen anderer Länder zu eigen zu machen versuchte und, nicht ohne einen gewissen Snobismus – jedem Zitat Croces folgte eines von Gramsci –, gegen jedes Argument Croces polemisierte. Abgesehen davon aber hat die Einstellung von Rogers, die für die Mehrheit der italienischen Architekten beispielhaft war, auch eine psychologische Bedeutung. Denn seine Unsicherheit, sein Zweifel an einer allgemein gültigen Norm, seine Bemühung, zwischen der ersten bilderstürmerischen Phase der modernen Architekturbewegung und der nächsten Phase, die an den Werten der Tradition interessiert war, eine Kontinuität herzustellen, könnte man als Versuche ansehen, dem eigentlichen Problem aus dem Wege zu gehen, wenn sie ihre Rechtfertigung nicht durch die Sicht eines beruflich engagierten Mannes erhielten, der alle diese Dinge auf einen Nenner bringen möchte und deshalb keine Norm akzeptieren kann. Die Besten der Generation von Rogers waren als Vorkämpfer für die moderne Architektur in Italien zu eng agiert, um deren negative Seiten zuzugeben oder nicht wenigstens einen Kompromiß anzustreben. Die Torre Velasca mit ihren Qualitäten und Fehlern ist das Symbol für diesen Augenblick in der italienischen Literatur. Aber auch wenn wir die Ansichten von Rogers bezüglich der Erhaltung der Altstädte nicht teilen, müssen wir *seiner* »Casabella« – dem qualifiziertesten Instrument der Architekturdiskussion nach dem Krieg – das Verdienst zugestehen, das Problem der Tradition, der Altstädte oder, um es mit seinen eigenen Worten zu sagen, der »vorgegebenen Umwelt und der heutigen Bauaufgaben« so behandelt zu haben, daß praktische Schlüsse daraus gezogen werden konnten. Diese Thematik kennzeichnet den Übergang der italienischen Architekturbemühungen von der soziologischen zur »formalen« Phase, wenn sie auch mehrere Jahre lang zu jenen zweifelhaften Übungen an den Architekturfakultäten führten, bei denen man geistig ein altes Gebäude, das in einen realen Kontext gehörte, abriß und durch das Projekt eines neuen ersetzte.
Die erwähnten Auffassungen, die nur zu oft mißverstanden worden sind, bleiben die markantesten für diese Diskussion, auch wenn in

nistica 1957 in Lucca. Dort sagte er: »Stadtplanung hat keinen Sinn, wenn sie nicht alle am Städtebau beteiligten Kräfte schließlich zu einer Synthese zusammenführt. Diese Synthese ist ihrem Wesen nach künstlerischer Art, und obgleich viele ihrer Elemente durch eine genaue Analyse feststellbare Tatsachen sind, ist es gerade wegen der räumlichen und zeitlichen Werte der Synthese selbst nicht möglich, a priori die Grenzen der Eingriffe festzulegen. (Veröffentlicht in der Beilage »Difesa e valorizzazione del paesaggio urbano e rurale« zu »Casabella-continuità«, Nr. 217.)

zahlreichen anderen die kritische und soziologische Analyse des Problems, wie die Altstädte zu erhalten seien, vervollständigt und auf die Probleme der Landschaft angewendet worden ist. In diesem Zusammenhang ist vor allem Benevolos Referat bei der Diskussion des Istituto Nazionale di Urbanistica zum Thema »Schutz und Erneuerung von Landschaft und Stadtlandschaft« von Bedeutung. Benevolo geht davon aus, daß *Schützen* und *Erhalten* immer ein Eingreifen voraussetzt, und weist auf zweierlei Gründe für die Schäden hin, die in letzter Zeit dem Erbe der Vergangenheit zugefügt worden sind. Zu den einen gehören die Unzulänglichkeit der Gesetze, die Bodenspekulation, die unzureichende Ausbildung der Techniker usw. Die anderen sind sozio-ökonomische, technologische und ähnliche Gründe prinzipieller Natur. Während die ersteren nach Benevolos Ansicht bekämpft werden können, müssen die zweiten hingenommen werden und man muß »innerhalb dieser Prozesse selbst nach Heilmitteln für die Unzuträglichkeiten suchen, die sie hervorgerufen haben. Wenn die moderne Zivilisation zu bestimmten Übeln führt, dann muß diese Zivilisation selbst, wie die Lanze des Achill, auch die Heilmittel für diese Übel enthalten. Diese Zuversicht gleicht ein wenig einem Glaubensbekenntnis, sie ist aber auch die Grundbedingung für jede Art von Aktion, denn manche Grundtendenzen sind vermutlich irreversibel und wir haben ihnen gegenüber keine Möglichkeit der Wahl.«

Für die Klärung des Problems hielt Benevolo drei Punkte für wichtig: »Wir brauchen die Altstädte als ein vorerst unersetzliches Mittel der Kommunikation mit der Vergangenheit und deshalb als einen Faktor, der ein Gleichgewicht zu unserer eigenen Erfahrung darstellt . . . Das Problem ist grundsätzlich neu und eine Folge dessen, was sich in unserer Kultur gegenüber früheren Zeiten geändert hat. Der Vergleich mit dem Verhalten früherer Generationen, die immer das Alte zerstört hätten, um es durch Neues zu ersetzen, ist ein falscher Ausgangspunkt, weil er die inzwischen eingetretenen kulturellen Veränderungen nicht berücksichtigt, nämlich den Übergang – in diesem wie in anderen Bereichen – von einem unmittelbaren und direkten Verhalten zu einem indirekten und reflektierten. Die Forderung, die Altstädte zu erhalten, bedeutet keineswegs den Verzicht auf Handeln oder die Absicht, die Dinge so zu lassen, wie sie sind, und jede Initiative zu blockieren. Die sich selbst überlassenen Dinge bleiben nämlich nicht bestehen. Wenn man sie erhalten will, muß man auf eine bestimmte Art eingreifen und infolgedessen die Wirklichkeit verändern.«

Beim nächsten Kongreß des Istituto Nazionale di Urbanistica in Lucca erklärte Benevolo, ein Raumordnungsplan sei das einzige Instrument, das aufgrund seines Umfangs und seiner Struktur den

Schutz der historischen Altstädte und der Landschaft garantieren könne. Quaroni erklärte sich theoretisch mit den Möglichkeiten einer solchen Generalplanung einverstanden, äußerte aber ernste Zweifel an ihrer gesetzlichen Wirkung, ihrer Schlagkraft gegenüber allgemein anerkannten Werten, ja an der Fähigkeit der Architekten, die notwendigen Entscheidungen zu treffen, und riet, bis ein solcher Raumordnungsplan ausgearbeitet sei, zu einem »Gesetz, das dumm, aber effizient wie das französische Gesetz ist, denn Entscheidungen von Fall zu Fall sind in einer Situation wie der unseren höchst gefährlich«[66]. In Lucca forderte Quaroni »eine drastische Schutzmaßnahme: eine summarische Erhebung über alle Gebiete von einer gewissen Umweltsbedeutung, deren Nutzung und Veränderung bis zu den Entscheidungen eines Raumordnungsplans untersagt werden muß«[67]. Durch diese berechtigten Zweifel an der Möglichkeit eines Raumordnungsplans, das Umweltproblem zu lösen, und durch den Ruf nach einem drastischen Gesetz, das jede Veränderung verhindern sollte, bis man wirksamere Normen ausgearbeitet hätte, wurde das Problem im Grunde nur beiseite geschoben. Die weitere Diskussion schleppte sich deshalb müde dahin, bis sich unvereinbare Positionen herauskristallisierten.

Eine der jüngsten Auseinandersetzungen mit dem Thema erweckt den Eindruck, daß die Architektenschaft das Problem der Erhaltung der Altstädte ein für allemal gelöst zu haben glaubt. »Da Altstädten in ihrem Gesamtgefüge ein nachweislicher dokumentarischer Wert zuzuschreiben ist, sind folgende entstellenden Eingriffe in sie grundsätzlich abzulehnen und nicht mehr zulässig: a) das Abreißen von Bauten rings um Baudenkmäler zu deren sogenannter ›Freilegung‹; b) der Versuch der Wiederherstellung eines bestimmten historischen Zustandes durch Entfernung der Zeugnisse späterer Zeiten; c) der ›Ersatz‹ von ›weniger wichtigen‹ Bauten, die eine Bedeutung für das Gesamtmilieu haben, durch Neubauten, auch wenn diese dieselben Größenverhältnisse haben; d) die ›Einfügung‹ neuer Bauten auf noch freiem Raum, die sich dem alten Baubestand durch stilistische Nachahmungen oder eine ›neutrale‹ Architektur angleichen sollen; e) das ›Aufstocken‹ von Bauten in der Altstadt; f) die Verbreiterung von historischen Straßenführungen oder die ›Berichtigung‹ alter Plätze.«[68] Diese Liste von Verboten, die überhaupt nicht auf die komplexe Problema-

---

[66] Ludovico Quaroni: Diskussionsbeitrag a.a.O.
[67] Ludovico Quaroni: Per una integrazione della legge e della prassi del Piano Regolatore Generale. a.a.O.
[68] G. Astengo im Artikel »Urbanistica« in der »Enciclopedia Universale dell'Arte«, Band 14, Sp. 627.

tik des vorangehenden Jahrzehnts eingeht, ließe sich zu der Formel zusammenfassen, daß in den Altstädten *jeder Eingriff* zu untersagen sei. Nach allem bisher Gesagten ist die Frage beinahe überflüssig, wer den Willen, die Fähigkeit und die wirtschaftlichen Mittel haben soll, um diese Mumifizierung, Einfrierung und Verwandlung ins Museale in allen unseren Städten zu ermöglichen. Weniger müßig ist dagegen die Frage, wer sich mit diesem Unternehmen einverstanden erklären wird. Um darauf eine erschöpfende Antwort zu geben, müssen wir zahlreiche Faktoren in Betracht ziehen, die in den fünfziger Jahren nicht genügend Beachtung fanden oder aus der abwertenden Sicht einer »machtlosen Elite« beurteilt wurden.
Zunächst ist zu sagen, daß das von der Architektenschaft vorgeschlagene neue Modell der Regionalplanung notwendigerweise zu einer Aufwertung der Stadt führt, wobei das Verhältnis von Erhaltung und Neustrukturierung nicht nur für ein den alten Baubestand ersetzendes Bauen wichtig ist, sondern im Mittelpunkt jeden Interesses an der Form und dem Leben einer Stadt steht. Aber unabhängig von der Frage der Größenordnung sind unseres Erachtens die für die Beziehung von Neuem und Altem auf soziologischer Ebene relevanten Funktionen in dem Konglomerat von Ideen, Techniken, Symbolen und Mythen zu finden, die wir Massenkultur nennen.
Ohne den Anspruch zu erheben, das Thema »von Grund auf« behandeln zu wollen – worin sich häufig der Wunsch ausdrückt, von den aktuellen und realen Bedingungen abzusehen –, wollen wir die Diskussion der fünfziger Jahre weiter vertiefen. Dazu ist es notwendig, scheinbar Selbstverständliches nicht einfach hinzunehmen, sondern zu fragen, *warum* ein Bauwerk oder eine Situation erhalten wurden, und wenn das geklärt ist, die möglichen Folgerungen für unser Verhalten daraus zu ziehen. Wie nämlich kommt es, daß Bauwerke, Situationen, Baugefüge uns vererbt wurden und dem Unverständnis, der Antipathie, den Launen und dem Neuerungswahn »aufgeklärter« Fürsten und kleiner und großer »Kunst«-Demagogen widerstanden? Wir wollen nicht einfach alles rechtfertigen, was im Lauf der Geschichte geschehen ist. Aber wie sollte man sich nicht fragen, ob es neben besonderen wirtschaftlichen oder funktionellen, das Gelände oder die Straßenführung betreffenden Gründen für die Erhaltung von alten Baubeständen nicht ihnen gemeinsame strukturelle Merkmale gibt, die zu ihrem Überleben durch sozusagen natürliche Selektion geführt haben?
Selbstverständlich ist das Hauptmotiv für das Überleben alter Bauwerke und ihrer Umgebung wirtschaftlicher Natur. Man ließ sie ungeschoren, wo sie sich den Geschäften des homo oeconomicus anpaßten, ihnen zumindest nicht im Wege standen, oder wo das Gebiet, in dem sie sich befanden, unwirtlich oder sogar unzugänglich war.

Torre Velasca

Das trifft zum Beispiel auf Inseln und Dschungel zu, Gegenden also, die bis vor kurzem ihren landschaftlichen Wert erhalten haben. Wie aber soll man außer in diesen Grenzfällen, die sich zum größten Teil unserer Untersuchung entziehen, das Überleben von Baugefügen in Stadtteilen erklären, die eine hohe wirtschaftliche Rendite erbringen? Wieso blieben diese Strukturen in den Zentren des Handels, ja an den Stätten intensivster Produktion erhalten, wo ihr Vorhandensein in rein wirtschaftlicher Sicht ein Hindernis darstellt, keinen Nutzen oder geradezu Schaden bringt?

Die einzige Antwort, die uns möglich erscheint, betrifft die *Bedeutung* dieser Bauwerke und ihrer Umgebung. Mit dieser Bedeutung meinen wir nicht die, die ihnen die Kultur der – einander ablösenden und sich oft widersprechenden – Führungsschichten zuschrieb, sondern die symbolischen, mythisch-poetischen, religiösen und ähnlichen Bedeutungen, die bei all ihrer Unterschiedlichkeit der kollektiven Vorstellungswelt entsprachen und darum von breiten Schichten akzeptiert wurden. Eine Bestätigung dafür ist die Tatsache, daß der größte Teil dieses Erbes aus Sakralbauten, Bauwerken, die die kommunale oder nationale Einheit symbolisieren, und aus ganzen Situationen besteht, die an den Glanz der Künste, der Zünfte usw. erinnern. Einen weiteren Beweis stellen die ebenfalls zur Verherrlichung von Symbolen und Mythen unternommenen zerstörerischen Eingriffe in die alte Umgebung dar, wie zum Beispiel die der Päpste durch ihre Bauten und Stadtplanungen. Die Kräfte, die für das Überleben dessen sorgten, was wir heute erhalten wollen, hatten es also nicht nur auf die Themen der Intellektuellen, den Kult der Archäologie, die Leidenschaft für den Humanismus (bei dem heute fälschlicherweise der anti-religiöse Aspekt betont wird) abgesehen. Es ging nicht um die Abneigung gegen gotische Bauformen als solche und um die Diskussion über dieses oder jenes Konstruktionssystem. »Dürfen wir«, fragt Arnold Hauser, »von einem allgemeinen Kunstinteresse dieser Zeit sprechen, in dem Sinne nämlich, wie es die landläufigen Darstellungen der Renaissance tun? Nahm tatsächlich ›hoch und nieder‹ gleichermaßen teil an den Kunstangelegenheiten? War es wirklich die ganze Stadt, die sich für den Plan der Domkuppel in Florenz begeisterte? War die Fertigstellung eines Kunstwerkes wahrhaftig ›ein Ereignis für die ganze Bevölkerung‹? Aus welchen Schichten bestand denn diese ›ganze‹ Bevölkerung? Auch aus dem hungernden Proletariat? Nicht sehr wahrscheinlich. Auch aus dem Kleinbürgertum? Vielleicht. Das Interesse der breiten Schichten wird aber jedenfalls eher ein religiöses und lokalpatriotisches gewesen sein als ein eigentlich künstlerisches.«[69]

---

[69] A. Hauser: Sozialgeschichte der Kunst und Literatur. München, 1967. S. 327.

Die Erhaltung des überkommenen Erbes ist also weniger der Kultur im traditionellen Sinn zu verdanken als einer im anthropologischen Sinn verstandenen Kultur, die die Sitten, Riten und Mythen der großen Mehrheit einschloß. Die Entmythologisierung, die die elitäre Kultur immer noch als etwas Fortschrittliches, als Befreiung des Menschen von Vorurteilen, verpflichtenden Traditionen, Dogmen usw. auf ihre Fahnen geschrieben hat, erweist sich deshalb in vielen Fällen nicht nur als ein Fehler, weil sie der kollektiven Vorstellungswelt nicht entspricht, sondern auch als schädlich für jene Werte, die einstmals von allen anerkannt wurden und die man heute im Namen von Werten retten möchte, die nur für eine Minderheit Gültigkeit haben. Denn aus welchen Gründen sollte man eine historische Umgebung erhalten, obgleich man ihre Funktion für überholt und für den gegenwärtigen Interessen nicht entsprechend hält, wenn man ihren symbolischen Wert leugnet oder sogar verschweigt? Zu erwarten, sie werde einzig auf Grund ihres ästhetischen Wertes, über den man verschiedener Meinung sein kann, überleben, ist einigermaßen naiv und liefert einer zerstörerischen Praxis ein neues Argument. Deshalb führt die Entmythologisierung in dem Bereich, mit dem wir uns beschäftigen, zu nichts anderem als zur Krise einer allgemeinen Vorstellungswelt, die in der Vergangenheit für die verschiedenen Ebenen der Kultur zu nutzen war – und heute in kleine und hedonistische Individualinteressen atomisiert ist.

Es müßte inzwischen jedermann klar sein, daß die soziologische Funktion, die wir der Kunst, vor allem, wenn sie in bestimmter Weise verstanden wird, manchmal zubilligen, unsere Erwartungen in keiner Weise erfüllen kann. Wenn sie keine anderen Argumente ins Feld zu führen hat, wird keine noch so feinsinnige Kritik die Mehrheit davon überzeugen können, daß aus nur formalen Gründen Altes und Neues gleichermaßen schätzens- und schützenswert ist. Aber die Entmythologisierung ist nicht nur schädlich, sie läßt auch eine gewaltige irrationale Energie unberücksichtigt, die alte religiöse, magische, staatsbürgerliche, Familien- und Hochzeitsbräuche erhält (zum Beispiel den Thanksgiving Day, die Erstürmung der Bastille, den italienischen Siegestag, den Besuch der Friedhöfe zu Allerseelen, die Weihnachtsvorbereitungen, die Paraden der Roten Armee usw.) und damit das Kollektivritual um neue und komplexere Praktiken bereichert. Dorfles schreibt dazu: »Es besteht also der deutliche Wille und das dringende Bedürfnis, diese menschlichen Betätigungen in motorische Aktivitäten von Arbeitscharakter zu überführen, die einen großen Teil der Freizeit für einen oft nicht ausdrücklich geforderten und nicht obligatorischen Zweck verbrauchen. Das veranlaßt uns, an die Möglichkeit zu glauben, daß die Massen eventuell auch ›neue Mythen und neue Riten‹ der Kultur, des Sports und einer

hypothetischen ›geistigen Bildung‹ akzeptieren, wenn sie von den heutigen Kommunikationskanälen übermittelt werden, die in der Lage sind, eine Fülle von (kulturellen, künstlerischen, wissenschaftlichen) Informationen auf eine in der Vergangenheit unvorstellbare Weise zu transportieren.«[70]
Wenn es also stimmt, daß die Massenmedien Mittel der Überredung sind, so ist nicht einzusehen, warum sie gelegentlich nicht auch für einen positiven Zweck genutzt werden sollten. Allerdings glauben wir nicht so recht an eine geheime oder ausdrückliche Überredung zum Guten oder Bösen. Wenn man eine historische Umgebung oder die Landschaft für die Augen der Mehrheit aufwerten will, so muß man eine Verständigungsebene mit dieser Mehrheit finden und sie auf Werte hinweisen, die sie begreifen, schätzen, sich zu eigen machen kann.

Analysiert man die Einstellung der Mehrheit zu dem Problem der Erhaltung des historischen und künstlerischen Erbes, so erkennt man eine Art Fetischismus für das Neue, in dem die Massengesellschaft von vielen Architekten bestätigt wird. Sie hält deshalb das Neue für unvereinbar mit dem Alten. Das Entstehen eines kleineren oder größeren »Wolkenkratzers« erfüllt deshalb sowohl die Großstädter als auch besonders die Menschen in der Provinz mit Bürgerstolz. Dabei fallen, abgesehen von jenen Bürgern, die unmittelbar an dem damit verbundenen wirtschaftlichen Vorgang interessiert sind, die meisten einer Verwechslung von alt mit überholt, von neu mit modern zum Opfer. Ist diese Begeisterung für neue Bauten nun lediglich einem abgründigen Unwissen, einer masochistischen Lust an der Selbstverstümmelung und einer willigen und passiven Hinnahme dessen zuzuschreiben, was uns von anderen aufgezwungen wird, oder beruht sie auch auf tatsächlichen oder vermeintlichen Werten, die das Neue mit sich bringt?

Es ist wohl nicht zu leugnen, daß der allenthalben zu beobachtende vernachlässigte Zustand historischer Umgebungen nach der Überzeugung des Volkes mit ihrem Alter identisch ist. Denn die wegen der Unfähigkeit der herrschenden Klasse sich selbst überlassenen alten Baugefüge deuten ja tatsächlich auf wirtschaftliche Not und mangelnde Initiative hin. Stimmt es vielleicht nicht, daß die »natürlichste« Erhaltung inzwischen nur noch in unterentwickelten Ländern anzutreffen ist? Dies und vieles andere veranlassen die Volksphantasie, dem Begriff des Neuen eine positive Bedeutung zu geben und es als ein Zeichen für eine bessere Zukunft zu betrachten.

Diese Bedeutungen von alt und neu könnten ohne weiteres widerlegt werden, wenn man eine Verbindung der Begriffe historisch und

---

[70] Gillo Dorfles: Nuovi riti e nuovi miti. Turin, 1965. S. 78.

modern dadurch herstellte, daß man bei der Restaurierung eines alten Baugefüges diesem auch neue soziale, der Mehrheit verständliche Funktionen gäbe. Die Einheitlichkeit und Unwiederholbarkeit des kulturellen Erbes würde so dem Volk begreiflich. Wenn man außerdem in eben diese Umgebung ohne viel Getue neue, heute notwendige Bauten einfügte, würde man dadurch beweisen, daß der vorhandene Kontext Leben und Fortschritt nicht behindert, sondern sie stimuliert und ihnen einen besonderen Charakter gibt. Zu diesem Zweck wäre aber vor allem eine breite und feinverästelte Information und eine – in Italien bisher noch recht dürftige – publizistische Interpretationstätigkeit notwendig. Daß eine solche Informierung und die Kontaktaufnahme mit der Massengesellschaft möglich wäre, wird heute von Erscheinungen bestätigt, die nicht mehr bloße Indizien, sondern handfeste Realität sind. Wir denken hier an die große Verbreitung von Volksausgaben durch neue Vertriebskanäle, an die Reproduktion von Kunstwerken, an Schallplatten und Bilder, die durch einen glücklicherweise irreversiblen Prozeß inzwischen alle sozialen Schichten erreichen.

Es handelt sich darum, den Wert der historischen Umgebung und der Landschaft für die Mehrheit glaubwürdig zu machen. Dazu muß man das Vorhandensein von Bedeutungsprozessen analysieren, die sich noch aktiv auf die Interessen und die Erwartungen des Volkes auswirken, und man muß auf diese Faktoren zurückgreifen, um alte Stadtteile zu restrukturieren und mit neuem Leben zu erfüllen. Damit zeigt sich eine große soziologische, semantische und semiotische Aufgabe, an der sich nicht nur die unmittelbar für Projektierung und Planung zuständigen Techniker, sondern alle jene Forscher, Kritiker und Wissenschaftler beteiligen können, die der historischen Umgebung eine Menge von Anreizen und Informationen geben, diese aber auch von ihr erhalten können. Aus dieser Sicht haben nämlich alle Untersuchungen über Stadtlandschaft und Stadtgestalt, angefangen von den Arbeiten von Gordon Cullen und De Wolfe über *townscape* bis zu den Forschungen von Kevin Lynch, nicht zuletzt den Zweck, der Stadt und ihren Elementen durch die Art ihrer Benutzung und durch deren Ausdruck einen Bedeutungsgehalt zu geben. Insbesondere die Analyse von Lynch hat die Tendenz, jene symbolischen Elemente, die im Kollektivgedächtnis am häufigsten auftauchen, am nachhaltigsten mit Bedeutung erfüllt sind und deshalb als Bezugspunkte gelten können, zu Eckpfeilern der Stadtgestalt zu machen.»Ein weiteres Eindringen in die tief verborgenen, magisch-symbolischen psychologischen Bedeutungen müßte die Interpretationsmöglichkeiten bereichern. Das würde zu einer vollen Wiederaufwertung emotioneller archaischer, der Raumwahrnehmung Einzelner oder ganzer Gruppen zugrundeliegender Reminis-

zenzen und zu dem systematischen Versuch führen, sie durch Organisation des Raumes wieder bewußt zu machen.«[71]
Aber, obgleich in manchen Kreisen der Architektur- und Stadtbauforschung eine semantisch-linguistische Neustrukturierung der Probleme mit Rücksicht auf die Bedürfnisse der Industrie- und Massengesellschaft angestrebt wird, muß die Kluft zwischen der technischen Zivilisation und der Gesellschaft doch erst durch einen neuen beständigen Dialog geschlossen werden. Man darf deshalb nicht eine ebenso hypothetische wie aristokratische Erziehung der Masse – zu der wir im übrigen alle gehören – abwarten, sondern muß sofort mit den zur Verfügung stehenden Mitteln dieses gegenseitige Verständnis zu erreichen versuchen. Diese Aufgabe ist nicht oder zumindest nicht nur auf didaktischer Ebene anzugehen, auf die man alle unlösbaren Probleme abzuschieben pflegt. Sie muß vielmehr jenen Organen übertragen werden, die der Gesellschaft am nächsten stehen oder jedenfalls stehen sollten: den Parteien, den Gewerkschaften, den Vereinen usw. Denn wenn es zutrifft, daß in den am weitesten entwickelten Ländern die politische Diskussion nicht mehr um ideologische, sondern um die praktischen Fragen der Realität geht, so gibt es kein so typisch politisches Problem für eine Nation wie das der Erhaltung ihres historischen und künstlerischen Erbes und ihrer Landschaft mit allen ihren weitläufigen sozio-ökonomischen Implikationen.
In einer positiv verstandenen Massengesellschaft könnten die Parteien die Funktion wahrnehmen, eine Verbindung zwischen politischen und technischen Kadern einerseits und den Bürgern andererseits herzustellen. Sofern die Techniker in der Lage sind, präzise Orientierungskriterien zu erarbeiten, könnten die Parteien sie in verständlichere, den Wünschen und Interessen der Massen und der Gesellschaft insgesamt entsprechende Begriffe übersetzen. Sie sollten die Bedürfnisse der Gesellschaft interpretieren und den jeweils nicht nur für die wirtschaftlichen, sondern auch für die Fragen der Kultur, des Sports, der Stadt oder der Freizeit zuständigen Gruppen vortragen; nur wenn sie dazu imstande sind, werden sie überleben.
Es ist behauptet worden, daß uns die Massenkommunikationsmittel im allgemeinen zwar »einerseits ... zweifellos Bedeutungen übermitteln, wenn diese auch primitiv und dürftig sind und durch grobe oder raffinierte Techniken manipuliert werden, und daß sie präzise symbolische Intentionen hinsichtlich bestimmter Verhaltensweisen haben (insofern handelt es sich bei ihnen wirklich um ›Kommunikation‹), daß sie aber andererseits wie pathologische, beinahe monströse Produkte wirken, die keine wirklichen Beziehungen herstellen,

---

[71] G. Astengo, a.a.O., Sp. 592.

sondern nur zu einer Art von Fremdbestimmung führen, weil sie Antworten keinen Raum geben, sondern nur die besessene und zwangsläufige Nachahmung bestimmter Vorbilder zulassen (und insofern handelt es sich um keine wirkliche ›Kommunikation‹)«[72]. Auch hier könnten die Parteien und ähnliche Institutionen eine Mittlerstellung einnehmen. Mit ihrer Hilfe könnten die – bisher tatsächlich oder vermeintlich ohne Antwort bleibenden – Massenmedien in Korrespondenz mit den Menschen treten, für die sie bestimmt sind; durch das sich daraus ergebende Wechselgespräch würden sie besser als bisher funktionieren.

---

[72] La »Comunicazione di massa«: situazione e progetti: In »Criteri«, Nr. 9–10.

Kriterien für eine neue Wertung

Den Kern unserer Frage nach den Beziehungen von Architektur und Städtebau zur Industrie- und Massengesellschaft stellen die Probleme von Wert, Wertung und Wertkriterien dar; denn in allen Überlegungen zur Architektur – ganz gleich, ob es dabei um die Beziehung von Altem und Neuem, um Ursachen und Wirkungen des Bauens, um die Analyse von Wünschen und Erwartungen des Volkes oder um neue Methoden des Bauens und des Architekturunterrichts geht – zeigt sich immer wieder die Notwendigkeit, Wert und Wertkriterien zu definieren. Deshalb sollen in diesem Kapitel die Wertungsprinzipien der verschiedenen Ästhetiksysteme, der aktuellen Kritik, der Architekturlehren usw., soweit sie einen erkennbaren Bezug zur heutigen Architekturdiskussion und insbesondere zu unserer Hypothese von der Architektur als Massenmedium haben, dargestellt und untersucht werden.

In Hinblick darauf lassen sich Wert und Wertung summarisch und rein provisorisch auf zwei Arten definieren. Entweder gilt als Wert der Architektur ein religiöser, ideologischer, teleologischer oder ähnlicher Zweck, oder man sieht ihren Wert darin, daß sie bestimmten Wünschen, Interessen und bevorzugten Verhaltensweisen einzelner Individuen oder der Masse entgegenkommt. Als Wertung ist in beiden Fällen das Urteil darüber zu verstehen, wie weit ein Bauwerk und/oder ein Entwurf diesen Zwecken oder Wünschen und Interessen entgegenkommt[73].

Um uns dem Kern unseres Themas, der Analyse der aktuellen Wertungsprinzipien, zu nähern, wollen wir zunächst einen Blick auf vollständig oder teilweise überholte Wertungen werfen. »Das aufklärerische Erbe«, schreibt Giulio Carlo Argan, »nämlich die Verlagerung

---

[73] Für eine korrekte Definition von Wert und Wertung vgl. John Dewey: Theory of valuation. Chicago, 1958. Von der reichen Literatur zu dem Thema ist für unsere Untersuchung der Essay von Alberto Pasquinelli, »Linguaggio scienza e filosofia« (Bologna, 1964) besonders nützlich gewesen. In ihm heißt es: »Mit dem Begriff ›Wertung‹ kann mehreres gemeint sein: die sogenannten Werturteile als gedankliche Operationen, bei denen einer Sache ein ethisches, ästhetisches oder ökonomisches Prädikat gegeben wird; ein praktisches Verhalten, durch das Individuen oder Gruppen von Individuen derartige Urteile oder Präferenzen konkret zum Ausdruck bringen; oder eine sprachliche Äußerung von semantischem oder wertendem Gehalt. (S. 131)

der Kunst von der Ebene der Transzendenz auf die der Kontingenz, und die Forderung, die Kunst müsse eine soziale Aufgabe erfüllen, implizierte viele Verzichte: man verlangte die Scheidung der Kunst vom Genie, die Trennung vom ›Meisterwerk‹, das durch seine Autorität eine Weltanschauung aufzwingt und ein Prinzip oder System bedingungslos postuliert. Wenn man die Existenz eines der Kunst und dem Kosmos gemeinsamen Wertes (des Schönen) leugnet, wird das Meisterwerk von universeller Bedeutung absurd, anachronistisch. Wenn man behauptet, Qualität (die nur der Kunst und nicht der Natur eigentümlich ist) sei ein Wert, und wenn man diesen Wert im Tun des Künstlers sieht, ist das Geschick des Genies als eines Schöpfers universaler Konzeptionen oder Systeme besiegelt.«[74] Außer der Transzendenz und dem verbindlichen Wert der Werke der Vergangenheit mit ihrer Leitbildfunktion ist in unseren Tagen auch der Naturbegriff (und der Anthropomorphismus) verlorengegangen, den die klassische Traktatliteratur mit der systematischen Strenge der Mathematik in Bezug zur göttlichen Vollkommenheit setzte. Deshalb bedeutet der Verlust naturbezogener Werte für uns nicht nur eine Überwindung des romantischen Naturbegriffes und des Positivismus des 19. Jahrhunderts, sondern ist auch ein Indiz für die Krise jener geschlossenen Ordnung, die bei den Bauwerken der Antike und der Renaissance die Vereinigung transzendenter und immanenter Werte – und dadurch auch Methoden, um Architektur zu schaffen, und Kriterien, um ihren Wert zu erkennen – ermöglichte.

Aber wenn wir auch diese systematische Ordnung nicht mehr besitzen, so ist doch nicht das ganze reiche Erbe an Ratschlägen, Vorschriften und Kriterien, das uns die Vergangenheit hinterlassen hat, endgültig für uns verloren. Wir erinnern hier nur an Vitruvs Definition der Symmetrie: Symmetria est ipsius operis membris conveniens consensus, ex partibusque separatis ad universae figurae speciem, ratae partis responsus (die Symmetrie ist eine sinnvolle Übereinstimmung der Glieder eines Werks und die Harmonie, die aus der Entsprechung dieser Einzelteile zur Gesamtgestalt entsteht). In diesem Begriff der Symmetrie, der offensichtlich vom menschlichen Körper hergeleitet wird, begegnen wir zum ersten Mal der bestimmbaren Beziehung der Teile eines Werks zu dessen Ganzem, die das entscheidende Grundkriterium in den Traktaten der Vergangenheit war und in unseren Tagen zunächst in den Kriterien der »Sichtbarkeit«, dann in denen der »Gestalt« und schließlich in denen des Strukturalismus wieder auftaucht.

Welche Begriffe haben nun aber die der Mimesis, der Harmonie, der

---

[74] Giulio Carlo Argan: La crisi dei valori. In »Salvezza e caduta dell'arte.« Mailand, 1964. S. 33.

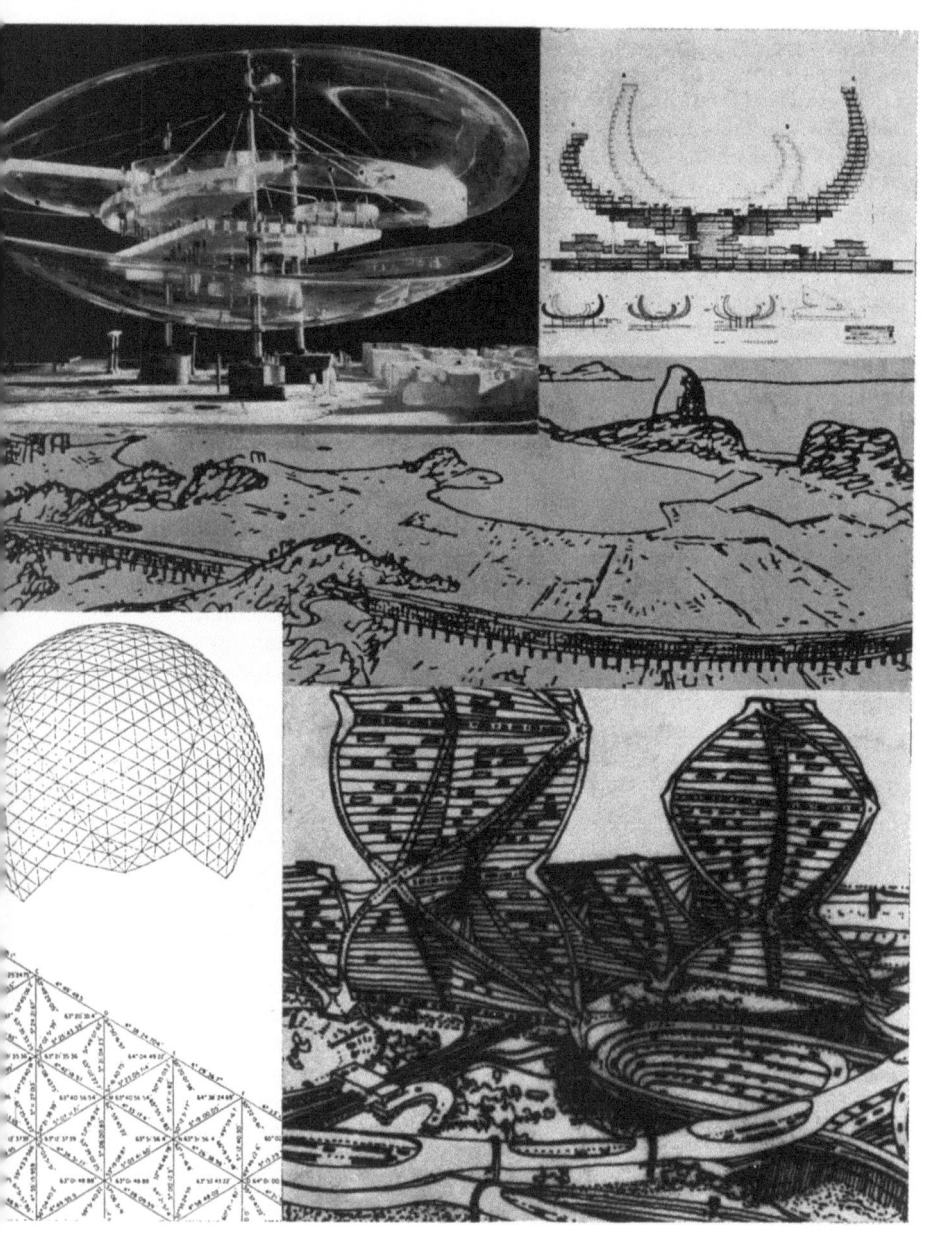

Utopisches Modell und Entwürfe von Jan Lubicz-Nycz, Le Corbusier, Noriaki Kurokawa und Constant

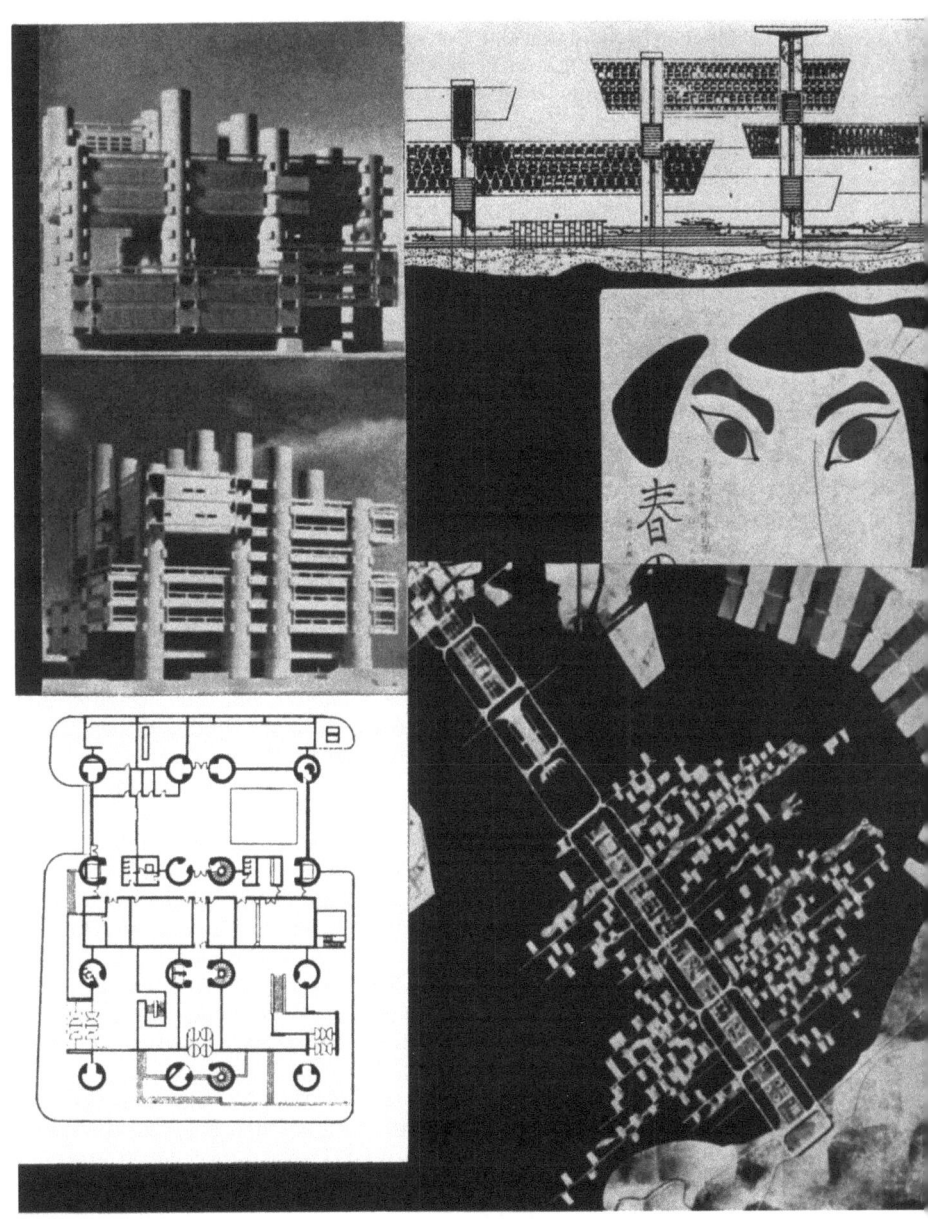

Kenzo Tange, Rundfunkzentrum in Kofu und der Plan für Tokio

Entsprechung usw., die sich an den Werten der Natur und des
»Schönen« orientierten, ersetzt? Seit der Krise der großen Werte hat
die Kunst soziologische Zwecke im weitesten Sinne des Wortes verfolgt, das heißt Ziele mit pragmatischen, psychologischen, wissenschaftlichen, technologischen, informativen und kommunikativen
Komponenten, die ihrerseits wieder zu Beurteilungs- und Wertungskriterien wurden. Die methodologische Grundlage für dieses Verhalten der Kunst (oder besser eines großen Teils der heutigen Ästhetiken) und der Kritik liefert die jüngste amerikanische Ästhetik. Ihre
»gemeinsame Grundlage erkennt man deutlicher als andernorts bei
den naturalistischen Schriftstellern (Santayana, Dewey, Whitehead).
Sie besteht in einer Konzeption, die den Wert und das heißt die
Funktion der Kunst, in einer Übereinstimmung der Interessen, einer
Harmonisierung der Impulse, einer Vereinheitlichung der Erfahrungen sieht und damit in dem Ideal einer nicht-restriktiven
Moral ... Das Hauptproblem für diese Forschung ist die Frage nach
dem Wert und damit nach dem *Warum* der Kunst: dieser Pragmatismus ist wertender Natur ... Das gilt nicht nur für die naturalistische, pragmatische oder organische Richtung ..., sondern auch für
die jüngere Semantik, die zwar eine andere Methode anwendet,
deren Mentalität aber keine andere ist.«[75]
Diese Verbindung von Wert, Funktion und Existenzberechtigung der
Kunst führt uns mitten hinein in die Architekturdiskussion. In den
vorangehenden Kapiteln haben wir gezeigt, daß die Funktion im
allgemeinen als der Zweck der Architektur gilt und daß aus dieser
üblichen Sicht ihre Wertung nicht schwerfällt: ein Bauwerk ist von
um so größerer Gültigkeit, je besser es eine Funktion erfüllt, je vollständiger es einem Wunsch oder Interesse entspricht. Aber sobald
diese Begriffe ins Spiel kommen, ergibt sich eine Reihe von Fragen
hinsichtlich der Formwerdung dieser Funktionalität, der komplexen
Natur von Wünschen, des Begriffs der Funktion selbst, der Interessen,
denen sie entspricht usw. Außerdem haben wir gesehen, daß Funktion und Form nicht in einer linearen mechanischen Beziehung von
Ursache und Wirkung stehen. Die Funktion als Wert hat deshalb
vor allem für den Funktionalismus ihre Bedeutung, und zwar aus
ethisch-ästhetischen und linguistischen Motiven, die weit über die
reine Nützlichkeit hinausgehen.
Die Identifizierung von Funktion und Wert im Funktionalismus
wirft aber vor allem die Frage auf, nach welchen Kriterien die Darstellung dieser Funktion zu werten ist. Denn, so paradox es erscheinen mag, die Behauptung, daß es zwischen Form und Funktion

---

[75] Guido Morpurgo-Tagliabue: Scuola critica e scuola semantica nella recente estetica americana. In »Rivista di estatica«, Band III, 1956.

keinerlei Unterschied gibt, führt dazu, daß die Form, also das Mittel, der eigentlich problematische Teil dieser Beziehung wird. Die Ästhetik, auf die sich die funktionalistische Architektur stützt, ist nicht von ungefähr die formalistische Kritik mit ihrer Theorie der Sichtbarkeit und den daraus sich ergebenden didaktischen Folgerungen, der Gestalttheorie usw.
Eines der Grundkriterien der formalistischen Kritik ist der Begriff des Wertes oder der Schönheit als der Beziehung von Elementen. Diese Elemente werden als frei von jeder weiteren Bedeutung verstanden. Sie sind ihrem Wesen nach nichts anderes als konstituierende Teile der Form. Auch diese Form selbst hat keinerlei kommunikative Aufgabe, bedeutet nichts anderes als sich selbst. Ihr Wert und ihre Bedeutung beruhen auf ihrer eigenen Struktur, auf ihrer Beziehung zu den sie konstituierenden Elementen, die sie zu einer angenehmen, klaren, bedeutenden (sic), ordnenden, prägnanten Form machen. Trotz dieser mehr oder weniger präzisen Qualitätsattribute bleibt aber das eigentliche Problem der Beurteilung ungelöst. So schrieb Konrad Fiedler schon 1876, daß »die Beurteilung sich streng davor bewahren muß, sich einen Codex von Gesetzen zu bilden, dem sie von vornherein die künstlerischen Erscheinungen unterwerfen könne. Das Verständnis kann den Leistungen des Künstlers immer nur nach-, niemals vorauseilen und weiß nicht, welche Aufgabe ihm die künstlerische Tätigkeit der Menschen in Zukunft noch stellen wird. Jede gewonnene Einsicht wird dem weiteren Verständnis zur Schranke, wenn sie den Charakter der Endgültigkeit annimmt und sich in eine Regel, eine Forderung verfestigt.«[76] Daraus wird die Notwendigkeit abgeleitet, zwar Kriterien – der Notwendigkeit, der Klarheit, der Produktivität usw. – zu formulieren, sie aber zugleich als so wenig ausschließlich und so erweiterungsfähig, ja mehrdeutig zu betrachten, daß es zu keiner Normenbildung kommt, die von der zukünftigen Architektur widerlegt werden könnte. So hat diese Schule mit ihrer Theorie der Sichtbarkeit zwar durch ihre Liberalität alle inhaltsbezogenen, literarischen Kriterien, die mit dem sichtbaren Bild als solchem nichts zu tun haben, aus dem Wege geräumt, bietet aber durch ihre Normenfeindlichkeit auch keine nachprüfbaren Begriffe.
Aber auch das, was die Künstler über die Wertungskriterien für die Form sagen, ist nicht sehr erhellend. Gropius geht diesem Problem ganz aus dem Wege, Mies van der Rohe liefert mit seinem Wort, daß der geringste Aufwand zum größten Effekt führe, allenfalls einen Schlüssel zum Verständnis und zur Wertung seines eigenen Stiles,

---

[76] Konrad Fiedler: Über die Beurteilung von Werken der bildenden Kunst. In »Schriften über Kunst«, 1. Band, München, 1913. S. 74–75.

und Le Corbusier, der doch jeden Aspekt der neuen Architektur behandelt hat, greift, wenn er den Wert seiner eigenen Formen definieren soll, auf Vitruvs Begriff der Symmetrie zurück oder spricht von *objets à réaction poétique* und verfällt damit einer Tautologie.
Ergiebiger für die Definition neuer Wertungskriterien scheint die andere Hauptrichtung der modernen Architektur, die organische zu sein. In »Verso un'architettura organica« stellte Bruno Zevi 1945 eine Reihe von Qualifikationen der organischen im Gegensatz zu denen der nicht-organischen Architektur zusammen, die er dem Buch »Modern Building« von Walter Curt Behrendt entnommen hatte. Zu ihnen gehören die Unterscheidungen von *formative art* und *fine art*, Produkt der Intuition und Produkt des Nachdenkens, Realismus und Idealismus, unregelmäßige Formen (Mittelalter) und regelmäßige Formen (Antike), Struktur, die als Organismus konzipiert ist, sich nach einer ihr innewohnenden Ordnung in Harmonie mit den eigenen Funktionen und der Umgebung wie eine Pflanze oder wie jeder andere Organismus entwickelt, und dagegen Struktur, die als Mechanismus konzipiert ist, in der alle Elemente nach einer *absoluten Ordnung* und nach dem unwandelbaren Gesetz eines a priori bestehenden Systems angeordnet sind, dynamische Formen und statische Formen, Formen, die von der Elementargeometrie unabhängig sind und solche, die auf ihr und auf der Stereometrie beruhen, Produkt eines in der Wirklichkeit gelebten Lebens und Produkt der Erziehung usw.[77].
Zevi weist selbst auf die Grenzen und Mißverständlichkeiten dieser Definitionen für die heutige Architektur hin und betont, daß es sich nicht um ästhetische, sondern um psychologische, soziologische und kulturelle Unterscheidungsmerkmale handelt, die nicht eine Frage der Qualität, sondern der Akzentsetzung sind. Gleichwohl haben diese Unterscheidungen als Instrumente für die Kritik und Wertung der beiden Hauptströmungen der modernen Architektur ihre Bedeutung gehabt und gehören noch heute zum Vokabular der Kritik.
Haben diese Qualifikationen aber über die Krise der beiden Architekturrichtungen, die sie kennzeichnen, hinaus ihre Bedeutung als Wertungskriterien behalten? Wir möchten das verneinen. Bei aller Anerkennung der innovatorischen Bedeutung der organischen Architektur und der Rolle, die sie für die Infragestellung und Korrektur der Axiome des Funktionalismus gehabt hat, scheinen uns angesichts der neuen städtebaulichen Dimension in der Industrie- und Massengesellschaft die Unterschiede der Architekturströmungen zwischen den beiden Kriegen irrelevant und die Kriterien für ihre Unterscheidung und Wertung deshalb von geringem Nutzen.

[77] Vgl. Bruno Zevi: Verso un'architettura organica. Turin, 1945. S. 66–67.

Welche Kriterien und welche Lehre kann man heute den Werken und Entwürfen von Louis I. Kahn, Kenzo Tange, Lubicz-Nycz, Konrad Wachsmann, den Arbeiten der noch experimentierenden Gruppen wie Metabolism, Neo Mastaba, Archigram usw. und der ganzen vielfältigen Architektur unserer Zeit entnehmen? Die Antwort ist außerordentlich komplex.

Die Ästhetik der Architektur, die auf die funktionalistische, die organische und die realistisch-soziologische der fünfziger Jahre folgt, beruht – zumindest theoretisch – auf vielfältigeren und verschiedenartigeren Interessen als die der vorangegangenen Tendenzen. Sie beruht auf der Aufwertung utopischer Modelle, der jüngsten technologischen Entwicklung, Fragen der Größenordnung, der Erfüllung der Bedürfnisse der Massengesellschaft, der Berufung auf neue Symbole und Mythen, der Suche nach neuen Bedeutungen und der Untersuchung latenter Strukturen. Zu diesen Voraussetzungen kommen Erscheinungen ganz anderer Art, wie die Krise der politischen Ideologien, die nicht zustande gekommene Begegnung von Gesellschaft und Architektur, die Wiedergewinnung traditioneller Werte, die Redimensionierung der Aufgaben des Architekten und ähnliches hinzu. Die neue Ästhetik hat es also wie die Massenkultur mit einer Fülle von alten und neuen Themen zu tun. Ihr auffallendstes Merkmal im Vergleich zu den ästhetischen Lehren der früheren Richtungen der Moderne, die auf einigen wenigen, manchmal rudimentären Prinzipien beruhten, ist ihre Suche nach Werten von breiterer Gültigkeit. An diesem Bedürfnis wollen wir die Wertungskriterien messen, die den heutigen utopischen, wissenschaftlichen und semantisch-kommunikativen Tendenzen zu entnehmen sind.

Die Werte, die die Utopie zu bieten hat, sind ebenso zahlreich wie ihre Definitionen. In seinem Artikel »Utopia della realtà« (Utopie der Wirklichkeit) betont Rogers, der Begriff der Utopie habe neben seiner geläufigen negativen Bedeutung auch »einen teleologischen Gehalt, der die Gegenwart in eine mögliche Zukunft projiziert, auch wenn deren Formen noch nicht realisierbar sind, da der Ausdruck ihrer Inhalte und die Aktionen, die notwendig wären, um sie wirksam zu machen, von zu vielen unerfüllten Bedingungen abhängen«[78]. Die Utopie hat also nicht nur einen teleologischen Wert, sondern wertet auch die Dimension des Möglichen neben dem Wirklichen auf.

Weitere Aspekte der Utopie stellt Emilio Garroni in einem Essay heraus. Ihr wehmütiges, aristokratisches und intellektualistisches Verständnis möchte sich vor allem der »Übermacht des Seienden«

---

[78] Ernesto N. Rogers: Utopia della realtà. In »Casabella-continuita«, Nr. 259.

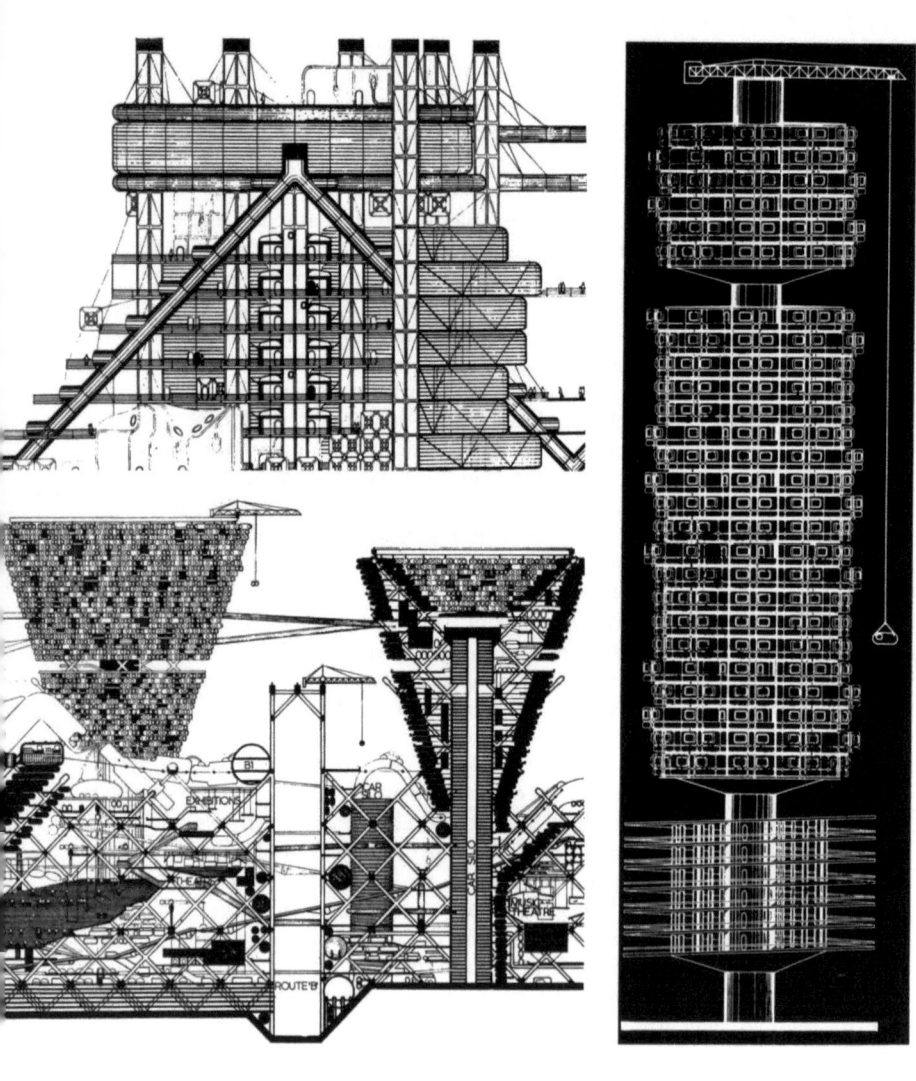

Entwürfe der Archigram-Gruppe

entziehen. Garroni erkennt zwar die arkadischen Grenzen dieser Konzeption, betont aber, daß sie eine wichtige kulturelle Komponente enthält. Seinem Urteil über diesen fragwürdigsten Typus der Utopie möchten wir beistimmen, denn trotz ihren Ressentiments, ihren irrationalen Entscheidungen und Verweigerungen muß auch diese Utopie nicht notwendigerweise im negativen Sinn verstanden und nur nach dem äußeren Anschein beurteilt werden. Wir erinnern hier nur an Morris und seine Verachtung der Industrie, die immer noch als die reaktionäre Seite seiner Verkündigung angesehen wird, unseres Erachtens indessen als bewußt paradoxe, aber beispielhafte Entscheidung für eine intransigente Haltung und als Ansatzpunkt für jede Kritik an der Industrie zu verstehen ist. Deshalb kann der Widerspruch gegen die »Übermacht des Seienden« auch alles andere als Ausdruck einer Flucht sein und infolgedessen durchaus auf eine Art der Wertung hinweisen.

Die zweite Komponente der Utopie, die einen besonderen Bezug zu unserem Thema der Zivilisation des Massenkonsums hat, ist die, die Garroni als eine Form der Rationalisierung des Volksmythos vom Schlaraffenland definiert. Die aristokratische und gelehrte Ablehnung der Gegenwart hat ihr plebejisches Gegenstück in diesem utopischen Mythos. »Man versteht sofort«, schreibt er, »daß das Schlaraffenland die sanguinische, gastronomische, burleske Version der gelehrten Melancholie ist. Denn schließlich existiert auch das Schlaraffenland nur in der Vorstellung des Volkes und entbehrt deshalb nicht einer schmerzlichen, kummervollen Note ... Das Ziel der Konsumkultur ist ja gerade, die Konsumenten ins Schlaraffenland zu versetzen ... und zugleich auf jeden drängenden utopischen Ehrgeiz zu verzichten.«

Dieser Volksmythos erregt zwar moralische Zweifel an seiner Gültigkeit, es ist aber nicht zu bestreiten, daß diese Konsummythologie in der heutigen Gesellschaft einen der allgemein anerkannten »Werte« darstellt und durch ihre Rechtfertigung der neuen Größenordnung, der serienmäßigen Vervielfachung der Modelle und des Wachsens des tertiären Sektors im heutigen Städtebau dessen Kampf für die neue Dimension unterstützt.

Die dritte und häufigste Interpretation der Utopie ist diejenige, die in ihr ein das natürliche Chaos und den Machtmißbrauch ordnendes Element sieht. »Die ruhige (aber nicht öde) Geometrie bietet sich – mit Recht – als der lebendigste, und das heißt rationalste, Ersatz für Formensprachen an, die unvollkommene, unharmonische, Mißbrauch mit der Macht treibende, dogmatische, abergläubische Gesellschaftsordnungen widerspiegeln. So entstehen die Stadtpläne der imaginären Städte mit ihrem geometrischen Raster ... eine Geometrie, die mehr ist als ein unzureichender Ersatz; eine architektonische

Möglichkeit, nicht die Negation jeder architektonischen Möglichkeit.«[79]
Unter den Wertungskriterien, die sich aus der Wissenschaft ableiten lassen, begegnen wir vor allem den psychologischen Kriterien, gegen die sich die Kritik der Philosophen und Historiker von Husserl über Cassirer bis zu Panofsky und Susanne K. Langer wendet. Insbesondere die Gestaltpsychologie scheint für das Verständnis von Architektur und Städtebau hervorragend geeignete Prinzipien zu bieten. Die gesamte Frage nach der Gestalt der Stadt und insbesondere das, was Lynch dazu gesagt hat, stützt sich auf die Gestaltpsychologie. Ihre Prinzipien sind allgemein bekannt: Jede Wahrnehmung hat Gestaltcharakter. Diese Gestalt hat eine ihren inneren Gesetzen entsprechende Struktur. Sie ist mehr als die Summe ihrer einzelnen Teile. Sie hat ihre eigene Prägnanz, das heißt, sie erstrebt die beste Organisation, die unter den gegebenen Bedingungen möglich ist usw. Aus diesen Grundvoraussetzungen läßt sich eine Reihe von Folgerungen ableiten: das Gesetz der Gleichheit, der Verwandtschaft, der geschlossenen Form, der richtigen Kurve, der gemeinsamen Bewegung usw., die zu den ästhetischen Kriterien der Regelmäßigkeit, Homogenität, visuellen Klarheit und Einfachheit führen.
Die Bedeutung der Gestaltpsychologie für die ästhetische Kritik und die Kongenialität, mit der ihre Formulierungen den Formerkundungen der heutigen Kunst entsprechen, ist nicht zu bestreiten. Aber nicht zuletzt, weil ihre theoretischen Behauptungen nur selten in die Begriffe der aktuellen Kritik übersetzt werden, lösen ihre methodische Strenge, ihr Anspruch auf Objektivität und Wahrheit, die im wissenschaftlichen Bereich ihre Berechtigung haben, nicht immer die Probleme der Wertung, mit denen wir es zu tun haben. Tatsächlich wurden innerhalb dieser Theorie selbst ihre ursprüngliche Strenge, der objektive Charakter der Form und jener Strukturalismus, der von allen – unabhängig von ihren besonderen Voraussetzungen und ihrem kulturellen Niveau – anerkannt werden konnte, durch Prinzipien wie die Isomorphie und die Erfahrung abgelöst, die zwar zu einer Weiterentwicklung dieser Theorie führten, aber ihren für die Formulierung unserer Kriterien nützlichen Schematismus zerstörten. Ganz zu schweigen von den komplexeren Implikationen, die der Übergang von der Gestaltpsychologie zu einer Gestalttheorie mit sich brachte. In ihrer jüngsten Version hütet sich diese deshalb sorgfältig davor, neue Gesetze zu formulieren, bemüht sich vielmehr darum, die alten handlicher, umfassender und damit notwendigerweise auch mehrdeutiger zu machen. Noch einmal empfiehlt ein auf seine Art berechtigter Dogmatismus eine Aufgeschlossenheit für alle erdenk-

---

[79] Giulio Carlo Argan: Progetto e destino, a.a.O., S. 70.

lichen Möglichkeiten, die der noch so provisorischen, aber nicht mehr aufschiebbaren Formulierung von Kriterien – auch wenn diese nur instrumentellen Charakter haben sollten – gewiß nicht förderlich ist. Aber die Gestalttheorie hat nicht nur hinsichtlich der Kriterienbildung ihre Grenzen. Auch ihre methodischen Hinweise, insbesondere die Hypothesen über die Rolle der Gestalt im *town design*, die sich aus der Gestaltpsychologie ableiten lassen, sind unzureichend. Vor allem kann man ihrem Gesetz der Prägnanz, das eine unmittelbare praktische Bedeutung für die Architektur und das Design überhaupt haben müßte, nicht voll zustimmen. Begriffe wie Gleichgewicht, Regelmäßigkeit, Symmetrie, Homogenität, Einfachheit und ähnliches, die für die gestaltpsychologische Schule die objektiven Qualitäten der Form darstellen sollen, erweisen sich bei der Planung als allzu abhängig von Geschmacksveränderungen, ästhetischen Programmen und individuellen Interpretationen. Sie sind allzu historisch bedingt, um sie in die Begriffswelt der Naturwissenschaften einzubringen.
Andererseits ist »die Gestalttheorie durch ihren wissenschaftlichen Ehrgeiz zum Formalismus verurteilt. Denn gerade er erlaubt es nicht, daß sie die Ebene der elementaren Grammatik verläßt... Sie muß sich immer darauf beschränken, einfache Versuche, das heißt elementare Modelle, Teilartikulationen und ihre Wirkung auf das Ganze zu analysieren; sie kann niemals von einer Ganzheit ausgehen (wie ihre Theorie es verspricht und wie es für die Stadtplanung notwendig ist). Von einem Gesamtphänomen ausgehen – und mag es auch das isolierte Produkt einer Entscheidung zwischen vielen Möglichkeiten wie zum Beispiel ein Bild oder eine Symphonie sein – heißt immer, von einer einzelnen historischen Erfahrung, nicht von etwas Allgemeinem, wissenschaftlich und nicht nur experimentell Verifizierbarem ausgehen.«[80] Hier, nämlich beim Übergang seiner Enquete über die visuelle Wirkung von existierenden Städten zur Formulierung einer neuen Methode zur Projektierung der neuen Stadtgestalt, scheint uns auch die Schwäche von Lynchs Untersuchung zu liegen. Nimmt man zu diesen Feststellungen noch Husserls Hinweis auf das Fehlen von Intentionen in der Gestalttheorie hinzu, so erweist sich diese als wenig geeignet zur Erfüllung von Aufgaben, die, nicht zuletzt auf Grund von Mißverständnissen, auch einige Richtungen der Kunst und Architektur von ihr erwarten.
Trotz all diesen Einwänden lassen sich zwar Wertprinzipien und Wertungskriterien aus der Gestalttheorie ableiten, für das Bauen selbst aber bringen sie nichts, was über den Begriff der Sichtbarkeit der

---

[80] Guido Morpurgo-Tagliabue: L'esthétique contemporaine. Mailand, 1960. S. 432.

deutschen formalistischen Kritikerschule hinausginge. Denn die mangelnde Eindeutigkeit der Gestalttheorie, was Architektur und bildende Kunst angeht, beruht nicht so sehr auf der Zweigleisigkeit von naturwissenschaftlicher und historischer Methode, für die es immer Möglichkeiten der Konvergenz gibt, als vielmehr darauf, daß ihre wissenschaftliche Formalisierung nicht zu einem eindeutigen *Modell* führt. Denn den der Gestalt innewohnenden Strukturgesetzen fehlt es an einem typologischen Bezug, und da der Begriff der Form unpräzise und für jede Wahrnehmung annehmbar ist, sind ihre Strukturgesetze nur für elementare Erscheinungen kritisch erhellend und von praktischem Nutzen.

Wieweit die übrigen Hypothesen von einer wissenschaftlichen Methodologie der Entwurfsarbeit und von der Brauchbarkeit ihrer Modelle für die Analyse städtebaulicher Phänomene stichhaltig sind, und ob sich aus dieser Methodologie tatsächlich Wertungskriterien ableiten lassen (obwohl sie einem wertfreien Verhalten entsprängen), läßt sich heute noch nicht entscheiden. Immerhin werden heute gerade von wissenschaftlicher Seite Zweifel daran geäußert, daß es statthaft ist, derartige Erwartungen an die Wissenschaft zu knüpfen. In diesem Sinn ist vor allem eine Überlegung von Einstein wichtig, »daß diejenigen Überzeugungen, die für unser Handeln und Werten maßgebend und nötig sind, sich allein auf ... wissenschaftlichem Weg überhaupt nicht gewinnen lassen. Denn die wissenschaftliche Methode kann uns nichts weiter lehren, als Tatsachen in ihrer gegenseitigen Bedingtheit begrifflich zu erfassen ... Es ist klar, daß von dem, was ist, kein Weg führt zu dem, was sein soll. Aus der noch so klaren und vollkommenen Erkenntnis des Seienden kann kein Ziel unseres menschlichen Strebens abgeleitet werden ... Der Verstand klärt uns auf über die Zusammenhänge von Mittel und Zweck. Aber das bloße Denken kann uns nichts mitteilen über die letzten fundamentalen Ziele ... In der jüdisch-christlichen religiösen Tradition werden uns die obersten Grundsätze unseres Strebens und unserer Urteile überliefert.«[81]

Nachdem wir bisher über die Werte und Wertungskriterien gesprochen haben, die sich für die Architektur aus der Utopie und der Wissenschaft ableiten lassen, wollen wir uns nun den Wertungsmöglichkeiten zuwenden, die die mit dem Thema der Kommunikation beschäftigten Disziplinen abzubieten haben. Auch die linguistische, semantische, Kommunikations- und Informationsforschung beruht bekanntlich auf wissenschaftlichen Grundlagen. Da die meisten ihrer Vertreter außerdem vom Positivismus herkommen, gehen sie von ähnlichen Voraussetzungen aus wie die übrigen Wissenschaftler.

---

[81] Albert Einstein: Aus meinen späten Jahren. Stuttgart, 1952. S. 26–27.

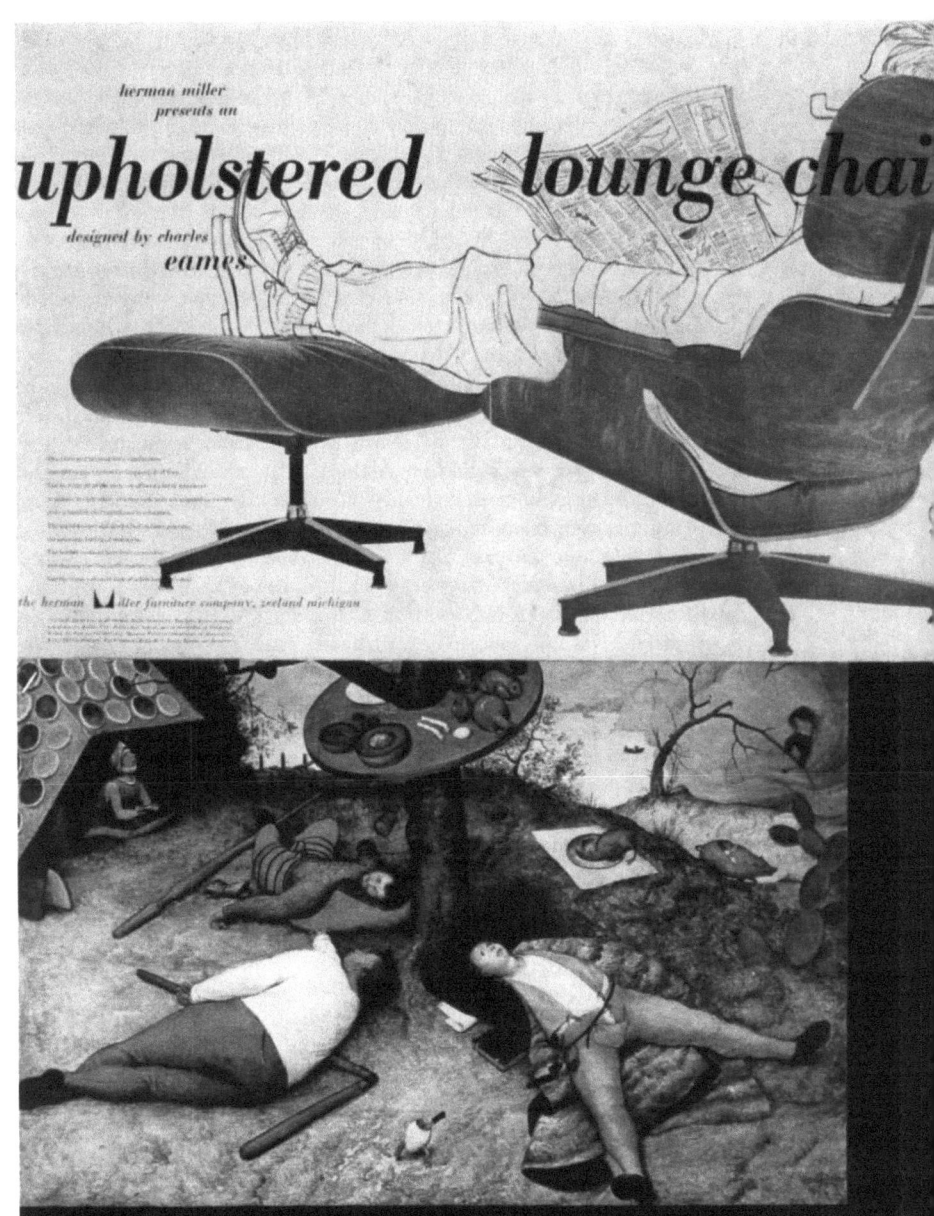

Charles Eames, Sessel für die Hermann Miller Furniture Company.
Pieter Brueghel d. J., Das Schlaraffenland

Gleichwohl möchten wir die semantisch-linguistischen Untersuchungen gesondert betrachten, denn sie haben engere Beziehungen zur Ästhetik und zur Soziologie und stehen heute zudem im Mittelpunkt der Architekturdiskussion, ja, sie stellen ein eigenes und wichtiges Kapitel in dieser Diskussion dar. Wenn wir dabei Aspekte der semantischen Ästhetik, der strukturellen Linguistik und der Semiotik, die von den Fachleuten getrennt und streng unterschieden werden, gemeinsam behandeln, so geschieht das nicht aus einem verworrenen Eklektizismus heraus, sondern weil das in der Architektur so üblich ist. Obwohl die Architekten sich der Unterschiede zwischen allen diesen Disziplinen bewußt sind, möchten sie gerade aus deren gemeinsamer Betrachtung Anregungen und Hinweise beziehen.

Wir haben chon darauf hingewiesen, daß Morpurgo-Tagliabue den wertenden Charakter der jüngsten amerikanischen Ästhetik auch der semantischen Richtung betont. Nach Ivor Armstrong Richards, der als Begründer der semantischen Ästhetik gilt,»kann man – anders als die Verfechter einer hermetischen Poesie, die ihrer Ansicht nach nichts auszusagen braucht und deren einzige Aufgabe das Verheimlichen ist – einem Gedicht ästhetischen Wert nur zubilligen, wenn man dessen semantische Qualität erkannt hat«[82]. Diese semantische Qualität ist der emotionalen und nicht der intellektuellen Sphäre zugeordnet. Deshalb betrachtet Richards eine Erfahrung als werthaltig, wenn sie die von den Impulsen gesteuerten Willenskräfte befriedigt. Wichtiger für eine Wertung der Architektur ist die von Richards der Kunst zugeschriebene Fähigkeit, eine Harmonie zwischen einander widerstrebenden Impulsen herzustellen, die er als *Synästhesis* bezeichnet.

Ebenso wie für Richards besteht auch für Charles W. Morris die Kunst nicht wie die Wissenschaft aus Beziehungen zwischen Zeichen und Bezeichnetem. Er ordnet sie vielmehr der syntaktischen Dimension, die Wissenschaft dagegen der semantischen Dimension und die Technologie der pragmatischen Dimension zu. An anderer Stelle ordnet er der Kunst allerdings eine vierte, nämlich die wertende Dimension zu. Ästhetisches und wertendes Interesse überlappen sich deshalb. In der Tat stellt für Morris die Kunst nicht die Dinge, sondern den Wert der Dinge oder die Resultate ihres Wertes dar. Trotz dieser Verknüpfungen von Kunst und Wert bleiben das Wesen der spezifischen Werte und die Wertungskriterien undeterminiert. Für sie verweist Morris auf die Erfahrung des Kritikers. Wenn seine Semiotik sich also vor allem durch ihren Begriff der »Bildlichkeit«, der eine beträchtliche Hilfe für die semantische Untersuchung nicht linguistischer Zeichen darstellt, auch als nützlich für die Analyse der

---

[82] Vgl. Guido Morpurgo-Tagliabue a.a.O., S. 226.

Sprache der Architektur[83] erwiesen hat, so liefert sie doch weder Wertungskriterien für die Praxis, noch läßt sie erkennen, wie neue architektonische Bedeutungen definiert werden könnten. Zu einer weiteren semantischen Klärung scheint dagegen eines der verbreitetsten Kriterien der heutigen Kunst beizutragen: das des noch nie Dagewesenen. Das »Neue« scheint von der gesamten modernen Kunst als Wert bestätigt zu werden. Für das erfahrene Auge stellt es in der Tat ein recht brauchbares Kriterium dar, das in der Ästhetik, der Naturwissenschaft und der Soziologie einen starken Rückhalt findet. Die Grenzen dieses Kriteriums beruhen auf der Schwierigkeit, die Dauer dieses Wertes vorauszusehen und ihn kommunizierbar zu machen.
Methodologisch abgestützt wird das Neue als Wert durch die Informationstheorie. Sie beruht, wie Dorfles schreibt, »vor allem auf der Untersuchung, welche Menge an Information eine Nachricht bietet, das heißt, wie unwahrscheinlich ihr Inhalt ist... Um die Menge an Information zu berechnen, bedient man sich häufig des – der Wärmelehre entliehenen – Begriffes der Entropie, der das Maß des Energieverbrauchs in einem offenen System beim Übergang von einem bestimmten Wärmezustand zu einer niedrigeren Temperatur bezeichnet. Die Entropie stellt das Maß des Unordnungszustandes dar, dem sich das System durch seinen Temperaturverlust nähert... Nach A. Moles, der die bisher klarste und detaillierteste Beschreibung der Anwendung der Informationstheorie auf die Kunst gegeben hat, ist die Menge der Information als direkt proportional zu ihrer Unvorhersehbarkeit und daher zur Entropie anzusehen. Je größer das Maß an Unvorhersehbarkeit einer Nachricht ist, desto größer ist deshalb die Menge an Information.«[84] Je größer die Originalität einer ästhetischen Nachricht ist, desto größer werden deshalb ihr Informationsgehalt und, wenn Künstler und Empfänger einen gemeinsamen (von gemeinsamen sozialen und kulturellen Voraussetzungen bedingten) Code haben, ihr Wert und ihre Wirkung sein. Aber so einleuchtend das Neue als Wertungskriterium auch ist und deshalb von einem großen Teil der heutigen kritischen Literatur als solches auch akzeptiert wird, so weist doch Dorfles selbst auf das Bedürfnis nach einem Wertfaktor hin, der von der mechanischen Beziehung zwischen »Neuheit« und »Banalität« unabhängig ist, und kommt zu dem Schluß, daß es neben der Unvorhersehbarkeit in der Struktur eines Werkes selbst einen Wertfaktor gibt und daß deshalb die Informations-

---

[83] Vgl. Giovanni Klaus König: Analisi del linguaggio architettonico. Florenz, 1964. Dieses Buch, auf das wir noch zurückkommen werden, hat bisher die Untersuchung der Sprache der Architektur am weitesten vorangetrieben.
[84] Gillo Dorfles: Simbolo comunicazione consumo. a.a.O., S. 28 ff.

menge nicht notwendigerweise mit der absoluten Gültigkeit eines Werkes übereinstimmt.

Auf den ersten Blick scheint der Wert des noch nie Dagewesenen und seine Abstützung durch die Informationstheorie nichts mit den Problemen der Architektur zu tun zu haben. Wenn allerdings, wie wir meinen, zwischen Architektur und Nachricht eine Verwandtschaft besteht, dann ergeben sich nicht wenige Analogien. So könnte man das bei den Informationstechnikern gebräuchlichste Diagramm aus der Sicht der Architektur so lesen, daß links die (von der Entscheidungsgruppe und dem Architekten erarbeitete) Nachricht steht (die für uns der Bedeutung der Architektur entspricht), in der Mitte die in ein (architektonisches) Zeichen transformierte Nachricht und rechts die vom Empfänger (der Masse der Benutzer) empfangene und decodierte Nachricht. Am wichtigsten ist dabei der mittlere Teil, wo bei der Transformation der Nachricht in ein Signal (für uns der Schritt von der Planung zur Ausführung) »Störungsquellen« auftreten. Unter ihnen sind bei der Architektur alle jene Beeinträchtigungen und Verzögerungen zu verstehen, die durch die Bürokratie, die Gesetzgebung, die Spekulation usw. entstehen und sich negativ auf den Kommunikationsprozeß auswirken oder ihn geradezu blockieren.

Welche Beziehung besteht zwischen diesem theoretischen Informationsschema, wenn es in unseren Bereich übertragen wird, und unseren Überlegungen zu Wert und Wertung? Zunächst liefert es den Beweis dafür, daß zwecks Minimierung der Dispersion und der Entwertung beim Bauprozeß alle negativen Einflüsse so stark wie möglich reduziert werden müssen. Nicht ganz so selbstverständlich ist der Schluß, daß die Beziehung zwischen der Sender- und Entscheidungsgruppe und der Empfängergruppe nur linear verlaufen kann, wenn die gesendete Nachricht klar genug ist, was nicht nur vom technischen Apparat (dem Baugewerbe) abhängt, sondern von der vollkommenen Lesbarkeit des verwendeten Codes, wodurch semantischer Gehalt und Wert zur Deckung kommen.

Unter ästhetischem Aspekt scheint aber vor allem die Theorie, daß das Höchstmaß an Wert mit dem Höchstmaß an Unvorhersehbarkeit der Information zusammenfällt, der Verständlichkeit der Information zu widersprechen, die von Ordnung und Klarheit der Information abhängt. Einen Versuch, diese Schwierigkeit zu überwinden, stellt der von Eco eingeführte Begriff der »Offenheit« dar. Er entspricht »einer allgemeinen Tendenz unserer Kultur zu jenen Prozessen, bei denen an die Stelle einer eindeutigen und notwendigen Folge von Ereignissen so etwas wie ein Wahrscheinlichkeitsbereich tritt, eine mehrdeutige Situation, die zu operationellen Entscheidungen oder von Mal zu Mal verschiedenen Deutungen herausfordert.« In dem Begriff der Offenheit sollen kommunikative Bedeutung und (im Sinn von Moles unvorhersehbare) Information in eine dialektische Beziehung treten. »Die Tendenz zur Unordnung, ein positives Merkmal der Ästhetik der Offenheit, muß zu einer Tendenz zur *beherrschten* Unordnung, zur auf einen *Bereich* beschränkten *Möglichkeit,* zu einer Freiheit werden, die durch die in der offenen, den Betrachter nicht festlegenden Form enthaltenen Formansätze gezügelt wird. Der Schritt von Angebot einer Vielzahl von Formwelten zum undifferenzierten Chaos, das jeden ästhetischen Genuß ausschließt, ist klein. Nur eine Dialektik zwischen ihm und dem Publikum kann den Schöpfer eines offenen Werkes retten.«[85] Aus dieser dialektischen Mehrdeutigkeit zwischen Kommunikation und Information, zwischen dem Beitrag des Schöpfers und dem des Betrachters, zwischen Wirklichkeit und Möglichkeit besteht im Wesentlichen das Wertprinzip, das aus dem offenen Werk herleitbar ist. Dabei möchten wir betonen, daß der Begriff der Mehrdeutigkeit heute ebenso wie der der Utopie seine negative Bedeutung verliert und daß beide die Neigung kennzeichnen, das *Mögliche* neben das Wirkliche zu stellen oder gar dieses durch jenes zu ersetzen.

Der Wert des offenen Werks bestimmt einen großen Teil der heutigen Architektur. Eco nennt in diesem Zusammenhang Wright, der uns allerdings nicht das schlüssigste Beispiel für den Begriff der Offenheit zu sein scheint. Zwar gibt es auch bei der historischen Avantgarde Fälle von Undeterminiertheit, einer Morphologie, die der Antwort ihres Betrachters bedarf. Wir erinnern hier an die neoplastische Architektur, die sich nicht von einem einzigen Standpunkt aus erschließt, an die Architektur der Konstruktivisten und schließlich an das Dessauer Bauhaus. Häufiger kehrt dieser Begriff aber in der heutigen theoretischen Architekturdiskussion wieder. Die Infragestellung der kausalen Beziehung zwischen Form und Funktion, das Maß an Undeterminiertheit vieler Bauvorgänge, die Zweifel an dem Begriff des Bebauungsplans, das Konzept einer kontinuierlichen Planung – das alles sind Phänomene, die auf die Ästhetik des offenen Werks hinweisen. Joyce's »Work in progress« scheint das Vorbild für die komplexen architektonischen Vorgänge der Gegenwart zu sein. »Die Stadtplanung als heutige Form der Architektur«, schreibt Argan, »ist nichts anderes als *work in progress*: ein Kunstwerk im beständigen Zustand des Werdens.«[86] Auch Eco zitiert eine Stelle bei Edmund Wilson, an der der »Ulysses« mit einer städtebaulichen Struktur verglichen wird. »Stellt euch dieses Buch als eine Stadt mit ihrer strengen Struktur, ihrem Straßennetz und ihren Häuserblöcken

---

[85] Umberto Eco: Opera aperta. Mailand, 1962. S. 85 und 110.
[86] Giulio Carlo Argan a.a.O., S. 40.

vor, die man gleichwohl aus verschiedenen Richtungen betreten und, wie man will, durchwandern kann. Man kann sich die Gesichter, die Straßenecken, alles, was einem begegnet, nach Lust und Laune ansehen und einprägen. Das alles geschieht nach persönlicher Wahl, nach einer Entscheidung, für die wir selbst verantwortlich sind, auch wenn Architekt und Stadtplaner uns den ersten Anstoß dazu gegeben haben.«[87]

Bei aller Hochachtung und allem Interesse für die Theorie der »Offenheit«, die diese Dialektik zwischen bloßen Formansätzen und vollständiger Form kennzeichnet oder, um es in stadtplanerischen Begriffen auszudrücken, zwischen der Festlegung eines großmaschigen Grundnetzes und einer breiten Marge für Veränderungen im einzelnen, scheint uns diese Theorie doch mehr für die Analyse des Bestehenden geeignet, und nicht, um eine neue Methodologie darauf aufzubauen. Zur Klärung unseres Planens und Bauens auf Grund neuer Kriterien und Modelle scheinen uns deshalb die Begriffe Mehrdeutigkeit und Wahrscheinlichkeit als Wertungskriterien für die Praxis nicht brauchbar zu sein.

Wenn wir die Architektursprache resemantisieren, einen Code erstellen, der von möglichst vielen Menschen zu benutzen ist, und der Architektur und den Massenmedien gemeinsame Strukturen aufzeigen wollen, was alles uns dringend notwendig erscheint, so ist es nicht möglich, Information und Kommunikation als in einer dialektischen Beziehung stehend anzusehen. Unter den gegebenen Voraussetzungen und aus unserer kulturellen (und nicht ästhetischen) Sicht müssen wir hier eine Entscheidung treffen und entweder den semantisch-kommunikativen Wert betonen, wobei auch Wiederholungen und Redundanz in Kauf zu nehmen wären, oder wir müssen ein Höchstmaß an Information anstreben und dabei riskieren, daß sich die Beziehung zwischen Architektur und Gesellschaft noch verschlechtert. Wir entscheiden uns, nicht nur aus soziologischen Gründen, für ersteres, weil wir meinen, daß gegenwärtig das Leben der Architektur neuer Institutionen bedarf. Denn die positive Bewertung, deren sich Architektur und Städtebau gegenwärtig im Vergleich zu den anderen bildenden Künsten erfreuen, beruht ja gerade auf all dem, was bei ihnen noch eindeutig ist und ihre Benutzbarkeit, ihre Dauer und ihre Decodierungsmöglichkeit garantiert, die sich aus dem langsameren Rhythmus ihres Entstehens und aus jener für die Architektur typischen Eigentümlichkeit ergeben, daß die Nichtvollendung bei ihr als ein technischer Mangel oder jedenfalls ein offensichtlicher Fehler gilt.

---

[87] Zitiert in Umberto Eco: I premi nazionali IN/ARCH 1964. In »L'Architettura: cronache e storia«, Nr. 127.

Walter Gropius, Panam Building, New York

Die Richtigkeit unserer Entscheidung für den kommunikativen Aspekt der Architektur auf Kosten des »informativen« wird von einem anderen Wertprinzip, das sich auf die Quantität bezieht, bestätigt. Seit der Entstehung des Industrial Design verfügen wir über ein Kriterium, das dieses oder jenes Objekt deshalb positiv bewertet, weil es sich durch eine Eigentümlichkeit seiner Struktur in großen Serien herstellen läßt und deshalb leichter in alle sozialen Schichten vordringt. Die Beziehung Qualität – Quantität hat immer im Mittelpunkt jedes produktiven Prozesses gestanden und wird es vielleicht auch immer tun. Heute aber erhält der Begriff der Quantität eine neue Bedeutung. Denn der Wert der Quantität für die Architektur und das Design beruht nicht nur darauf, daß die Wiederholbarkeit eine sorgfältige Projektierung erfordert, er führt auch zur Perfektionierung des Produkts, zur Verbesserung der Bauten und infolgedessen zu einer weiteren, wirtschaftlicheren sozialen Verbreitung der Konsumgüter, vor allem aber – und das ist für unser Thema, Architektur als Massenmedium, besonders wichtig – dazu, daß Quantifizierung häufig Kommunikation bedeuten kann.

Schließlich gehören zu dem Überblick über die neuen Wertungskriterien auch die Möglichkeiten, die Strukturalismus, Linguistik und Semiotik in dieser Hinsicht bieten. Ihren Beziehungen zur Architektur soll das letzte Kapitel dieser Studie vorbehalten sein. Zum Abschluß unserer bisherigen Überlegungen wollen wir uns mit dem Verhalten der Kritik gegenüber den erwähnten oder aus den heutigen Erfahrung abzuleitenden Wertungskriterien beschäftigen.

Aus dem Vorangehenden wird deutlich, daß es zweifellos noch teilweise oder vollständig brauchbare Wertungskriterien gibt. Ausdruck, Synästhesis, Bildlichkeit, symbolische Bedeutung, semantischer Gehalt, die Begriffe der Sichtbarkeit und der Gestalt, die Prinzipien der Information und der Kommunikation und schließlich die zahlreichen Regeln der verschiedenen Ästhetiken stellen Bezugs- und Annäherungspunkte für die Untersuchung der modernen Architektur dar. Gleichwohl befriedigen sie nur teilweise unsere Bedürfnisse. Das ist gelegentlich auf ihren Pluralismus und darauf zurückgeführt worden, daß sich diese Wertungskriterien jeweils nur auf einen bestimmten Bereich anwenden lassen: was für einen Bereich der Kunst gilt, trifft auf einen anderen nicht zu, während früher die Wertungskriterien präzisen Normen eines allgemeingültigen Geschmacks entsprachen. Diese Einheitlichkeit der Kriterien in der Vergangenheit beruhte auf ihrer vor allem spekulativen Grundlage oder auf der Tradition, die sich aus jahrzehntelanger künstlerischer Erfahrung ergab. Der Pluralismus der modernen Kriterien ist die Folge des Bedürfnisses nach einer für das produktive Tun brauchbaren Basis.

Es geht heute mehr um die Funktionsfähigkeit eines Kriteriums als um dessen Ontologie. Im übrigen ist die auf bestimmte Bereiche beschränkte Anwendbarkeit von Werturteilen schon insofern nicht verwunderlich, als das Problem der Einheitlichkeit oder des Pluralismus der Kunst heute in allen Ästhetiken fortwährend diskutiert wird, wobei die meisten von ihnen schließlich dazu neigen, jeder künstlerischen Erfahrung ihre Eigenständigkeit zuzugestehen.

Aber auch die Überzeugung, daß heute eine mehr »technisch« geartete Kritik notwendig ist, stellt noch keine Lösung für das Problem der Wertung dar. Tatsächlich existiert heute im allgemeinen kein gemeinsames systematisches Fundament mehr, und eine brauchbare empirische Methode ist noch nicht gefunden worden. Die erwähnten Kriterien taugen deshalb besser zur Charakterisierung künstlerischer Tatbestände als zu ihrer eigentlichen Wertung. Außerdem neigen viele der behandelten Prinzipien dazu, der Kunst als solcher einen Wert zuzuschreiben, was in der heutigen kulturellen Situation, vor allem unter soziologischem Aspekt, in Frage zu stellen ist. Das alles findet seinen Reflex in den Schwierigkeiten der aktuellen Kritik.

Der Kritiker sieht sich nämlich fortwährend in der schwierigen Lage, sich von keinem neuen künstlerischen Phänomen überraschen zu lassen und ständig einen so breiten Fächer von Werten bereitzuhalten, daß er jedes neue Experiment verstehen und erklären kann. Hinter dieser Betriebsamkeit verbirgt sich ein weitreichender Verzicht. Denn wenn alles gültig ist, gibt es keinen Wert mehr und ist keine Wertung mehr möglich. Deshalb gibt sich die Kritik in den meisten Fällen launig, parteiisch (was nicht mit Baudelaires Subjektivität zu verwechseln ist) und wird auf die hunderterlei Weisen geübt, die wir alle kennen. Das Schlimmste daran ist, daß sie dabei einer allgemeinen Gleichgültigkeit begegnet.

Diese übertriebene Bereitwilligkeit der Kritik bleibt nicht ohne Wirkung auf das Verhältnis der Gesellschaft zur Architektur. Bei einem der letzten Kongresse in Veruccio ging es in der Hauptsache um das Problem, ob es für die Massenmedien gültige Werte gibt und welche Rolle die Kunst dabei spielt. Obwohl es zu interessanten Äußerungen kam, waren die Antworten auf dieses Hauptproblem enttäuschend. In ihnen spiegelte sich die tiefe Widersprüchlichkeit, die heute wohl für die gesamte Kunst bezeichnend ist: auf der einen Seite das Bedürfnis nach größter Aufnahmefähigkeit und Offenheit, um der Kunst jede theoretische, naturwissenschaftliche und anthropologische Erfahrung zugänglich zu machen und unter Einbeziehung der entscheidenden Ideen unserer Zeit in die Tiefe zu gehen; auf der anderen Seite die Notwendigkeit, präzise Schemata, elementare Vorbilder und Muster zu liefern, die für jedes kulturelle Niveau brauchbar sind, und entsprechend den Bedürfnissen einer demokratisch verstandenen Massengesellschaft in die Breite zu wirken. Angesichts dieser beiden verschiedenartigen Forderungen, die gleichermaßen berechtigt und dringlich sind, darf es keine Mehrdeutigkeit, keinen Intellektualismus und keinen Ideologieverzicht mehr geben, denen alles oder nichts als Wert erscheint. Wenn die Kritik nicht nur eine hermeneutische Funktion haben will, sondern legitimerweise, neben ihrer traditionellen Aufgabe der Beurteilung, einen Einfluß auf das architektonische Geschehen ausüben will, so müssen neue und wirksame Kriterien aufgestellt werden. Mit ihrer Hilfe wird es vielleicht wieder möglich sein, eine gemeinsame Verständigungsebene für Architekten, Kritiker und Gesellschaft zu finden und gegenwärtig ausgeschlossene Kräfte ins Spiel zu bringen, die ihrerseits zur Wertkonzeption neue dynamische Aspekte beitragen können.

Auch diese neuen Wertungsprinzipien werden nicht alles enthalten können, was uns wichtig erscheint. Auch sie werden sicherlich Fragen offenlassen. Sie werden nicht von universeller, ewiger Gültigkeit sein, sondern provisorisch, konformistisch und vielleicht sogar von zweckgebundenem Charakter. Sie werden aufgestellt werden, um Widerspruch zu erregen. Aber sie werden als Bezugspunkte ihre Gültigkeit haben und zu einem Engagement und einem Risiko führen. Und eingedenk ihrer Lebendigkeit und Vorläufigkeit werden sie vielleicht in sich selbst einen Wert darstellen.

Zu einer Semiotik der Architektur

Zum Verständnis der heutigen Architektur als Massenmedium bedarf es nicht nur einer Revision des traditionellen kritischen Instrumentariums, sondern auch der Anwendung ganz neuer kritischer Mittel. Ihnen, insbesondere der Semiotik, widmet sich dieses Kapitel. Wenn wir die Architektur in den Kreis der Massenmedien einbeziehen und davon ausgehen, daß deren Hauptfunktion die Kommunikation ist, müssen wir definieren, wie und was die Architektur kommuniziert und worin dessen Bedeutung besteht. Auf diese Weise ergibt sich eine Verbindung zwischen dem Problem der Massenkommunikation und der Semiotik, die wir später noch genauer definieren werden. Fürs erste mag der Hinweis genügen, daß sie sich mit allen Bedeutungssystemen beschäftigt, auch mit den nicht sprachlichen, also den ikonischen, symbolischen oder Bildsystemen, zu denen auch die Architektur gehört.

Wir haben schon darauf hingewiesen, daß unter den heutigen kulturellen Verhältnissen die Massenkommunikationsmittel nur in einer Richtung funktionieren oder zu funktionieren scheinen und daß deshalb ihre Nachrichten nur empfangen, aber nicht beantwortet werden können. Natürlich stimmt das nur innerhalb gewisser Grenzen. Denn ohne die große Menge bereitwilliger Hörer würden diese Nachrichten ins Leere fallen und nicht viele der Verhaltensweisen bestimmen, denen man in der heutigen Gesellschaft begegnet. Ansatzweise gibt es also bereits eine – freilich in gewissem Sinn fremdbestimmte – Antwort der Masse. Es handelt sich also in der Hauptsache darum, diese Antwort zu qualifizieren und zu erleichtern, um eine regelrechte gegenseitige Kommunikation zu ermöglichen. Zwar gibt es dafür bereits Mittel: Briefe an Zeitungen und Fernsehen, Hörerumfragen, Public-relations-Büros usw. Aber das alles genügt noch nicht. In Wirklichkeit sind die Möglichkeiten für die Benutzermassen, einen Einfluß auf die Veränderung der komplexen Senderstrukturen zu nehmen, immer noch sehr bescheiden. Aber höchstwahrscheinlich werden bereits in nächster Zukunft die zwischen Sendern und Empfängern vermittelnden Stellen, deren Sache das Antworten sein wird, beträchtlich zunehmen. Wir haben bereits darauf hingewiesen, daß schon jetzt Parteien, Gewerkschaften und berufsständische Organisationen diese Aufgabe übernehmen könnten. Zu ihrem diesbezüglichen Funktionieren – dem unmittelbaren Ausdruck der Massen und der heutigen Gesellschaft überhaupt –

ist freilich die Ausarbeitung von außerordentlich präzisen und deutlichen Codes oder sonstigen Kommunikationsinstrumenten notwendig, wofür alle mit Kommunikationsforschung Beschäftigten zu mobilisieren wären.
Das gilt für alle Massenmedien, insbesondere aber für die Architektur. Denn da sie durch ihre Orientierung und ihr Verhalten einen Einfluß von beträchtlicher Dauer auf die gesamte Gesellschaft nimmt, erscheint für sie die Bereitstellung solcher vermittelnden Einrichtungen und Instrumente besonders dringlich. Die von vielen Seiten erhobene Forderung einer Resemantisierung der Architektursprache, um die Architektur selbst neu zu beleben und weiterzuentwickeln, erhält durch die Hypothese, daß die Architektur zu den heutigen Massenmedien gehört, auch im Hinblick auf die gesamte Gesellschaft einen zusätzlichen Nachdruck. Wir brauchen hier nicht noch einmal zu betonen, daß in einer Demokratie Entwerfen und Planen nur auf Grund eines politischen Wollens denkbar erscheint, das der Ausdruck einer weitverbreiteten öffentlichen Meinung ist. Diese hohen Erwartungen an die Kommunikations- und Repräsentationsfähigkeit der Architektur richten sich aber gerade in dem Augenblick an sie, in dem es ihr so sehr wie noch nie in ihrer Geschichte an semantischem Gehalt fehlt.
Daß sich die Architektursprache in einer Krise befindet, ist eine weit verbreitete Ansicht, die durch tägliche Erfahrungen bestätigt wird. Die Gründe dafür sind vielfältiger Natur. Hier soll indessen nur auf das handgreiflichste Symptom, den Bedeutungsmangel und das damit verbundene Fehlen von architektonischen Werten, eingegangen werden. Unsere Identifizierung von Bedeutung und Wert stützt sich dabei auf die semantischen und werttheoretischen Erkenntnisse vieler ästhetischer Systeme. Aber ehe wir uns gründlicher mit den Begriffen Bedeutung, Wert, Kommunikation und ähnlichem beschäftigen wollen, muß ein grundlegendes Mißverständnis über die Beziehung zwischen Architektur und Sprache als Bezugssystem ausgeräumt werden.
Viele Publizisten sehen in der Architektur, insofern sie eine Kunst ist, nicht eine Sprache, sondern auf Grund ihrer »Sichtbarkeit« ein Gestalt- oder Formphänomen, einen »virtuellen Ort« (Susanne K. Langer), eine »Gegenwärtigkeit« (Cesare Brandi). Andere Ästhetikforscher betrachten sie zwar als Sprache, unterstellen ihr aber angesichts der Eigentümlichkeiten vieler Bauwerke, die eine Generalisierung ihrer linguistischen Eigenschaften unmöglich machen, eine Mehrdeutigkeit und einen Sprachcharakter »eigener Art«, der die Sprache der Kunst letzten Endes nicht als ein Bezugssystem versteht. Schließlich gibt es noch einige wenige Wissenschaftler, wie Galvano Della Volpe, die die semantische Qualität und damit die Kommunikations- und

Bezugsmöglichkeiten eines Werkes als Maßstab für dessen Wert ansehen. Ihre Überlegungen haben aber noch kaum Eingang in die Architekturkritik gefunden. Dem Problem, daß jede künstlerische Form als ein sprachliches Bezugssystem verstanden werden kann, hat Dorfles in seinen jüngsten Werken seine analytische Aufmerksamkeit geschenkt. Er hat darin die aktuellsten unter den verschiedenartigen Überlegungen, die im Ausland zu diesem Thema angestellt worden sind, in Italien bekannt gemacht, hat dargestellt, was in den Augen dieser Forscher für und gegen die Behandlung der Kunst als Sprache spricht, und schließlich seine eigene Meinung zu diesem Problem formuliert. Dabei weist er vor allem darauf hin, daß das Fehlen einer Kommunikation zwischen Künstlern und Publikum, das zu der semantischen Krise der heutigen Kunst geführt hat, außer auf zahlreichen sozialen, wirtschaftlichen, technischen und ähnlichen Gründen darauf beruht, daß die symbolischen und metaphorischen Werte der Kunst stärker als ihre linguistischen Aspekte betont werden. Diese Betonung des Symbolischen und/oder Strukturellen in der Kunst führe unausweichlich zum Verlust ihres Erkenntnis- und Bezugscharakters. Die Kunst könne nicht mehr wie früher decodiert werden und neige deshalb zur Objektivierung, das heißt, sie werde abstrakt. Auf die Frage, ob künstlerische Erfahrung, die er auf jeden Fall für kommunizierbar hält, ausschließlich als Bezugssystem oder symbolisch-strukturell zu betrachten sei, gibt Dorfles zu erwägen, daß es sich hier nicht um eine Alternative handele. Denn entweder seien beide Aspekte gleichzeitig vorhanden oder der strukturelle Aspekt bleibe erhalten, während das Bezugsmoment verlorengehe, wie sich an vielen Formen der Vergangenheit erweise, die einstmals in beiderlei Hinsicht verstanden wurden, heute aber nur noch einen ästhetisch-formalen Wert haben.»Wir kommen deshalb zu dem Schluß, daß es in der Kunst einen linguistischen und einen nicht-linguistischen Faktor und infolgedessen zweierlei Kommunikationsmöglichkeiten gibt, wobei der ›Kommunikationskonsum‹ zu Lasten des ersteren ginge. Das würde auch erklären, warum der künstlerische Wert einiger ›universaler‹ symbolischer Formen sich nicht verbraucht, während auch in diesem Fall der semantische Faktor im Gegensatz zum eigentlich künstlerischen des Symbols selbst konsumierbar ist.«[88] Auch aus dieser Perspektive bestätigt sich also die Verschiedenartigkeit ästhetischer Erfahrung. Das semantische Verständnis ist stärker historisch und kulturell bedingt, das syntaktische dagegen mehr strukturbezogen und von eigentlich ästhetischem Charakter.
Aber so anregend und vielseitig diese im engeren Sinn ästhetische

---

[88] Gillo Dorfles: Le oscillazioni del gusto. Mailand, 1958. S. 142.

Diskussion ist, die sich auf hervorragende Kunstwerke bezieht, so fern steht sie doch unseren Überlegungen, die den künstlerischen Werten in der Praxis des Bauens gelten. Das Problem der Kunst als Bezugssystem und das der Kunst als Sprache gehören in einen Bereich, mit dem wir nichts zu tun haben. Denn so sinnvoll diese Fragen für das rein ästhetische Gebiet sind, so sinnlos sind sie im sozio-kulturellen Bereich, wo es darum geht, Zeichen zu institutionalisieren, einen Code zu erstellen und Bedeutungsprozesse zu analysieren.

Den linguistischen Charakter der Architektur genau definiert zu haben, ist in Italien – abgesehen von den vorausgehenden Studien von Sergio Bettini und Dorfles – das Verdienst der Florentiner Architekten Italo Gamberini, Giovanni Klaus König und Pierluigi Spadolini. Vor allem König hat das Problem dadurch vertieft, daß er die Erkenntnisse von Charles W. Morris, Rudolf Carnap und Bettini auf die Architektur angewandt hat[89]. Sein Buch gehört zu den wichtigsten in Italien seit dem Krieg. Gleichwohl sind wir der Meinung, daß es sich auf die reine Theorie hätte beschränken sollen. Denn dem, was es auf diesem Gebiet geleistet hat, entspricht dessen methodologische und didaktische Anwendung nicht. So interessant nämlich die Übertragung der Begriffe Semantik, Syntax und Pragmatik, die bei Morris die drei Teilbereiche der Wissenschaft von den Zeichen oder Semiotik bezeichnen, auf die Architektur ist, so unbefriedigend ist es, wenn diese Zeichen dann kurzerhand als »Wörter« der Architektursprache betrachtet werden.

Unserer Meinung nach bedürfen die Linguistik und die Resemantisierung der Architektur nämlich der Absicherung durch andere Disziplinen. Vor allem muß man sich erst einmal darüber einig sein, daß die Architektur »bezeichnet«. Wir verzichten dabei auf die Präzision der Linguisten, die das Wort »bezeichnet« für nicht hinreichend exakt halten. Denn für unsere Zwecke scheint es uns nützlicher, einen vorläufigen Mangel an Präzision in Kauf zu nehmen, als uns mit nicht unmittelbar bezeichnenden Begriffen zu belasten. Wir gebrauchen den Begriff »Bezeichnung« deshalb in dem Sinn, in dem ihn Dorfles gerade in Hinsicht auf die Architektur definiert.

»Als ›Bezeichnung‹ kann man einen Prozeß ansehen, der Dinge, Ereignisse und Wesen mit ›Zeichen‹ verbindet, die ihrerseits fähig sind, diese Dinge, Ereignisse und Wesen zu evozieren. Der Erkenntnisprozeß ist deshalb nichts anderes als die Möglichkeit, den Dingen unserer Umgebung eine Bedeutung zu geben. Diese Möglichkeit wird uns durch die Zeichen geboten. die das Bindeglied zwischen unserem subjektiven Bewußtsein und der Welt der Erscheinungen sind. Die Zeichen (in ihren verschiedenen Unterteilungen und

---

[89] Giovanni Klaus König: Analisi del linguaggio architettonico. a.a.O.

Klassifizierungen als Symbole, Signale, Embleme usw.) sind deshalb die ersten und wichtigsten Kommunikationsmittel . . . Eins aber ist gewiß: die Architektur kann, ja sie muß sogar wie jede andere Kunst als ein organisches Gesamt angesehen werden oder, bis zu einem bestimmten Grad, als ein Zeichengefüge (oder, wenn wir das vorziehen, ein Symbolgefüge), und als solches kann sie zumindest teilweise mit anderen linguistischen Strukturen und mit der gesprochenen Sprache selbst identifiziert werden. Deshalb unterliegt sie auch wie die Literatur den Unterscheidungen in ›Gattungen‹ und ›Arten‹.«[90]

So sehr wir dieser Erklärung beistimmen, so bleibt doch das Problem, wie diese Bedeutung der Architektur zu verstehen und zu definieren ist. Ihre älteste und unmittelbarste Kommunikationsmöglichkeit beruht darauf, daß bestimmte ihrer Formen bestimmten Funktionen entsprechen. Diese Formen bezeichnen deshalb eine Typologie und ein unmißverständliches Bauprogramm. Im Umkreis einer bestimmten Kultur konnte es deshalb höchstens durch die Unterschiede der von den verschiedenen Nationen gesprochenen Sprachen Zweifel darüber geben, daß bestimmte architektonische Zeichen bestimmten Bautypen entsprachen, und zwar nicht nur bei denen, die einen symbolischen oder repräsentativen Zweck hatten oder Denkmalsfunktion erfüllten. Die antiken Traktate, die noch heute als Vorbild eines architektonischen Codes gelten können, wiesen deshalb jedem Bauwerk, ja jedem seiner Teile einen genauen semantischen Wert zu, und zwar nicht nur im symbolischen, mythopoetischen, sondern auch im funktionellen Sinn. Schon im ersten Kapitel haben wir darauf hingewiesen, daß selbst die Beziehung von Form und Funktion einen Bedeutungsprozeß darstellt.
Gleichwohl stellt gerade der Doppelbegriff Form – Funktion in seinem üblichen mechanistischen Verständnis als lineare Beziehung von Ursache und Wirkung eines der größten Hindernisse für die Lösung des Problems dar, wie man der Architektursprache wieder einen Sinn geben kann. Doch gibt es noch zahlreiche andere Gründe für deren semantischen Mangel. Dabei ist allerdings darauf hinzuweisen, daß die ästhetische Theorie des Funktionalismus aus der Polemik gegen das entstand, was bisher die Bedeutung der Architektur ausgemacht hatte. Sie wandte sich nämlich gegen deren Denkmalsfunktion, Symbolik, nationale und folkloristische Traditionen, kurz gegen alle diejenigen Normen, die zu akademischen Vorschriften verkommen waren. Argan weist darauf hin, daß der Funktionalismus Symbole entmachtete, die er für nicht mehr aktuell und für bedeutungslos hielt, und an ihrer Stelle die praktische Funktion

---

[90] Gillo Dorfles: Simbolo comunicazione consumo. a.a.O., S. 181.

zur Symbolik der neuen Werte machte. Wenden wir uns aber vom Funktionalismus dem Rationalismus und den ihm vorangehenden Strömungen wie Expressionismus, Konstruktivismus und Neoplastizismus zu, so begegnen wir zwar dem Kampf gegen die alten Symbole, aber auch einer glühenden Sehnsucht nach neuen Symbolen. In den Schriften und Bauten von Taut, Mendelsohn und Mondrian wimmelt es von psychologischen, religiösen, mytho-poetischen Beziehungen. Selbst die Bilderstürmerei eines Loos, die Reformfreudigkeit eines Gropius und die publizistisch-demonstrative Polemik von Le Corbusier sind so sehr von der Suche nach einer Bedeutung erfüllt, daß das Stereotyp des reinen Funktionalismus als eine nur oberflächliche Interpretation ihrer Leistung erscheint. Wenn wir geeignete Mittel zu einer semantischen Dechiffrierung der Architektur fänden, könnten wir deshalb zu einem ganz neuen Verständnis der Moderne kommen. Wir könnten zum Beispiel klären, welcher Art die Beziehungen von Wright zur Theorie der Einfühlung, zu Gropius und zum Expressionismus sind, und wir würden die »Widersprüche« zwischen stereometrischen und anthropometrischen Formen bei Le Corbusier entdecken, der während der Hochblüte der abstrakten Kunst gegenständliche Bilder malte und Kirchen baute.
Gleichwohl scheint uns der Doppelbegriff Form – Funktion durch das erdrückende Übergewicht seiner einen Komponente vollkommen ungeeignet, um das Problem zu lösen, inwiefern die Architektur eine Sprache ist. Mehr würden wir uns dagegen von einer Ikonologie der Architektur versprechen.
Erwin Panofsky unterscheidet die Ikonologie von der Ikonographie, von der er sagt, sie sei »der Zweig der Kunstgeschichte, der sich mit dem Gegenstand oder der Bedeutung von Kunstwerken beschäftigt«[91]. Während die Ikonographie also beschreibt, deutet die Ikonologie. Nach der formalen und inhaltlichen Betrachtung eines Kunstwerks beschäftigen wir uns nämlich mit ihm »als einem Symptom von etwas anderem, das sich durch zahllose andere Symptome ausdrückt, und wir interpretieren seine kompositorischen und ikonographischen Merkmale als einzelne Zeugnisse von diesem ›etwas anderem‹. Die Entdeckung und Interpretation dieser ›symbolischen‹ Werte ... ist der Gegenstand dessen, was wir im Gegensatz zur Ikonographie als ›Ikonologie‹ bezeichnen können.«[92]
Im selben Aufsatz führt Panofsky in einer tabellarischen Darstellung unter anderen auch die Begriffe auf, die sich auf die ikonologische Interpretation eines Kunstwerks beziehen. Gegenstand der Inter-

---

[91] Erwin Panofsky: Meaning in the Visual Arts. Garden City, N.Y., 1957, S. 26.
[92] Erwin Panofsky a.a.O. S. 31.

pretation ist »*die tiefere Bedeutung oder der Gehalt, der die Welt der ›symbolischen Werte‹* bildet.« Die für die Interpretation notwendige Fähigkeit ist »die *synthetische Intuition* (Vertrautheit mit den wesentlichen Strebungen des menschlichen Geistes), die auf psychologischen oder weltanschaulichen Voraussetzungen beruht«. Maßstab für die Interpretation ist »die Geschichte der *kulturellen Symptome oder Symbole* im allgemeinen (Einsicht in die Art, wie sich unter verschiedenen historischen Voraussetzungen wesentliche Strebungen des menschlichen Geistes durch spezifische Themen und Konzeptionen ausdrücken)«[93].
Panofsky bezieht sich in dieser Studie auf die bildende Kunst und nicht auf die Architektur. Außerdem geht es ihm um eine ikonologische Deutung von Werken der Vergangenheit und nicht um eine Ikonologie, die für eine entstehende Architektur ihre Gültigkeit hätte, auch wenn sich eine solche aus seinem Schema ableiten ließe. Aber die Zitate aus Panofskys Schrift dienen uns als Einführung in die strukturalistische Methode. Denn die Überprüfung der ikonologischen Interpretation, die Panofsky »Interpretationskorrektiv« nennt, steht im Zusammenhang mit einer der Hauptthesen des Strukturalismus, nämlich der Unveränderlichkeit zwischen wesentlichen Tendenzen und ihrem Ausdruck durch Themen und Konzepte, während die historischen Bedingungen sich verändern. Die Erforschung dieser unveränderlichen Elemente entspricht deshalb möglicherweise dem Bedürfnis, Begriffe zu definieren, die über das rein Funktionelle und Ikonographische hinaus die Bedeutungen der Architektursprache darstellen.
Ein solch unveränderliches Element stellt zunächst einmal die Typologie der Bauten dar, die Guido Canella »Systematik zur Klärung des Unveränderlichen in der Morphologie« nennt, das heißt also ein Charakteristikum, das vielen Architekturformen, trotz ihrer historischen Veränderlichkeit, dauernd gemeinsam ist. »Daraus ergibt sich, daß der Wahl des unveränderlichen Elements der Wert einer methodologischen These zukommt, das heißt, daß sie ein regelrechtes kulturelles Modell darstellt und damit faktisch die ›Philosophie‹ des Architekten ist.«[94]
Man darf indessen vermuten, daß es in der Sprache der modernen Architektur und Kunst Invariablen gibt. Denn es lassen sich auch in den ikonologischen Strukturen verborgene Bedeutungen, die deshalb nicht immer leicht zu erkennen sind, auffinden. Wenn wir nämlich ganz allgemein die jüngste Geschichte der Kunstentwicklung aus

[93] Erwin Panofsky a.a.O. S. 41.
[94] Guido Canella: Relazione tra morfologia, tipologia dell'organismo architettonico e ambiente fisico. In »L'utopia della realtà. Bari, 1965. S. 69.

Entwürfe von Antonio Sant'Elia. Aus »L'Architettura, cronache e storia«

einer kritisch-anthropologischen und nicht aus einer ästhetischen Sicht betrachten, erkennen wir zumindest drei Phänomene, die als solche Invariablen zu betrachten sind.

Zunächst ist hier die Erweiterung des Begriffs der Tradition in der Hinsicht zu nennen, daß Formen, die früher als unvollkommen und barbarisch galten, jetzt einen Wert erhalten. Zu dem antiken Erbe und der humanistisch-religiösen Tradition treten nämlich, wenn sie dabei auch manchmal ihre ursprüngliche Bedeutung verlieren, Formen und Symbole aus Zeiten, die früher als Epochen des Verfalls galten, und vor allem die Zeichen exotischer und primitiver Kulturen hinzu. Sie sind verschiedenartigsten kulturellen Einflüssen zu verdanken, die von der Aufklärung über die Ergebnisse von Entdeckungsreisen bis zu den religiösen und sozialistischen Motiven der Gleichheit von Menschen, Völkern und Rassen reichen.

Eine zweite, mit der ersten verbundene Invariable der modernen Kunst stellt ihre soziologische Komponente dar, die ausgehend von Ruskins sozialem Interesse zum Mittelpunkt, zum ethischen und Wertmaßstab in der Architekturdiskussion wurde. Infolge dieser sozialen Religiosität sind zahlreiche Individuen und Klassen, denen früher nicht das Interesse der Architekten galt, in den Mittelpunkt ihrer Aufmerksamkeit getreten, und die Architektur selbst rückte in die unmittelbare Nähe beinahe aller humanwissenschaftlichen Disziplinen.

Als dritte Invariable der heutigen Architektur und Kunst läßt sich ihr Bestreben bezeichnen, außer dem Raum auch die Zeit abzubilden und darzustellen. Diese raum-zeitliche Ikonographie erschließt der bildenden Kunst die Ergebnisse der Wissenschaft. Ob und inwiefern das mit überzeugenden und geeigneten Mitteln geschieht, spielt in unserem Zusammenhang keine Rolle. Jedenfalls gewinnt die bildende Kunst durch die Ausweitung dessen, was sie als Tradition anerkennt, durch ihre soziologische Aufgeschlossenheit und schließlich durch ihre raum-zeitliche Thematik, durch die sie sich die Ergebnisse der Wissenschaft aneignet oder zumindest eine erste Beziehung zu ihnen anknüpft, eine Fülle von neuen Bedeutungen. Wie soll man sich angesichts dieser Tatsache aber dann ihre semantische Krise erklären?

Neben den soziopolitischen Gründen, die zu einem Bruch in der Entwicklung der modernen Architektur und Kunst führten, spielt das Fehlen von Mitteln und einem einheitlichen Code, der die Überfülle dieser Gehalte und Intentionen hätte ausdrücken können, hier eine wichtige Rolle. Die Desintegration unserer Kultur hatte eine Spezialisierung der Kommunikation zur Folge, die der Allgemeingültigkeit künstlerischer Erfahrung erheblich geschadet hat. Klassische Form, Sinn für das Konstruktive, persönliche Ausprägung, psychologische

Interpretation und die Gehalte des Unterbewußten sind nie in den Arbeiten eines einzigen Künstlers oder Architekten vereint, sondern entsprechen verschiedenartigen Tendenzen. Die vielfältige, aber einheitliche Information, die früher in einem Bild enthalten und von jedem Bildungsniveau aus zu decodieren war, zersplittert jetzt in zahlreiche Spezialgebiete, die nur beschränkten Expertengruppen zugänglich sind. Diese Beschränkung wiederum führt dazu, daß jede künstlerische Erfahrung sich rasch verbraucht und die Erstellung eines sprachlichen Codes immer schwieriger wird.

Nun ist aber gerade die Unveränderlichkeit sprachlicher Begriffe die einzige Garantie für Authentizität und damit für Wert und dient dazu, das architektonische Zeichen zu institutionalisieren, das, wenn es nicht kommunizierbar ist, bedeutungslos bleibt oder scheint. »Seine Gesetzlichkeit (oder Vorausbestimmtheit) ... unterscheidet ein natürliches von einem kulturellen Objekt«, schreibt Emilio Garroni und folgert aus der Tatsache, daß ein natürliches Objekt (kulturell) bedeutungslos sei, während das kulturelle Objekt eine semantische Intention habe, die Notwendigkeit eines Gesetzes, das es erlaubt, diesen semantischen Gehalt zu institutionalisieren[95].

Ein interessanter Versuch, Bedeutung aus der Entstehungsgeschichte zu erklären, findet sich bei Gottfried Semper, den man in mancher Hinsicht als Strukturalisten ansehen kann. Denn auf Grund seiner Kenntnisse in vergleichender Anatomie war er in der Lage, selbst bei unterschiedlichen Vorbedingungen von Phänomenen deren gemeinsame Strukturen zu erkennen. Er beschäftigte sich intensiv mit Ethnologie und hatte einen engen Kontakt zu dem Anthropologen Gustav Klemm, dessen »Allgemeine Cultur-Geschichte der Menschheit« die Grundlage für das ist, was Semper über die Architekturstile als Teil der Kultur schreibt[96].

Bekanntlich stellte Semper die Theorie auf, daß alle Dekorationsformen der Architektur und der geometrische Stil textilen Ursprungs seien. Alois Riegl schreibt über diese Theorie: »*Der geometrische Stil wäre überall auf der Erdoberfläche spontan entstanden:* dies ist der erste autoritative Lehrsatz, der heutzutage von diesem Stil gilt. Stand einmal die Überzeugung fest, so ergab sich daraus sofort der weitere Schluß, daß der Anstoß zur Erfindung und Entfaltung dieses Stils wohl überall der gleiche sein mußte. Der rastlos nach Causalzusammenhängen forschende Sinn unseres naturwissenschaftlichen Zeitalters war alsbald bemüht, dieses Etwas zu ergründen, das den geometrischen Stil an so vielen Punkten spontan hat ins Leben treten

---

[95] Emilio Garroni: La crisi semantica delle arti. Rom, 1964.
[96] Leopold David Ettlinger: On Science, Industry and Art, some Theories of Gottfried Semper. In »The Architectural Review«, Nr. 809.

lassen... Da es sich hierbei um Vorgänge in den primitiven Werdezeiten des Menschengeschlechts handelte, konnten nur allerprimitivste Werke von Menschenhand, allernotwendigste Produkte eines elementaren Bedürfnistriebes in Frage kommen. Als einen solchen Trieb glaubte man denjenigen nach Schutz des Leibes ansehen zu dürfen. Gegenüber der feindlichen Außenwelt mochte sich der Mensch frühzeitig durch den geflochtenen Zaun abgesperrt haben; Schutz gegen die Unbilden der Witterung mochte er nicht minder frühzeitig in Geweben gesucht haben... *Die einfachsten und wichtigsten Kunstmotive des geometrischen Stils wären ursprünglich durch die textilen Techniken der Flechterei und Weberei hervorgebracht*: dies ist der zweite souveräne Lehrsatz, der heutzutage vom geometrischen Stil herrscht.«[97]
Aber auf dem textilen Verfahren beruht nicht nur die Technik, sondern auch das stilistische-formale Element. Semper schreibt:»Von dem Flechten der Zweige ist der Übergang zum Flechten des Bastes... leicht und natürlich. Von da kam man auf die Erfindung des Webens, zuerst mit Grashalmen oder natürlichen Pflanzenfasern, hernach mit gesponnenen Fäden aus vegetabilischen oder tierischen Stoffen. Die Verschiedenheit der natürlichen Farben der Halme veranlaßte bald ihre Benützung nach abwechselnder Ordnung und so entstand das *Muster*.«[98]
Riegl polemisiert, wenn auch mit großem Respekt, gegen diese Theorie, bestreitet, daß der geometrische Stil bei allen Völkern der Erde dem organischen Stil vorausgegangen sei, und äußert die Vermutung, daß ein Volk, selbst über große Entfernungen hin, das andere beeinflußt haben könnte. Schließlich wendet er sich im Namen der dem Menschen eingeborenen künstlerischen Begabung auch gegen die Überzeugung, daß jede Form aus einer unveränderlichen Funktion entstanden sei. Aber obwohl Riegl zweifellos einen weiteren Horizont hatte als viele seiner Zeitgenossen mit ihren allzu simplen Theorien, so laufen seine Überlegungen doch Gefahr, die Ansätze zu einer Beantwortung der Frage zu verschütten, warum manche Formen unverändert bei allen primitiven Völkern auftauchen. Denn wenn die Antworten, die auf sie gegeben wurden, vielleicht auch allzu positivistischer Natur waren, besteht das Problem als solches doch weiter.
Über den geometrischen Stil sind später Hypothesen aufgestellt worden, die über eine funktionelle Begründung hinausgehen und die

---

[97] Alois Riegl: Stilfragen. Grundlegung zu einer Geschichte der Ornamente. Berlin, 1893. S. 13.
[98] Gottfried Semper: Der Stil in den technischen und tektonischen Künsten. Frankfurt am Main, 1860. Band I, S. 228.

psychologischen Aspekte betonen. Wilhelm Wundt schreibt dazu: »Offenbar hat also nicht die Unfähigkeit, die Gegenstände überhaupt zu zeichnen, diese primitiven geometrischen Ornamente hervorgebracht, sondern das Ornament war zuerst da, und dann wurden in dasselbe Erinnerungsbilder aus der alltäglichen Wahrnehmung hineingesehen.« Mit anderen Worten: der primitive Mensch entdeckt, nachdem sein dekoratives Bedürfnis befriedigt ist, eine Bedeutung in seinem Bild. »Wie der Primitive beim Tanz vermöge der Anlage seiner lokomotorischen Organe in gleichmäßigen Intervallen die Bewegung wiederholt und sich dann an diesem Rhythmus erfreut, so ergötzt ihn schon bei der Ausführung der zeichnenden Bewegung die regelmäßig wiederholte gerade Linie, und dieses Ergötzen vergrößert sich, wenn es unter seiner Hand die entsprechenden symmetrischen Bilder entstehen sieht. Denn das Früheste, was ästhetisch erregt, ist Symmetrie und Rhythmus. Das lehrt uns eben schon die primitivste aller Künste, der Tanz. Wie beim Tanz in den eigenen Bewegungen, so äußert sich die ästhetische Wirkung von Symmetrie und Rhythmus in den frühesten Leistungen der bildenden Kunst, und anfänglich sind diese Elemente ganz auf sich selbst gestellt ... In dem Augenblick, in dem der Naturmensch Kerben in das Holz macht, führt ihn auch alsbald sein Wohlgefallen an rhythmischer Wiederholung dazu, sie symmetrisch anzubringen. Nie trifft man daher Ornamente, die bloß aus einer einzelnen Figur, etwa einem einzelnen Dreieck, bestehen, sondern stets treten die Formen in der Vielfalt auf, sei es übereinander, sei es nebeneinander, oder, was freilich schon eine etwas fortgeschrittenere Stufe bezeichnet, beides zugleich.«[99]
Mag der geometrische Stil nun einer elementaren Funktion oder der reinen Lust an Rhythmus und Symmetrie entsprechen (beide Erfahrungen sind trotz ihrer polaren Gegensätzlichkeit voneinander abhängig), jedenfalls ist er ein »Kulturprodukt« im eigentlichen Sinn des Wortes. Denn da er seinem Wesen nach nicht naturalistisch ist, enthält er, zumindest potentiell, semantische Bedeutung.
Wir haben auf einige Konstanten hingewiesen, die bei allen Architekturphänomenen auftreten und als – manchmal deutliche, häufiger aber latente, wie die Struktur eines Gebäudes verborgene – invariable Strukturelemente zu identifizieren sind. Wir müssen diese Invariablen (von denen man noch zahlreiche andere ethnologische, psychologische, künstlerische oder bautypologische Beispiele nennen könnte) nun in Beziehung zu den anderen Faktoren des Architektursystems oder der Architekturstruktur setzen.

[99] Wilhelm Wundt: Elemente der Völkerpsychologie. Leipzig, 1912. S. 102–103.

»Die Zeit, in der wir leben«, schreibt Nikolaj Trubetzkoy, »wird durch die Tendenz aller Wissenschaftsdisziplinen gekennzeichnet, den Atomismus durch den Strukturalismus und den Individualismus durch den Universalismus zu ersetzen.« Es handelt sich also, nach Émile Benveniste, darum, die Sprache (die der Gegenstand seiner Forschungen ist) als System zu erkennen und ihre Struktur zu analysieren. »Jedes System unterscheidet sich, insofern es aus sich gegenseitig bedingenden Einheiten besteht, durch die innere Ordnung dieser Einheiten, die seine Struktur bildet, von anderen Systemen ... Eine Sprache .. als System betrachten, das auf Grund einer Struktur organisiert ist, die es zu entdecken und zu beschreiben gilt, heißt ›strukturalistisch‹ vorgehen.«[100]

Da auch die Architektur sich durch die innere Ordnung ihrer Faktoren von anderen Systemen unterscheidet, wäre es nach Benevistes Definition also ohne weiteres möglich, auch sie als ein strukturelles System zu betrachten. Aber obwohl sich auf diese Weise eine latente Systematik entdecken und beschreiben ließe, sind wir doch der Auffassung, daß dabei wenig oder gar nichts für die Frage nach der Bedeutung der Architektur, die unser eigentliches Thema ist, herauskäme. Denn in den Definitionen, die der Strukturalismus für Architektur und bildende Künste gibt, fehlen semantische Komponenten ebenso wie in seinen Definitionen der Sprache. Deshalb hält auch Pierre Francastel den Begriff der Struktur im ursprünglichen Sinn für anwendbar auf die Architektur, fährt dann aber fort: »Bei der Bemühung, den pimären Sinn dieses Begriffs zu klären, stellt man fest, daß er ursprünglich eine spezifische Bezeichnung für die Anordnung der Teile eines Ganzen war. Er beinhaltet auch die Begriffe Organismus und vielfältige Elemente von unterschiedlicher Natur. Daraus geht hervor, daß Struktur etwas anderes ist als ein Element, aber auch etwas anderes als ein Modell. In der Ästhetik spricht man deshalb nicht von Struktur, um die Übereinstimmung mit einem Plan zu bezeichnen, sondern zur Erläuterung der Art, wie dieser Plan durch die Kombination von Elementen realisiert worden ist, die nicht notwendigerweise alle schon in dem Plan festgelegt waren. Damit gerät man eher in die Nähe des Begriffs Objekt – das ein aus vielfältigen Gründen und mit vielfältigen Mitteln empirisch hergestelltes Endprodukt ist – als in die des Begriffs Form ... Entscheidend ist für sie weniger die Absicht, ein Modell zu reproduzieren, als die Idee, der sie entspringt.«[101]

---

[100] Émile Benveniste: »Struttura« in linguistica. In »Usi e significati del termine struttura. Mailand, 1965. S. 32–33.
[101] Pierre Francastel: Nota sull'impiego del termine »struttura« in storia dell'arte. In »Usi e significati del termine struttura«. S. 46.

Francastel weist dann noch auf viele wichtige Fragen, wie die Beziehung von Form und Struktur, die Frage der Materialgerechtheit bei den neuen Werkstoffen usw. hin. Er kommt jedoch überhaupt nicht auf die Möglichkeiten dieser Methodologie als Bezugssystem zu sprechen. Aber obgleich die strukturelle Linguistik sich auch mit Formalisierungsfragen beschäftigt, stellt sie für unsere Untersuchung insofern ein Modell dar, als man zumindest in gewisser Hinsicht von dem signifikativen Charakter der von ihr behandelten Elemente ausgehen kann. Während aber auf vielen anderen Gebieten der Begriff Struktur allein durch die in ihm enthaltene Voraussetzung, daß das Ganze nicht mit der Summe seiner Teile identisch ist, Anleihen von anderen Disziplinen notwendig macht – bei den bildenden Künsten zum Beispiel von der Gestalttheorie –, muß er für unsere semantischen Zwecke in dem präziseren Sinn von Barthes verstanden werden, der schreibt: »Für mich (und ich glaube, daß sich in Frankreich unter dem Einfluß von Claude Lévi-Strauß dieser Gesichtspunkt immer mehr durchsetzen wird) hat der Begriff ›Strukturalismus‹ einen sehr viel engeren Sinn: nach meiner Auffassung bezeichnet er jede *dem semantischen Bezug untergeordnet*[102], nach dem linguistischen Modell vorgehende systematische Untersuchung.«[103]

Bei unserer Suche nach einer Methode zur Untersuchung der Bedeutungen der Architektur interessiert uns deshalb nicht so sehr der Strukturalismus als solcher mit seinen gestalttheoretischen Implikationen wie die strukturelle Linguistik, die auf Saussures Semiotik und deren Untersuchung der Bedeutungssysteme zurückgeht.

Die Semiologie oder Semiotik definierte Saussure als »*eine Wissenschaft, welche das Leben der Zeichen im Rahmen des sozialen Lebens untersucht*; diese würde einen Teil der Sozialpsychologie bilden und infolgedessen einen Teil der allgemeinen Psychologie; wir werden sie Semiologie (von griechisch sēmeîon ›Zeichen‹) nennen. Sie würde uns lehren, worin die Zeichen bestehen und welche Gesetze sie regieren ... Die Sprachwissenschaft ist nur ein Teil dieser allgemeinen Wissenschaft, die Gesetze, welche die Semiologie entdecken wird, werden auf die Sprachwissenschaft anwendbar sein, und letztere wird auf diese Weise zu einem ganz bestimmten Gebiet in der Gesamtheit der menschlichen Verhältnisse gehören.«[104]

Im folgenden wollen wir versuchen, im Rahmen dieser allgemeinen Wissenschaft eine Semiotik der Architektur zu skizzieren. Daß das

---

[102] von De Fusco kursiv gesetzt.
[103] Roland Barthes: Strutturalismo e critica. Im Katalog des Verlags »Il Saggiatore« für 1958-65. S. LIV.
[104] Ferdinand de Saussure: Grundfragen der allgemeinen Sprachwissenschaft. Berlin, 1967. S. 19.

bisher noch nicht geschehen ist, liegt vermutlich an den ästhetischen Merkmalen der Architektursprache, denn sie haben wohl verhindert, daß sie wie andere der Kunst fernerstehende Bedeutungssysteme systematisch untersucht wurde.

Es ist darauf hingewiesen worden, daß jedes Zeichen, zu welchem semiotischen System es auch gehören mag, (zumindest) drei Beziehungen impliziert:
1. die innere Beziehung zwischen Signifikant und Signifikat;
2. die Beziehung des Zeichens zu anderen Zeichen, die ihm in einer bestimmten Struktur vorangehen oder folgen (syntagmatische Beziehung);
3. die Beziehung, die das Gedächtnis assoziativ zwischen dem Zeichen und anderen, nicht derselben Struktur angehörenden Zeichen herstellt (assoziative, paradigmatische oder systematische Beziehung).

Die syntagmatische Beziehung besteht zwischen gleichermaßen gegenwärtigen Einheiten. Ihre Analyse geschieht durch Zergliederung. Die paradigmatische (oder assoziative) Beziehung wird zu etwas Abwesendem hergestellt. Ihre Analyse wird durch Klassifikation vorgenommen.

Es ist nicht von ungefähr, daß Saussure bei der Definition der syntagmatischen und der assoziativen Beziehung ein Beispiel aus der Architektur heranzieht: »Unter dieser doppelten Betrachtungsweise ist eine sprachliche Einheit vergleichbar mit einem bestimmten Teil eines Gebäudes, z. B. einer Säule; diese steht einerseits in einer gewissen Beziehung zu dem Architrav, den sie trägt. Diese Gruppierung zweier gleichermaßen gegenwärtiger Einheiten im Raum erinnert an die syntagmatische Beziehung; andererseits, wenn die Säule von dorischer Ordnung ist, dann ruft sie im Geist einen Vergleich mit anderen Stilarten (jonisch, korinthisch usw.) hervor, welche im Raume nicht vorhandene Bestandteile sind: die Beziehung ist assoziativ.«[105]

Dieses Beispiel Saussures führt unmittelbar zu der Überlegung, daß – zumindest in stilistischer und typologischer Hinsicht – dem Paradigma in der Architektur bisher mehr Aufmerksamkeit geschenkt worden ist als dem Syntagma. Denn das theoretische Studium der Architektur bediente sich jahrhundertelang der – paradigmatischen – Begriffe Stil, Ordnung, schematischer Typus, Modell. Trotz der Einwände, die gegen dieses Verfahren der idealistischen Ästhetik erhoben worden sind, ist es zu allen Zeiten angewandt worden. Das muß seine Gründe haben. Die paradigmatische Methode, die wir in einer Semiotik der Architektur um der leichteren Verständlichkeit

---

[105] a.a.O. S. 148.

willen als typologisch-stilistische Methode bezeichnen können, hat mit ihrer Berufung auf etwas potentiell im Gedächtnis Vorhandenes, das als »Schatz der Erinnerung« bezeichnet worden ist, für den Architekturunterricht und für das Bauen eine beträchtliche Rolle gespielt. Vor der Stilkrise des 19. Jahrhunderts stellte diese Methode nicht nur ein praktisches Bezugssystem und ein Vehikel der Verständigung dar, sondern diente tatsächlich als Bedeutungssystem. Jede Ordnung, jeder Bautyp hatte und hat noch heute seine symbolischen Implikationen und seinen semantischen Gehalt. Und sofern man unter Sprache eine soziale Institution und das systematische Gesamtgefüge der für die Kommunikation notwendigen Konventionen versteht, haben Ordnung und Bautyp auch zu deren Merkmalen eine enge Beziehung.
Die Beziehung zwischen Syntagma und System ähnelt der zwischen *langue* und *parole*. Denn Saussure schreibt, daß »die Sprache (langue) ein System ist, dessen Glieder sich alle gegenseitig bedingen und in dem Geltung und Wert des einen sich nur aus dem gleichzeitigen Vorhandensein des anderen ergeben«[106]. »Sie ist der soziale Teil der menschlichen Rede (langage) und unabhängig vom Einzelnen, welcher für sich allein sie weder schaffen noch umgestalten kann; sie besteht nur kraft einer Art Kontrakt zwischen den Gliedern einer Sprachgemeinschaft.«[107] »Das Sprechen (parole) ist im Gegensatz dazu ein individueller Akt des Willens und der Intelligenz, bei welchem zu unterscheiden sind: 1. die Kombinationen, durch welche die sprechende Person den *code* der Sprache in der Absicht, ihr persönliches Denken auszudrücken, zur Anwendung bringt; 2. der psycho-physische Mechanismus, der ihr gestattet, diese Kombination zu äußern.«[108]
Kehren wir aber noch einmal zu den systematischen und den syntagmatischen Merkmalen zurück. Zur Krise der assoziativen Methode in der modernen Architektur haben die technisch-ökonomischen Veränderungen, die Verkalkung des akademischen Unterrichts und die neuen Aufgaben geführt, die der Architektur durch das Entstehen der heutigen Industrie- und Massengesellschaft zuwuchsen. Gleichwohl ist ihre Systematik, die uns hier hautpsächlich wegen ihrer auf die Bedeutungsprozesse bezogenen Aspekte interessiert, bisher noch nicht durch ein assoziatives Bezugssystem ersetzt worden, das den neuen Bedürfnissen entspräche und zugleich ein ebenso brauchbares paradigmatisches Gesamtgefüge darstellte wie das frühere. Denn während das frühere System einer durch Erfahrung und Gewohnheit

[106] a.a.O. S. 136–137.
[107] a.a.O. S. 17.
[108] a.a.O. S. 16–17.

sanktionierten Architektursprache angehörte, scheint das moderne assoziative System nicht mehr auf einer Sprache zu beruhen, sondern auf den schwankenden Strukturen einander rasch ablösender Ästhetiken, das heißt auf Codes, deren Tauglichkeit nicht durch Gebrauch erwiesen ist, sondern die aprioristisch vorgeschlagen werden. Die rasche Abnutzung dieser Codes und die Notwendigkeit, wichtige Funktionen unmittelbar zu erfüllen, verhindern das Entstehen einer Architektursprache, die auf jedem kulturellen Niveau verständlich ist, und lassen es zu keinem Bezugssystem, keinerlei »Schatz der Erinnerung« kommen.

Die Tatsache, daß die Phänomene, die zur Eigenart der modernen Architektur geführt haben, nicht rückgängig zu machen sind, läßt es als einigermaßen unwahrscheinlich erscheinen, daß eine Architektursprache paradigmatischer Art wie die frühere entstehen kann. Da wir heute aber gegen die Tradition nicht mehr zu polemisieren brauchen und uns unserer Grenzen bewußt sind, können wir es uns erlauben, nach einer *neuen* Ordnung zu suchen. Denn trotz allen Geschmacksschwankungen bleibt für einen Bedeutungsprozeß eine assoziative Methode notwendig.

Deshalb ist ein neues assoziatives Schema vorzuschlagen, das nicht so sehr auf neuen oder alten Stilmerkmalen als auf Gedächtnisfaktoren beruht, deren semantischer Gehalt und deren Dauer das Entstehen eines Bedeutungssystems zulassen. Ist es möglich, dabei von morphologischen Gegebenheiten, sagen wir, von Le Corbusiers fünf Punkten, Wrights Räumlichkeit oder Kahns klassizistischen Neigungen abzusehen? Unsere Erfahrungen mit Bauschemata und Bautypologien, das heißt mit den *Invariablen* der Morphologie, scheinen das zu bejahen. Und damit nicht genug. Vermutlich lassen sich, jenseits aller pragmatischen Aspekte der Architektur, neue Invariablen psychologischer, symbolischer, mytho-poetischer oder ähnlicher Art finden, an denen unsere Städte so reich sind. Was stellt der Ausdruck *neue Dimension* schließlich anderes dar als eine Metapher, die unter anderem dazu beitragen soll, ein unserer vielgestaltigen Realität entsprechendes System assoziativer Zeichen zu begründen?

Als komplexer innerhalb einer Semiotik der Architektur erweist sich die syntagmatische Beziehung des Zeichens, die es mit anderen vorausgehenden oder folgenden Zeichen in derselben Struktur, demselben räumlichen Organismus verbindet. Hier geht es also nicht um Gedächtnisassoziationen. Vielmehr wird die syntagmatische Beziehung in der Architektur durch die Kombination von Elementen beim Bauen hergestellt und durch Zerlegung analysiert.

Argan hat bei einem Kongreß kürzlich vorgeschlagen, die Stadtstruktur als eine syntagmatisch-paradigmatische Beziehung, wie sie für die Sprache charakteristisch ist, zu verstehen.»Was man urbane

Funktion nennt, läßt sich ohne weiteres mit der menschlichen Rede und ihrem linearen Verlauf vergleichen. Was wir als sichtbaren Raum bezeichnen, das Raumgefühl einer Stadt, beruht indessen auf assoziativen Beziehungen und stellt jenen ›inneren Reichtum‹ dar, der in der Vorstellung von einer Stadt besteht und uns wie der ›innere Reichtum der Sprache‹, und zwar einer bestimmten Sprache, erlaubt, daß wir uns Menschen, und zwar Menschen dieses bestimmten Landes, nennen . . . Auch im städtebaulichen Bereich sind beide Sphären voneinander getrennt, aber gleichermaßen notwendig. Eine Sprache, die nur aus assoziativen Beziehungen bestünde, würde ein zusammenhängendes Reden unmöglich machen, eine Sprache, die nur aus syntagmatischen Beziehungen bestünde, wäre von äußerster Armut. Ebenso wäre der Kontext einer Stadt, der nur aus dem Gesamt der Vorstellungen der Einzelnen von ihr bestünde, ein Chaos; eine Stadtstruktur, die nur der Mechanismus einer Funktion wäre, hätte dagegen keine historische Dimension, wäre undifferenziert, würde nichts kommunizieren, das nicht durch Formeln kommunizierbar wäre.«[109]
Die Parallele zwischen menschlicher Rede und Stadtstruktur ist deutlich. Gleichwohl scheinen mir hier die beiden Koordinaten der Sprache nicht ganz in Saussures Sinn verstanden worden zu sein. Denn Argan geht, vor allem beim Syntagma, überhaupt nicht auf die lineare Beziehung der sprachlichen Einheit zu vorangehenden oder folgenden Einheiten ein. Uns aber interessiert Sprache, sei sie menschliche Rede oder Stadtstruktur, nicht in ihrer Ganzheit, sondern hinsichtlich der Unterscheidung und Identifikation der syntagmatischen Einheit. Und das bestätigt, wie müßig alles Gerede ist, das die Architektur im Städtebau aufgehen läßt.
Barthes schreibt: »Die ikonischen Syntagmen (unter ihnen die architektonischen), die in einer mehr oder minder analogen Darstellung der Wirklichkeit bestehen, sind sehr viel schwerer zu zerlegen . . . Gleichwohl ist diese Zerlegung von fundamentaler Wichtigkeit, da sie die paradigmatischen Einheiten des Systems zutage fördern soll.«[110]
Aber was ist eine syntagmatische Einheit in der Architektur? Saussure spricht in seinem Beispiel von Säule und Architrav, aber diese Elemente sind noch weiter zerlegbar und enthalten außerdem, ganz anders als ihre heutigen Entsprechungen (Träger und Stützen) selbst schon Bedeutung. Denn abgesehen von ihren figurativen Werten sind Säule und Architrav Zeichen für eine komplexere Wirk-

[109] Vgl. das Referat, das Carlo Giulio Argan beim VIII Corso Internazionale d'Alta Cultura, Venedig 1966, zum Thema »Die Stadt als Lebens- und Kulturphänomen der Gegenwart« gehalten hat.
[110] Roland Barthes a.a.O. S. 58.

lichkeit, als sie die nur statische Beziehung von Träger und Stütze darstellt. Natürlich bleibt das Doppelpaar, Säule – Architrav und Träger – Stütze, außerhalb eines architektonischen Kontextes abstrakt. Da die syntagmatische Beziehung aber nicht unabhängig von der paradigmatischen ist, ruft ein noch so allgemein gehaltener Hinweis auf Säule und Architrav sofort Assoziationen zu anderen Stilen und Typologien hervor, während Stütze und Träger außerhalb ihrer spezifisch architektonischen Wirklichkeit keinerlei Bedeutung haben.

Die Beziehung eines architektonischen Zeichens zu anderen syntaktischen Elementen einer räumlichen Konfiguration bereitet der syntagmatischen Analyse zwar Schwierigkeiten, macht sie aber nicht ganz unmöglich. Das Fehlen aller Transzendenz in der modernen Architektur und ihre Feindseligkeit allen Stiltendenzen gegenüber, die kein Bezugssystem und keinen Rückgriff auf den Schatz der Erinnerung zuläßt, scheinen ihren Syntagmen nicht zu schaden. Die Zahl ihrer syntagmatischen Einheiten (worunter provisorisch die nicht mehr weiter zerlegbaren Elemente der Architektur zu verstehen sind) ist allerdings geringer als im klassischen Repertoire, dafür gibt es beim modernen Bauwerk mehr Möglichkeiten ihrer Verknüpfung, Kombination und Wiederholung. Rhythmus und *Symmetrie* im Sinn einer harmonischen Beziehung der Teile eines Ganzen untereinander und zu diesem Ganzen sind dabei ebenso Merkmale der heutigen Architektur wie der traditionellen Strukturen. Aber die heutige Architektur hat zugunsten der Formalisierung die symbolischen und semantischen Merkmale der klassischen Formen eingebüßt.

Die bereits erwähnte Dichotomie von System und Syntagma entspricht der von Sprache und Sprechen. Wie wir gesehen haben, muß Architektursprache als Gesamtsystem der für die Kommunikation notwendigen Konventionen noch als undefinierbar gelten. Dagegen macht das Sprechen, die individuelle Komponente der Sprache, das heißt die Kombination der architektonischen Elemente, den Hauptteil heutiger Architektur aus. Daraus ergibt sich das Überwiegen der syntagmatischen über die paradigmatischen Beziehungen. Wie ist dieses Phänomen zu erklären?

Die Überlegungen, die wir dazu anstellen wollen, beziehen sich immer auf den Bedeutungsprozeß, der sich in der Architektur als solcher vollzieht oder vollziehen kann und nicht in ihr als soziologischer Realität. Denn in soziologischer Sicht erscheint im Gegensatz zu unserer semiotischen Perspektive ein architektonisches System, das den Bedürfnissen der heutigen Konsumwirtschaft entspricht, gerade auf Grund seines Schematismus als zweckmäßig. Denn er reduziert das Sprechen, den individuellen Ausdruck des Architekten oder des Bewohners so stark, daß es zu keinem Bedeutungsprozeß mehr kommen kann. Was also in semiotischer Perspektive als Schwäche des Systems oder der Sprache und als Vielfalt des individuellen Ausdrucks oder Sprechens erscheint, stellt sich aus soziologischer Sicht, in der alle Macht beim System liegt und das Individuum machtlos ist, umgekehrt dar.

Kann man hier einen Ausgleich schaffen? Ist es möglich, die Überfülle an individuellem Ausdruck (worunter sowohl das durch individuelle Interessen entstehende städtebauliche Chaos wie die für das Gesamtniveau nicht ausschlaggebenden »künstlerischen« Leistungen zu verstehen sind) durch eine Systematik der Sprache zu integrieren und zugleich zu einer soziologischen Systematik der Architektur zu kommen, die dem Einfluß der Einzelnen und der *partizipierenden Gruppen* einen Bedeutungswert gäbe?

Hier ist allerdings einzufügen, daß das Sprechen der Sprache vorausgeht. Die heutigen Darbietungen des Baugewerbes mit all ihren negativen Aspekten gehen auf individuelle Erfindungen, auf die Bemühungen zahlreicher Künstler und hochkultivierter Menschen und auf den höchsten moralischen Ernst im Bewußtsein Europas zurück. Ihr individueller Ausdruck, ihr Sprechen, ist von einem soziologischen System absorbiert worden, das dessen Sinn und Bedeutung verändert, ja pervertiert hat.

Aber abgesehen von diesem Bedeutungsverlust und Wertverfall der besten modernen Tradition ist das Verhältnis von Sprache und Sprechen in der Semiotik der Architektur ein anderes als in der Linguistik. Einem Hinweis von Barthes folgend können wir nämlich feststellen, daß Architektur eine Sprache ist, die ihre Entstehung nicht der Masse, sondern einer *Entscheidungsgruppe* (Architekt, Bauherr, Bauunternehmer usw.) verdankt. Sie ist künstliche Rede, Logotechnik. Der Benutzer gebraucht diese Sprache, bedient sich ihrer praktischen Funktionen und entnimmt ihr Informationen, aber er nimmt nicht an ihrer Ausarbeitung teil. Gleichwohl müssen auch Logotechniken sich auf einen gemeinsamen Code beziehen, wenn sie nicht nur Funktionen ausüben, sondern semantischen Gehalt haben sollen. Barthes schreibt darüber: »Dieser künstliche Charakter (der Logotechniken) ändert zwar nichts am institutionellen Charakter der Kommunikation und behält eine gewisse Dialektik zwischen dem System und seinem Benutzer bei. Das ist aber nur deshalb der Fall, weil der bezeichnende ›Kontrakt‹ von der Masse der Benutzer trotz seiner Zufälligkeit respektiert wird (andernfalls wird der Benutzer als asozial gebrandmarkt; er kann nichts außer seiner eigenen Exzentrizität kommunizieren) und weil die ›durch Entscheidung‹ entstehenden Sprachen nicht vollkommen frei (›willkürlich‹) sind. Denn das Kollektiv übt auf sie zumindest einen bestimmenden Einfluß aus, wenn 1. infolge gesellschaftlicher Entwicklungen neue

Zeichnungen von Erich Mendelsohn. Aus »L'Architettura, cronache e storia«

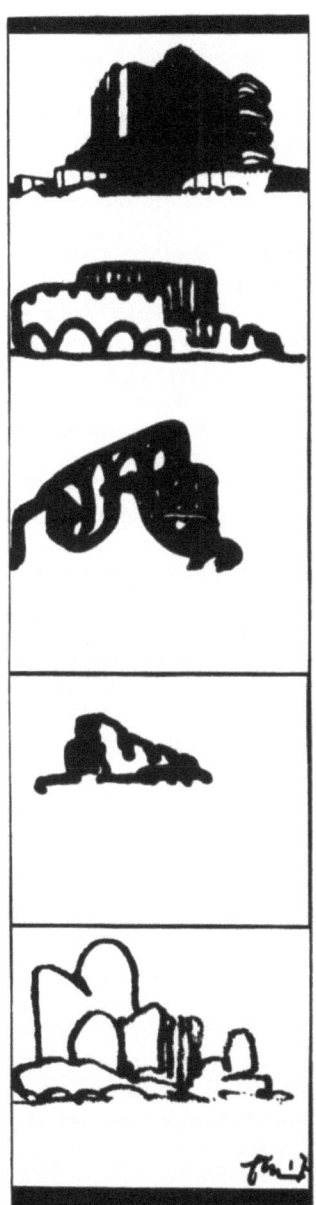

Bedürfnisse entstehen... 2. zwingende wirtschaftliche Gründe zum Verschwinden oder zur Verwendung bestimmter Materialien führen... 3. eine Ideologie die Formerfindung einschränkt... Aus einer weiteren Perspektive läßt sich deshalb sagen, daß die Elaborate der Entscheidungsgruppe, das heißt, die Logotechniken nichts als die Begriffe für eine immer allgemeinere Funktion sind, die die kollektive Vorstellungswelt der Zeit ist. Die individuelle Innovation wird so von einer soziologischen Determination (beschränkter Gruppen) eingeholt, und diese soziologischen Determinationen ihrerseits verweisen auf einen Endzweck anthropologischer Natur.«[111]
Dieses inhaltsreiche Zitat scheint uns nicht nur die Antwort auf unsere Frage zu enthalten, ob es möglich ist, eine soziologische Systematik mit einer Semiotik der Architektur zu verbinden, sondern auch einen Hinweis darauf, wie im Rahmen der heutigen Massengesellschaft Bedeutung zustandekommt. Darüber hinaus widerlegt es, wenn auch unausgesprochenermaßen, das Stereotyp, das besagt, daß eine undifferenzierte und unkritische Masse zwangsläufig dem Einfluß der Entscheidungsgruppen unterliegt. Das mag für die erste Phase des Phänomens zutreffen, das wir Massengesellschaft nennen, nämlich für den Augenblick, in dem die unteren Klassen zum Mittelpunkt der heutigen Konsumwirtschaft wurden. Heute dagegen gilt es nicht mehr. Denn die Einbeziehung der unteren Klassen in die sogenannte Überflußgesellschaft wird mehr und mehr durch eine besondere und neue Art von Kultur im anthropologischen Sinn bewerkstelligt. Infolgedessen halten wir die Berufung auf eine »kollektive Vorstellungswelt«, von der die Entscheidungsgruppen und die bewußtesten unter den Benutzern – wir möchten sie als Partizipationsgruppen bezeichnen, da die sinnvollste Definition von Demokratie ein Höchstmaß an Partizipation beinhaltet – abhängig sind, für einen ungemein glücklichen Gedanken.
Gewiß ist der Ausdruck »kollektive Vorstellungswelt«, wie die meisten Begriffe der heutigen Kritik, der unerschütterliche Normen und nicht zu diskutierende Dogmen widerstreben, nicht ganz eindeutig. Dafür scheint uns dieser Begriff nicht eine neue Weltanschauung zu bezeichnen, die ebenso enttäuschen müßte wie ein großer Teil der jüngsten Ideologien, sondern einen modifizierbaren Vorrat an Gedanken, Intentionen, Wünschen, Geschmacksregungen usw.
Wir haben bereits auf das Nichtvorhandensein oder die Undeterminiertheit einer durch den Gebrauch als Gesamtsystem legitimierten Architektursprache hingewiesen, die unter Umständen die Assoziation der Elemente eines Bauwerkes mit denen eines anderen durch eine vom Gedächtnis hergestellte Beziehung und damit auch eine

[111] a.a.O., S. 32.

paradigmatische Architekturanalyse verhindert. Und wir haben angemerkt, daß diese paradigmatische Methode sich sehr leicht auf die Formen früherer Architektur anwenden läßt. Andererseits wissen wir, daß eine aus Worten bestehende Rede (wie die moderne Architektur sie zu sein scheint) nicht ohne die *soziale* Grundlage eines sprachlichen Systems möglich ist und daß die Architektur insgesamt durchaus Merkmale besitzt, die sich in ihrer Besonderheit nachdrücklich aufzwingen. Ihre soziologische Systematik und ihre Erkennbarkeit aus dieser Sicht überwiegen beträchtlich ihre semiotischen und semantischen Aspekte, führen aber auch zu den für diese Perspektiven typischen Verkürzungen. Hier stellt sich erneut der Begriff der kollektiven Vorstellungswelt ein, der für die Architektur vielleicht keinen »Schatz der Erinnerung«, aber einen, wenn auch unbewußten, Vorrat von symbolischen Werten darstellt. Wenn man sich nicht gleichnishaft ausdrücken will, so heißt das, daß die kollektive Vorstellungswelt als ein Ersatz für den Beziehungscode, das paradigmatische Schema, anzusehen ist, dessen sich die Formensprache der klassischen Architektur für eine Sinngebung bediente.

Zur Entstehung der kollektiven Vorstellungswelt, die wir als konditionierend für die Entscheidungsgruppen und die Masse der Benutzer betrachten, haben viele Faktoren beigetragen. Sie ist nicht wie die Sprache aus der sprechenden Masse hervorgegangen, ist aber auch nicht durch künstliche Wortbildungen determiniert, obwohl diese in der modernen Architektur eine große Rolle gespielt haben. Vielmehr stützt sie sich weitgehend auf die Ästhetiken der historischen Avantgarde. Kubismus, Futurismus, Konstruktivismus, Expressionismus, Symbolismus haben in ihren Manifesten großen Wert auf die Ideen, Intentionen und Mythen der heutigen Gesellschaft gelegt, die sie teilweise sogar vorweggenommen haben.

»Wir können behaupten«, schreibt Italo Calvino von dem, was er den rationalistischen Strang der Avantgarde nennt, »daß bis zu diesem Zeitpunkt (vor Cézanne) die Antithese zur Poesielosigkeit und Unmenschlichkeit der vorandrängenden Industrie in einer älteren humanistischen Konzeption gesucht wurde, oder richtiger gesagt, in einem naturwissenschaftlich-humanitären Weltbild, in das man die industrielle Realität einzubeziehen suchte. Von nun an wird die Antithese (vom Kubismus oder Futurismus) anders gesehen: im Bild der industriellen Zukunft, das zu Schönheit und moralischer Bedeutung zurückgefunden hat, die aber nicht dieselben sind wie früher. Dieses Bild hat einen neuen Stil gefunden und ausgedrückt.

Daß man die industrielle Wirklichkeit nicht darstellt, sondern *durch Formen und Konzeptionen nachvollzieht*[112], beginnt bei den sicht-

---

[112] von De Fusco kursiv gesetzt.

baren Künsten, ja ich möchte sagen, bei den Künsten, die nach einer Form für die Dinge des Alltagslebens suchen. In Morris' Architekturrevolution und vom Jugendstil über Konstruktivismus, Bauhaus, Funktionalismus bis zum Industrial Design können wir die Hauptlinie dieser Entwicklung verfolgen. Und dieses Übergewicht des Visuellen ist auch in der Dichtung der Anführer dieser Bewegung in der Literatur, etwa in der von Apollinaire und Majakowski, zu erkennen, die das Bedürfnis haben, sich auch durch typografische Erfindungen auszudrücken.«[113]

Wer mit der Geschichte der modernen Architektur vertraut ist, für den ist es nichts Neues, daß eine rationalistische Entwicklungslinie die Avantgarde verbindet. Neu oder vergessen ist die Interpretation dieser Erscheinung als *Nachvollzug der industriellen Realität durch Formen und Konzeptionen*. Gewöhnlich glauben wir, die Entwicklung der visuellen Künste, die ihren Anfang in Kubismus, Architektur und Industrial Design genommen hat, sei durch die Begegnung soziologischer Forderungen mit den Theorien der reinen Sichtbarkeit im Umkreis des Existentialismus zustandegekommen, was zu einer Verwandlung des alten *Darstellens* in ein *Machen* geführt habe. Gerade dieses *Machen* scheint uns in dem angeführten Satz von Calvino, wenn auch nur andeutungsweise, seine genauere Definition zu finden. Dieser Nachvollzug der industriellen Wirklichkeit durch Formen und Konzeptionen, der einer metaforischen Form nähersteht als einer regelrechten Mimesis, hat zur Kristallisierung und Ausbildung einer ganzen Symbologie geführt, die die Welt der Maschine und ihre Implikationen für das Alltagsleben nahelegten. Der Augenblick, in dem eine technisch-industrielle Symbologie von der Kunst mit größter Deutlichkeit und Naivität (im positiven Sinn) durchaus absichtsvoll ausgebildet wurde, war die Zeit, als die russische Avantgarde buchstäblich jede abstrakte geometrische Form mit einer der Formenwelt der Mechanik entlehnten Bildbedeutung erfüllte, die schließlich zu einem allen zugänglichen Symbolrepertoire, zu einem für jedermann lesbaren Code wurde. Die historische Avantgarde hat auch in den Augenblicken ihres glühendsten Individualismus fortwährend kollektive Bedürfnisse ausgedrückt und interpretiert. Sie hat damit jenem semiotischen Repertoire, das wir als kollektive Vorstellungswelt bezeichnen, so reichliche Nahrung gespendet, daß heute jeder Durchschnittsmensch viele der Ideen von Sant'Elia, van Doesburg, Malewitsch oder Le Corbusier für selbstverständlich hält. Es ist kein Zufall, daß die Formen dieser Künstler, die als Kunstwerke für die Masse schwer lesbar sind, als Vehikel für die Ideen, Symbole und Mythen der heutigen Massenkultur immer wiederkehren.

[113] Italo Calvino: La sfida al labirinto. In »Il menabò 5«.

Eine Bestätigung für diese Konvergenz von historischer Avantgarde und Themen der Massenkultur – einer Konvergenz, die uns auf neue Kommunikationsmöglichkeiten und infolgedessen auf neue Bedeutungswerte hoffen läßt – findet sich in dem, was wir für Le Corbusiers wichtigste theoretische Lehre halten, in der Universalität, Objektivität und Einfachheit seiner Bezugspunkte. Zur Verteidigung des Typus schrieb er in »Vers une architecture«: »Alle Menschen haben den gleichen Organismus und gleiche Funktionen, alle Menschen haben die gleichen Bedürfnisse.« In der Charta von Athen bestätigte er, daß es vier städtebauliche Funktionen gibt, denen ebenso viele Grundbedürfnisse entsprechen: Wohnen, Arbeiten, Verkehr und Erholung. Noch knapper ist die Begründung dafür, warum er gegen die langen Wege ist, die sich notwendigerweise aus der Verlagerung der Wohngebiete an den Stadtrand ergeben: »Der Sonnenumlauf ist kurz, seine vierundzwanzig Stunden bestimmen schicksalhaft das menschliche Tun und damit das Höchstmaß an Wegen, die der Mensch zurücklegen kann.«

Durch seine Reduktion der Probleme auf ihre wesentlichen Punkte, die bis zum Groben gehen konnte, und durch die Beispiele, die er dafür gab, ist es Le Corbusier gelungen, sie breiten Kreisen der Bevölkerung und der Verwaltung bewußt zu machen. Hier nur zwei seiner schlagenden Formulierungen: »Es gibt keine bedeutenden oder unbedeutenden Erfindungen, nur bedeutende oder unbedeutende Folgen.« »Wir brauchen um jeden Preis eine Richtlinie, die weder zuviel noch zuwenig festlegt, denn sie ist notwendig und muß genügen«. Diese Sätze klingen wie Prophezeiungen über die Beziehung von Architektur und Massenkultur. In diesem Sinn, das haben wir früher schon einmal dargestellt[114], nimmt Le Corbusiers Theorie die Einsichten der zwanziger Jahre vorweg, schafft eine Verständigungsebene für die Architektur und die Gesellschaft, die nach dem Zweiten Weltkrieg entstehen sollte, und leitet einen Bedeutungsprozeß ein. Sein Erbe antreten, heißt nach unserer Auffassung, nicht mehr auf der Thematik des Funktionalismus bestehen, die inzwischen von Interessen aller Art für sich in Anspruch genommen wird, sondern alles auf die neuen Bedeutungen abstellen und den Prozeß der Resemantisierung so vertiefen, wie es Le Corbusiers letzte Bauten mit ihrer Fülle an symbolischen Werten deutlich zeigen.

Nachdem wir so die assoziative und syntagmatische Realität behandelt haben, müssen wir nun auf den Kernpunkt der Semiotik, die innere Beziehung zwischen den Bestandteilen des Zeichens, das heißt Signifikant und Signifikat, zu sprechen kommen. Diese Beziehung

---

[114] Vgl. Renato De Fusco: L'idea di architettura, storia della critica da Viollet-le-Duc a Persico. Milano, 1964. S. 168 ff.

ist für jedes semiotische System von fundamentaler Bedeutung, insbesondere aber für die Architektur, weil die Bestandteile des Zeichens auf die Themen ihrer Semantik verweisen, derentwegen wir uns hauptsächlich mit Semiotik beschäftigen. Aber ehe wir fortfahren, ist es notwendig, in Hinsicht auf die Bestandteile des Zeichens – Signifikant und Signifikat – den entscheidenden Punkt dieses Kapitels in Angriff zu nehmen.

Es hat nämlich wenig Sinn, nach einer Parallele zwischen der strukturellen Linguistik und einer zu begründenden Semiotik der Architektur zu suchen, wenn zuvor die Beziehung zwischen Semiotik und Semantik nicht geklärt ist. Denn während wir den semantischen Gehalt der Architektur durch diese Studie nachweisen und verstärken wollen, geht man in der Linguistik selbst davon aus, daß es verschiedene Arten der Kommunikation gibt, und billigt zum Beispiel der poetischen Rede keine Bezüglichkeit zu, oder überträgt der Psychologie und der Soziologie die Erforschung der Bedeutungen. Da wir uns in einem noch experimentellen Bereich befinden und unser Interesse dem gilt, was die Architektur (als kulturelles und möglichst außer-künstlerisches Phänomen verstanden und jedenfalls unter Ausschluß der Besonderheiten hervorragender Werke) an Bezügen enthält, betonen wir, daß für uns die Semiotik im semantischen Gehalt ihre entscheidende Begründung findet, da sie andernfalls nur einen weiteren Versuch zur Flucht in den Formalismus darstellen würde, der sich mit der Aura der Wissenschaftlichkeit und Aktualität umgäbe.

Barthes schreibt: »Für Saussure, Hjelmeslev und Frei muß die Semantik ein Teil der strukturellen Linguistik sein, weil die Signifikate ein Teil der Zeichen sind. Dagegen sind die Signifikate für die mechanizistisch orientierten amerikanischen Sprachforscher Substanzen, die aus der Linguistik verbannt und der Psychologie zugewiesen werden müssen ... Schließlich muß man daran erinnern, daß für einige Linguisten die Signifikate nicht zur Linguistik gehören, die sich ausschließlich mit den Signifikanten zu beschäftigen habe, und daß die semantische Klassifizierung keine Aufgabe der Linguistik ist.«[115] Einem derartigen Verhalten begegnet man auf dem Gebiet der poetischen Rede, und ein inzwischen klassisches Beispiel stellt die »These aus dem Jahr 1929« des Prager Linguistenkreises dar, wo es anläßlich der künstlerischen Rede heißt: »*Das Organisationsprinzip der Kunst, in dessen Funktion sie sich von anderen semiotischen Strukturen unterscheidet, besteht darin, daß ihre Intention nicht dem Signifikat, sondern dem Zeichen selbst gilt.* Das Organisationsprinzip der Dichtung beruht darauf, daß sie die Intention auf den

---

[115] Roland Barthes a.a.O., S. 37 und 42.

sprachlichen Ausdruck lenkt. Das Zeichen ist eine dominierende Komponente in einem künstlerischen System, und wenn der Literaturhistoriker die Ideologie eines literarischen Werks wie etwas Unabhängiges und Autonomes analysiert und damit das Signifikat und nicht das Zeichen zum Hauptgegenstand seines Studiums macht, zerstört er die Werthierarchie der untersuchten Struktur . . . An die Stelle der Mystik zufälliger Beziehungen heterogener Systeme muß das Studium der poetischen Sprache selbst treten.«[116]
Nach diesem Hinweis darauf, daß einige Sprachforscher und einige formalistische Ästhetiken, die sich damit als ganz in den geistigen Rahmen der zwanziger und dreißiger Jahre gehörig erweisen, keinerlei Interesse an der Semantik nehmen, wollen wir mit der Untersuchung der uns interessierenden Beziehung zwischen Semiotik und Semantik fortfahren. Garroni schreibt, die Semantik sei »ursprünglich (bei Bréal) entstanden, um eine bisher unerforschte Provinz der Sprache zu untersuchen. In der Folge hat sie sich (in »General Semantics« von A. Korzybsky und dessen Anhängern) als Therapie der Sprache gegen Mehrdeutigkeiten und Sophismen erwiesen (also in antirhetorischer und normativer Funktion im Sinn der Logik). Sie hat sich auch zur theoretischen Fragestellung nach der Bedeutung entwickelt (das ist der Fall im logischen Positivismus und in der sogenannten analytischen Philosophie; wir verweisen hier nur kurz auf Carnap und den späten Wittgenstein) oder zu einer historisch-deskriptiven Wissenschaft (Ullmann). Fast immer aber hat die Semantik – in der Hauptsache – eine *inhaltsbezogene* Funktion gehabt, um einen ungewohnten und nur annäherungsweise zutreffenden Begriff zu gebrauchen, der aber in diesem Fall recht zweckmäßig ist. So findet die Semantik – paradoxerweise – in vieler Hinsicht ihren eigentlichen Anwendungsbereich nicht so sehr in der *Dichtung* (auch wenn die Dichtung historisch gesehen zu ihren Gegenständen gehört), sondern in der *Prosa* – wie, so meinen wir, Sartre mehr oder minder deutlich gesagt hat . . ., wenn man wie Sartre unter Prosa einen Text versteht, der aus Zeichen im eigentlichen Sinn, und unter Dichtung ein Werk, das aus extrapolierten Zeichen besteht, die benutzt werden, als seien sie nicht eigentlich Zeichen (wir erinnern daran, daß für Sartre ›die Dichter Menschen sind, die es ablehnen, die Sprache zu gebrauchen‹).«[117]
Die Bedeutung, die diese inhaltsbezogene Funktion der Semantik und ihre bevorzugte Anwendung auf die Prosa und nicht auf die Dichtung für die Semiotik der Architektur hat, ist nicht zu übersehen. Das bestätigt, wenn auch aus einer anderen Blickrichtung, unsere

[116] Travaux du Cercle Linguistique de Prague. Prag.
[117] Emilio Garroni: Il contributo non formalistico della semantica alla stilistica. In »Sigma«, Nr. 8.

Unterscheidungen zwischen hervorragender Kunst und einem gewissen künstlerischen Gehalt, oder Poesie und Literatur, oder Architektur und Bauen, die die Grundlage für unsere gesamten Überlegungen bilden. Nimmt man hinzu, daß auf einem Gebiet wie dem unseren noch immer ungenau, mehrdeutig und allmächtig der Begriff der Form grassiert und als Gegengewicht zu der ideologischen Krise gewaltige Dimensionen annimmt, so kann der Begriff Inhalt dazu dienen, wieder eine Dialektik im System herzustellen.
Glücklicherweise ist es nun aber, zumindest auf theoretischer Ebene, nicht so, daß man – insbesondere nach dem neuerlichen Scheitern des Realismus – sich wieder der »Inhaltsbezogenheit« zuwendet, um der Ausbreitung des (sich diesmal wissenschaftstheoretisch gebärdenden) Formalismus entgegenzutreten und seine Bedeutungsleere nachzuweisen. »Hinsichtlich der Beziehungen zwischen Signifikant und Signifikat, Ausdruck von Inhalten und Formen dieses Ausdrucks, stimmt Croce, bei aller sonstigen Unterschiedlichkeit seiner Überlegungen, in seinen Ansichten mit Saussure überein. Der Vergleich mit dem ›Blatt Papier‹ hätte Croces Lehrer De Sanctis gefallen. Tatsächlich illustriert er die enge, unauflösliche Verbundenheit von Inhalt und dessen Ausdruck durch die Form, die Croce im Gefolge von De Sanctis von seinen ersten Schriften an postuliert. Für Croce wie für Saussure ist Inhalt nur faßbar in der Form seines Ausdrucks und die Form ist nichts, ist leblose Materie, wenn man sie sich losgelöst vom Inhalt vorstellt.«[118]
Wir zitieren diese Stelle aus Tullio De Mauros »Einführung in die Semantik« nicht nur, um Saussures Begriff des Zeichens, auf den wir später zurückkommen werden, mit einer uns vertrauten philosophischen Tradition in Zusammenhang zu bringen, sondern um auf eine Auffassung hinzuweisen, die uns auch abgesehen davon, daß wir ihr grundsätzlich zustimmen, eine geeignete Voraussetzung für die semantische Untersuchung der Architektur zu sein scheint. Denn nachdem De Mauro die Parallele im Denken von Croce und Saussure verzeichnet hat, schreibt er, daß keiner von beiden erklären kann, warum zwei Menschen sich verständigen, und bringt diese semantische Schwierigkeit mit Wittgensteins Skeptizismus in Verbindung. Die Feststellung, daß man theoretisch nolens volens immer zu dem Ergebnis kommt, Kommunikation sei nicht möglich, und zugleich zur Anerkennung der Tatsache, daß Menschen gleichwohl kommunizieren, macht es deshalb notwendig, den theoretischen Irrtum von Logikern, Sprachwissenschaftlern, Philosophen und Grammatikern zu erkennen, der in einem übertriebenen Vertrauen auf die semantischen Qualitäten sprachlicher *Formen* besteht.

[118] Tullio De Mauro: Introduzione alla semantica. Bari, 1966. S. 21.

»Eine seit Jahrhunderten bestehende Tradition«, schließt De Mauro, »hat fast immer den Blick dafür verloren, daß den sprachlichen Formen keinerlei semantische Kapazität innewohnt. Sie sind Instrumente, mehr oder weniger ingeniöse Hilfsmittel, die erst in den Händen des Menschen, der historischen Gemeinschaften, die sich ihrer bedienen, Leben und Wert erhalten. Anders ausgedrückt, der Irrtum besteht in dem Glauben, daß Wörter und Sätze etwas bezeichnen. Nein, nur die Menschen bezeichnen vermittels Sätzen und Wörtern etwas. Nicht die sprachlichen Formen als solche, sondern die Gesellschaft, die sich ihrer bedient, bürgt für Bedeutung und Kommunikation. Wenn diese Perspektive in allen ihren Konsequenzen verfolgt wird, verschwindet zunächst einmal das Schreckgespenst der Kommunikationslosigkeit; danach ist es möglich, auf festen kritischen und historischen Grundlagen eine Semantik als Theorie des Bedeutens in historisch determinierten Formen aufzubauen.«[119]
Andererseits schreibt Bertil Malmberg über die Verträglichkeit von Semiotik und Soziologie, die einige Verteidiger einer strengen Spezialisierung unter den Sprachwissenschaftlern bekanntlich getrennt halten möchten: »Das System ist ein *Code*. Ohne diese Voraussetzung läßt sich kein Akt verbaler Kommunikation erschöpfend analysieren und erschöpfend interpretieren. Der Begriff des Code selbst impliziert eine gesellschaftliche Konvention. Wenn deshalb einerseits die Struktur des Code grundlegend für die Sprache ist, ist es doch andererseits unmöglich, das semiotische System von dem gesellschaftlichen Kontext abzulösen, dessen integrierender Bestandteil es ist. Es besteht darum kein Widerspruch zwischen Saussures Prinzip der ›Form‹, von dem der moderne Strukturalismus seinen Ausgang genommen hat, und der soziologischen Betrachtungsweise der Sprache, die Saussure der ihm wohl bekannten französischen soziologischen Schule (Durkheim, Lévy-Bruhl) verdankt. Diese Richtung wurde von Meillet weiterverfolgt. Sprache ist zugleich eine soziale Institution und ein Wertsystem. Diese beiden Aspekte widersprechen einander nicht (Frei, Godel). Im Gegenteil, sie setzen einander voraus.«[120]
Ohne diese Ausrichtung auf die Geschichte (De Mauro) und auf die Soziologie (Malmberg) und insgesamt auf die Humanwissenschaften wäre eine semiotische Untersuchung der Architektur undenkbar. Denn wegen ihres komplexen Charakters und ihrer Implikationen kann die Architektur sich nicht auf irgendeine spezialistische Formalisierung beschränken oder eine ihrer Komponenten, sei sie auch noch so weit und umfassend, lediglich in einer Richtung entfalten. Des-

---

[119] a.a.O., S. 29.
[120] Bertil Malmberg: Linguistica strutturale e comunicazione umana. In »Sigma«, Nr. 10.

wegen nähert sich die semiotische der soziologischen Beschäftigung mit der Architektur an. Nicht zufällig geht es bei beiden um Probleme der »Kommunikation« und der »Masse«. Ja, wir sind der Auffassung, daß sich mit den Fragen der Kommunikation und vor allem der Bedeutung viele Hauptprobleme der Massenkultur zumindest teilweise lösen lassen.

Wie bereits erwähnt, definiert Saussure das Zeichen als die Verbindung eines Signifikanten mit einem Signifikat, die sich ebenso wenig wie die beiden Seiten eines Blattes Papier voneinander trennen lassen. Während es beim sprachlichen Zeichen keine Analogie zwischen Signifikant und Signifikat gibt (dasselbe Objekt wird in verschiedenen Sprachen durch verschiedene Laute bezeichnet), besteht beim architektonischen Zeichen, wie in anderen semiotischen Systemen, durchweg eine analoge Beziehung zwischen den Bestandteilen des Zeichens, die bei den ikonischen Zeichen so weit geht, daß sie dieselben Eigenschaften wie das von ihnen Bezeichnete haben. Schon aus diesen ersten summarischen Definitionen geht hervor, daß das Hauptmerkmal des Zeichens zwar in der inneren Beziehung seiner beiden Bestandteile besteht, daß es aber als Ganzes eine außerhalb seiner selbst liegende Realität bezeichnet (wie es in der Semiotik von Morris der Fall ist). Mit aller Vorsicht dessen, der die Grenze zu einem anderen Spezialgebiet überschreitet, und gerechtfertigt durch den Versuch, eine Semiotik der Architektur zu begründen, äußern wir die Meinung, daß Saussures Definition des Zeichens als einer aus Signifikant und Signifikat bestehende Einheit bei der Sprache durch die Verbindung von Gedanke und akustischem Bild zutreffen und die Relation zweier Relata erschöpfend erklären mag, daß sie aber für andere semiotische Systeme nicht ausreicht. Jedenfalls reicht sie nicht aus, um die übliche Bedeutung aus den Angeln zu heben, die man dem Begriff Zeichen gibt: »Etwas, das für etwas anderes steht.« Daß die Beziehung Signifikant – Signifikat unvollständig ist, wird durch den Begriff des funktionellen Zeichens bestätigt. Viele semiotische Systeme, insbesondere die visuellen, weisen nämlich ein Merkmal auf, das das sprachliche Zeichen nicht hat und das auf ihrer Funktionalität beruht. Solche Zeichen sind – nach Barthes – »Gebrauchsgüter, die von der Gesellschaft zu Bedeutungszwecken ausgesondert werden: die Kleidung dient dem Schutz, die Speise der Nahrung, auch wenn sie zugleich etwas bedeuten. Wir möchten deshalb vorschlagen, diese semiotischen Zeichen, die ursprünglich einen Nutzen und eine Funktion haben, *zeichenhafte Funktionen* zu nennen.«[121] Dieser Begriff erweist sich als recht brauchbar für Architektur und Design, die zwar eine nützliche Rolle haben, aber zugleich

---

[121] Roland Barthes a.a.O., S. 39.

Bedeutungssysteme sind. Daß Steine nicht nur nützliche Funktionen erfüllen, sondern auch »sprechen«, ist eine so verbreitete Ansicht, daß man auf ihr nicht zu insistieren braucht. Die *zeichenhafte Funktion* macht es nicht nur möglich, auch diesen Gebieten wieder einen semantischen Wert zu geben, der im allgemeinen nur der gesprochenen Sprache zugebilligt wird, sondern auch die Bedeutungen, die diese besonderen Zeichen bezeichnen, weitgehend zu spezifizieren. Denn, wie Barthes schreibt: »Die Funktion wird von Sinn durchdrungen. Diese Semantisierung ist schicksalhaft: *durch die bloße Tatsache, daß es Gesellschaft gibt, verwandelt sich jeder Gebrauch in Zeichen dieses Gebrauchs* ... Diese Semantisierung von Gebrauch ist von grundlegender Wichtigkeit: sie läßt nämlich erkennen, daß es nichts Wirkliches gibt, das nicht intelligibel wäre.«[122]

Außer dem gewohnten Bezug von Form und Funktion, in dem die meisten den gesamten Ausdrucksprozeß der Architektur sehen, impliziert die Einführung des Begriffs *zeichenhafte Funktion* neben der pragmatischen Funktion, die beide Doppelbegriffe kennzeichnet, den Begriff des Zeichens, der den der Form einschließt und deshalb mehr besagt als jener, weil er eine Bedeutung, eine semantische Wertigkeit enthält. Signifikant, Signifikat und Funktion würden also den alten Doppelbegriff Form – Funktion – der heute zuviele Bedeutungen hat, als daß eine davon bestimmend sein könnte – ablösen und zugleich vervollständigen.

So wird die Analyse und kritische Decodierung des architektonischen Organismus durch die Semiotik, und zwar lediglich durch den Begriff des Zeichens, um zahlreiche neue Konstanten bereichert: 1. der *Signifikant*, der das Signifikat vermittelt und mit ihm unlösbar verbunden ist. Auf Grund seines – wie wir später sehen werden – materiellen Charakters ermöglicht er eine Klassifikation und Analyse der Merkmale der Architektur auf Grund einer morphologischen und die Materialien betreffenden Typologie. Isoliert man den Signifikanten zu Zwecken der Analyse, stellt er das Objekt einer *Ikonographie* der Architektur dar. 2. Das *Signifikat*, das in der Sprachwissenschaft, um es mit Barthes zu sagen, »jenes ›etwas‹ ist, das derjenige intendiert, der es verwendet«, könnte in einer Semiotik der Architektur zur Klassifizierung und Analyse aller jener Faktoren dienen, die – wie Intentionen, ästhetische Absichten, Zeitgeschmack, mit einem Wort alle ikonologischen Faktoren der Architektur – der realen architektonischen Formwerdung vorangehen. 3. Die *zeichenhafte Funktion*, die eine Untersuchung der Architektur nicht im Hinblick auf einen kausalen Bezug, sondern auf die Vereinigung des primären pragmatischen Faktors mit dem syntaktischen des Signifi-

---

[122] a.a.O.

kanten und dem semantischen des Signifikats zu einem einheitlichen Signifikationsprozeß erlaubt. Die Dreiheit Signifikant, Signifikat und zeichenhafte Funktion scheint uns in dem Begriff des Zeichens die drei Teile der Semiotik von Morris zu enthalten: die *Semantik* als Beziehung zwischen Zeichen und dem, was sie bezeichnen, die *Syntax*, die die morphologischen Aspekte der Beziehungen zwischen den Zeichen untersucht und dabei von ihrer Bedeutung absieht, und die *Pragmatik*, die sich mit der Bedeutung der Zeichen in bezug auf ihre Funktion beschäftigt.

Eine andere Spezifizierung des Zeichens ergibt sich aus dem Begriff des Materials, der in allen nicht sprachlichen semiotischen Systemen vorhanden ist. Hier schreibt Barthes: »Man sieht sich veranlaßt, in den (nicht sprachlichen) semiotischen Systemen drei Ebenen (und nicht zwei) zu erkennen. Die materielle Ebene, die sprachliche Ebene und die Gebrauchsebene . . . in diesen Systemen bedarf die ›Sprache‹ der ›Materie‹ (und nicht des ›Wortes‹), weil sie, im Gegensatz zur menschlichen Sprache, ursprünglich nicht bedeutet, sondern einen Gebrauchswert hat.«[123] Dieser Begriff des Materials, der mit dem der zeichenhaften Funktion verbunden ist, ist für eine Semiotik der Architektur und ihrer Semantik von erheblicher Wichtigkeit. Henri Focillon, obwohl in der Tradition von Fiedlers Theorie der Sichtbarkeit stehend, spricht davon, daß das Material, schon ehe es in ein figuratives Objekt eingeht, zur Form berufen ist. Außerdem weiß man allgemein, von welcher Wichtigkeit das Material – von der dem Eisen entsprechenden Linearität des Jugendstils über die abstrakte »Immaterialität« des Funktionalismus und die körnige Körperlichkeit der organischen Architektur bis zu der rohen Ausdruckskraft des sogenannten Brutalismus – für die moderne Architektur gewesen ist. Man hat sogar von einer Ethik des Materialgerechten gesprochen. Jedenfalls hat man wohl nie in der Geschichte der Architektur eine derartige Identifizierung von Form und Material, von Materialeigentümlichkeiten und »Bedeutung« der Form angestrebt.

In der Semiotik der nicht sprachlichen Systeme tritt das Material zwischen die beiden Bestandteile des Zeichens. Der Signifikant, der Mittler des immateriellen Signifikats, besteht aus Material. Materialunterschiede machen den typischen Charakter des Zeichens aus.

Die Beziehung zwischen materiellem Signifikanten und immateriellem Signifikat ist für die Analyse und Decodierung der Architektur von Interesse und erlaubt sehr viel nützlichere und zweckmäßigere Spezifizierungen als die immer noch gebräuchlichen abstrakten Schemata. Wir erinnern nur an den ungenauen Begriff des Raumes in der Architektur und insbesondere an die Dichotomie zwi-

---

[123] a.a.O., S. 33.

schen innerem und äußerem Raum.»Der Innenraum«, schreibt Zevi, »dieser Raum, der . . . von keiner Form vollständig dargestellt werden kann . . . ist die Hauptsache beim Bauen . . . Bei jedem Gebäude ist das Gemäuer der Behälter, der Innenraum der Inhalt . . . Häufig bedingen sie sich gegenseitig . . . Daß der Raum, die Leere die Hauptsache in der Architektur ist, scheint, wenn man es sich recht überlegt, im Grunde natürlich. Denn die Architektur ist nicht nur Kunst, nicht nur Abbild eines vergangenen oder unseres heutigen Lebens. Sie ist auch, und vor allem, die Umgebung, die Bühne, auf der unser Leben sich abspielt.«[124]
Eine Parallele zwischen Signifikant und Signifikat einerseits und Außen- und Innenraum andererseits zu ziehen, scheint deshalb vollkommen berechtigt. Zevi, der den architektonischen Raum mit der inneren Leere identifiziert und ihn als die Hauptsache beim Bauen betrachtet, weist gleichwohl auf die gegenseitige Bedingtheit von Behälter und Inhalt hin. Die Analogie zwischen den beiden Dichotomien ergibt sich deshalb aus der Reziprozität und der Untrennbarkeit der beiden Elemente. Die Parallele erhält noch mehr Nachdruck, wenn man die Struktur der Mauer und den auf sie bezogenen Innenraum, wie Luigi Rosiello vorschlägt, mit Hilfe linguistischer Begriffe interpretiert. Rosiello spricht von »einer Ebene des Signifikanten (der formalen Organisation der physischen Substanz) und von einer Ebene des Signifikats (der formalen Organisation der psychischen Substanz)«[125]. Gleichwohl läuft diese Analogie Gefahr, rein nominell zu bleiben, wenn wir nicht von einer Objektwirklichkeit, wie sie die Architektur darstellt, zu einer Kommunikationswirklichkeit, wie sie die Sprache darstellt, kommen. Bekannt ist der Ausspruch von Lao Tse, an den Wright mehrmals erinnert: »Die Realität eines Baus besteht nicht aus Mauern und Dach, sondern aus dem Raum, in dem man lebt.« Daraus leitet sich die organische Konzeption der inneren Leere als wichtigstes Merkmal der Architektur ab. Damit sind wir aber immer noch nicht in das Problem der Kommunikation eingedrungen. Dieser Raum verlangt unmittelbar nach einer Funktion, sagt uns aber nichts (oder zuviel) über seine Bedeutung.
Für unsere Frage nützliche Hinweise findet man dagegen bei einigen deutschen Gelehrten, die sich um die Jahrhundertwende mit Themen der *Einfühlung* und ihrer Beziehung zur reinen Sichtbarkeit beschäftigt haben. Für August Schmarsow zum Beispiel steht die Architektur, als Raumgestaltung verstanden, in einer unmittelbaren Beziehung zum menschlichen Körper, dessen Maßen, Gestalt, Bewegung

---

[124] Bruno Zevi: Saper vedere l'architettura. Turin, 1951.
[125] Luigi Rosiello: Struttura, uso e funzione della lingua. Florenz, 1965, S. 67.

usw. Für ihn ist die Architektur – und damit eröffnet sich die Möglichkeit einer Annäherung an die Semantik – »eine schöpferische Auseinandersetzung des menschlichen Subjekts mit seiner räumlichen Umgebung«, eine ständige dialektische Beziehung, sowohl im physischen wie im psychischen Sinn, zwischen diesen beiden Polen. »Der Ursprung der Menschenkunst ist nach Schmarsow im Grunde nichts anders als Mitteilungssucht, Austausch von Regungen und Antrieben. Für die Weiterentwicklung kommen allerdings nur Bewegung in Betracht, die einen Zweck haben«, schreibt Herman Sörgel dazu[126].

Der Ursprung der Architektur wäre demnach die Ausformung eines dreidimensionalen Hohlraums, dem der schöpferische Mensch nicht nur zu seinem physischen Schutz, sondern aus visuellen Bedürfnissen rings um den eigenen Körper Gestalt gibt. »Danach wäre die Architektur«, heißt es bei Schmarsow, »eine schöpferische Auseinandersetzung des menschlichen Subjekts mit einer räumlichen Umgebung, mit der Außenwelt als einem Raumganzen, nach Maßgabe seiner eigenen Natur. Sie kann dabei auf den Menschen nicht allein als körperliches Wesen Bezug nehmen, wie man wohl gemeint hat, sondern verfährt notwendig nach der konstitutiven Eigenart des menschlichen Intellekts, nach der geistigen ebenso wie nach der leiblichen Organisation. Und als Ergebnis wird sie die gemeinsame Grundlage zum Vorschein bringen, die Gesetzmäßigkeit des räumlichen Daseins, durch die Mensch und Welt füreinander sind – und eben darin liegt der objektive wie der subjektive Wert ihrer Schöpfung.«[127]

Sowohl der Begriff des *dreidimensionalen Hohlraums* als der der Raumgestaltung, des architektonischen Organismus rings um den menschlichen Körper, der Mitteilungssucht und schließlich das Verständnis der Architektur als eines Code für den Dialog zwischen Mensch und Umwelt enthalten viele für unser Thema nützliche Hinweise. Denn was bedeutet Schmarsows Theorie über die Raumkonzeption der Architektur heute für uns? Vor allem eine Bestätigung des Begriffes des Innenraums, der von Wright, der organischen Architektur und dem Vorgehen von innen nach außen herkommt, das man als typisch für die gesamte moderne Architektur bezeichnen kann. Dadurch, daß diese Theorie sich auf den physisch-psychischen und schließlich symbolischen Anthropomorphismus der Einfühlung und, auch wenn sie Sempers positivistische Einstellung nicht teilt, auf dessen entwicklungsgeschichtliche Begründungen der Architek-

---

[126] Herman Sörgel: Einführung in die Architektur-Ästhetik. München, 1918, S. 47.
[127] August Schmarsow: Über den Wert der Dimensionen im menschlichen Raumgebilde. 1896, S. 45. Zitiert bei Herman Sörgel a.a.O. S. 48.

tur- und Dekorationsformen stützt, verleiht sie zudem den räumlichen Elementen einen nachdrücklichen linguistischen, Kommunikations- und Bedeutungswert.
Auf Grund des Beitrags der gesamten deutschen Schule der Kunstkritik und ihrer Dialektik zwischen Idealismus und Positivismus, zwischen Sichtbarkeit und Psychologisieren darf man die Komponenten des architektonischen Raums, das heißt des Außen- und Innenraums, mit den Bestandteilen des linguistischen Zeichens, das heißt mit Signifikant und Signifikat, verknüpfen. Aber um diesen Einschub über die deutschen Gelehrten abzuschließen und zur Diskussion darüber zu kommen, ob die vorgeschlagene Parallele zwischen architektonischem Raum und linguistischem Zeichen sich als nützlich erweist, wollen wir noch einmal Zevi zitieren. Von Schmarsow und seinen Schülern (Brinckmann, Sörgel und Adler) sagt er, daß »sie den Unterschied zwischen natürlichem und künstlerischem Raum, zwischen physiologischer Gegebenheit und Geistesprodukt nachdrücklich hervorheben, aber dann den künstlerischen Raum als eine weitere Kategorie der bildenden Kunst klassifizieren, die durch abstruse optische, psychologische und auf seine Dimensionen bezügliche Normen determiniert wird«[128]. Durch sie würde die Raumgestaltung zu einer Art überhistorischer Kunstinterpretation und damit für jenen Teil der heutigen Kritik unannehmbar, der die architektonische Räumlichkeit als etwas Kreatives, Individuelles und infolgedessen Historisches wertet.
Dieser Einwand ist insofern berechtigt, als das Bedürfnis nach einer Geschichte, die von »Helden« und großen kreativen Persönlichkeiten gemacht wird, noch lebendig ist. Gleichwohl muß gleiches auch für das entgegengesetzte Bedürfnis gelten, die Geschichte oder wenigstens das Studium der Architektur anhand von Schemata, Typologien, Klassifikationen und ähnlichem abzuhandeln, was im übrigen das Ziel der deutschen Schule war. Lionello Venturi hat bekanntlich versucht, dadurch zwischen den gegensätzlichen Standpunkten zu vermitteln, daß er zur Verteidigung der Schemata anführte, sie seien »Orientierungshilfen auf dem weiten Meer der Kunst, vorläufige Klassefizierungen, *Verständigungsarten*. Und als solche haben sie ihre Funktion bei der Vorbereitung eines kritischen Urteils, das auf eine Interpretation des zu beurteilenden Kunstwerks hinausläuft.«[129] Aber mit einer derartigen Vermittlung ist es nicht mehr getan. Wir haben zwar nicht vor, uns hier auf ästhetische Probleme einzulassen, gleichwohl ist zu sagen, daß diese Theorie von zwei Phasen – einer

---

[128] Bruno Zevi: Architettura in nuce. Venedig – Rom, 1960. S. 62.
[129] Lionello Venturi: Gli schemi di Wölfflin. In »Saggi di critica«, Rom, 1956. S. 87.

mehr philologischen, in der Schemata nützlich sind, und einer eigentlich kritischen – von der jüngsten phänomenologischen Kritik widerlegt wird. Denn für diese Kritiker vollzieht sich ihre Tätigkeit am Schnittpunkt von Verständnis und Entscheidung. Sie betrachten sie als etwas Einheitliches, bei dem es keine Hierarchie und keine Priorität gibt. Das Ziel der Kritik ist dabei nicht so sehr das Urteil, das in der Entscheidung ohnehin enthalten ist, als die Teilhabe an der Wirklichkeit der Dinge. Andererseits weiß man aus Erfahrung, daß selbst wenn Schemata, Paradigmen, »Stile« und dergleichen abgelehnt und modifiziert werden, sie doch durch die Einführung neuer Systeme und durch das unüberwindliche Bedürfnis nach Klassifizierung und Kodifizierung der Phänomene, auch der künstlerischen, für die Zwecke der Kommunikation fortwährend wieder auftauchen. Der Strukturalismus mit seiner Totalität, Interdependenz, Wissenschaftlichkeit usw. ist der jüngste Beweis für derartige Bedürfnisse.

Wenn wir uns nun aber wieder den Doppelbegriffen Signifikant – Signifikat und Innenraum – Außenraum zuwenden, so meinen wir, daß der Beitrag der deutschen kritischen Schule uns durch seine anthropometrischen, psychologischen und auf die Dynamik bezogenen Hinweise (van de Velde bezeichnete die Linie als Energie) dazu verhilft, die innere *Leere*, die die Hauptsache in der Architektur sein soll, mit einer Bedeutung zu erfüllen.

Wir halten diese Leere allerdings nicht für den dominierenden Faktor im architektonischen Zeichen, sondern nur für den Bestandteil, der dem Signifikat beim sprachlichen Zeichen entspricht. Der Signifikant, das heißt die Ummauerung, hat für uns die gleiche Bedeutung wie die innere Leere. Wie es keinen Bruch zwischen den Bestandteilen des sprachlichen Zeichens gibt, so sind Innen- und Außenraum etwas Kontinuierliches. Auf diese Kontinuität ist von der Architekturkritik schon vielfach hingewiesen worden, sie wird nach unserer Auffassung aber von der Semiotik noch nachdrücklicher bestätigt. Da nun zudem der Signifikant als Bedeutungsmittler materieller Natur, aber nach Zevi der Innenraum nicht darstellbar ist, läßt sich aus alledem ableiten, daß zumindest in einer bestimmten Phase des Architekturprozesses die gemauerte Hülle, die wir mit dem Signifikanten vergleichen, das Hauptobjekt architektonischer Bemühung ist. Sie ist der Leib, in dem das Wort Fleisch wird.

Wo aber liegen die Grenzen zwischen diesem Innen und Außen? Und gibt es nicht mehrere Außen, die ihrerseits wieder den städtebaulichen Raum umfassen? Geht es noch an, eine einheitliche Methodologie für alles vom Design bis zur Stadtplanung vorauszusetzen? Eine einigermaßen klärende Antwort geben einige Begriffe der strukturellen Linguistik. Die Betonung des Formalen, das heißt dessen, was für das eigentliche Bauen am wichtigsten ist, leitet sich auf jedem semiotischen Gebiet von dem systematischen Charakter des sprachlichen Modells ab. In dem Kapitel »Innerer und äußerer Bezirk der Sprachwissenschaft« seiner »Grundfragen der allgemeinen Sprachwissenschaft« führt Saussure zwei Begriffe ein, den des Systems und den des inneren Bezirks, die den besonderen »Spezialismus« der strukturellen Linguistik erklären.

»Unsere Definition der Sprache setzt voraus, daß wir von ihr alles fernhalten, was ihrem Organismus, ihrem System fremd ist, mit einem Wort alles, was nur dem äußeren Bezirk der Sprachwissenschaft angehört.«[130] Die Punkte, mit denen sich dieser äußere Bezirk der Sprachwissenschaft beschäftigt – es sind vor allem die Beziehungen der Sprache zu Ethnologie, Geschichte und Politik, hält Saussure für wirklich wichtig, empfiehlt aber, sie von dem inneren Bezirk der Sprachwissenschaft getrennt zu halten. »Die äußere Sprachwissenschaft kann eine Unmenge von Einzelheiten zusammentragen, ohne dabei in das Netz eines Systems eingespannt zu sein. Zum Beispiel wird jeder Autor die auf Ausbreitung einer Sprache außerhalb ihres Gebietes bezüglichen Tatsachen so anordnen, wie es ihm gut scheint ... Bei der inneren Sprachwissenschaft dagegen verhält es sich ganz anders: da kann man nicht irgendeine beliebige Disposition anwenden; die Sprache ist ein System, das nur seine eigene Ordnung zuläßt.«[131] Diese Unterscheidung verweist unmittelbar auf den Begriff der *Maßgeblichkeit*, mit dessen Hilfe wir ein Untersuchungsfeld genauer abstecken können, eine Grenzziehung, die für jede auf wissenschaftliche Fundierung angewiesene Disziplin unumgänglich ist. Die »maßgeblichen Aspekte«, schreibt Giulio C. Lepschy, »werden immer unter denen ausgewählt, die für ganze Kategorien sprachlicher Fakten zutreffen; jeder nicht analysierbare Aspekt, der nur auf ein einziges sprachliches Verhalten zutrifft, ist schon als solcher nicht maßgeblich.«[132]

Nun ist der strukturalistische Charakter von Architektur und Städtebau zwar ohne weiteres einleuchtend, nicht so leicht ist es dagegen, sich ein autonomes Architektursystem vorzustellen, das auf den Gesetzen des »inneren Bezirks« und einer Maßgeblichkeit im strengen Sinn beruht. Dazu kommt die Notwendigkeit, einerseits »über die Architektur« hinauszugehen, um sie in den Zusammenhang der für unsere Zeit bezeichnendsten Tatsachen und Ideen zu stellen, und andererseits einen Rahmen abzustecken, innerhalb dessen spezifisch architektonische Aufgaben zu lösen sind. Eine Systematik der Archi-

[130] Ferdinand de Saussure, a.a.O., S. 24.
[131] a.a.O., S. 27.
[132] Giulio C. Lepschy: Die strukturale Sprachwissenschaft. München, 1969. S. 22.

tektur erweist sich aber auch wegen eines Problems als notwendig, das zu den von uns bisher offengelassenen Fragen gehört. Wenn nämlich die alten Schemata den neuen Bedürfnissen nicht mehr entsprechen und die Kriterien, durch die ein Bau, ein Stadtviertel, eine Region zu definieren sind, von der Realität der Fakten rasch überholt werden, wie könnten dann die Faktoren des neuen Systems, die Kriterien für das Bauen und seine Kritik aussehen? Sie könnten auf Grund der Heteronomie unseres Bereichs sehr verschiedenartiger Natur sein. Aber dem Beispiel der Sprachwissenschaftler folgend sollte man auch bei der Architektur möglichst von allen jenen Interessen absehen, die für die Architektursprache nicht maßgeblich sind. Man käme so zur Definition eines begrenzten Aktionsfeldes. Sein gesamtes Untersuchungsmaterial wäre als maßgeblich zu betrachten und damit ein Teil des zu begründenden Systems.

Wie aber ist dieses Aktionsfeld zu charakterisieren, auf dem es zu einem Ausgleich der erwähnten gegensätzlichen Bedürfnisse kommen muß und ein heterogenes und zum großen Teil aus heteronomen Faktoren bestehendes System wie das architektonische zu berücksichtigen ist? Eine Antwort ist auch hierauf bei der Semiotik zu finden, die sich von dem streng wissenschaftlichen Formalismus der strukturellen Linguistik unterscheidet. Denn angesichts der Macht der Bedeutung, die heterogene und heteronome Faktoren vereinheitlicht, kann man für das architektonische System auf die Begriffe des »inneren Bezirks« und der Maßgeblichkeit verzichten, die eine Ordnung für eine wesentlich eklektische Disziplin wie die Architektur unmöglich machen würden. »Maßgeblich ist für die semiotische Forschung per definitionem die *Bedeutung*[133] der analysierten Objekte. Gewisse Objekte werden lediglich nach ihrem Sinn befragt, ohne – jedenfalls nicht im voraus ... – die anderen (psychologischen, soziologischen und physischen) Determinanten dieser Objekte zu berücksichtigen. Diese Determinanten von unterschiedlicher Maßgeblichkeit sind sicher nicht zu übersehen, müssen aber auch ihrerseits mit semiotischen Begriffen abgehandelt werden, das heißt, sie müssen ihren Platz und ihre Funktion im Bedeutungssystem finden.«[134]

Wenn nun aber der innere und der äußere Bezirk der Architektursprache unter Beibehaltung ihrer jeweiligen Autonomie vereinheitlicht werden, dann muß es der Analyse erlaubt sein, sich – dem heutigen Spezialisierungsbedürfnis folgend – bei ihrer Untersuchung auf Fragen der Form, der Sichtbarkeit, der Verteilung oder der Technologie zu beschränken, wenn sie sich dabei nur vor Augen hält, daß

---

[133] von De Fusco kursiv gesetzt.
[134] Roland Barthes a.a.O. S. 84.

sich die verschiedenen Ergebnisse schließlich in einem Bedeutungsprozeß vereinen werden. Dieser Bedeutungsprozeß ist von Barthes definiert worden als »Verbindung eines Signifikanten mit einem Signifikat, das heißt also, weder Formen noch Inhalte, sondern der Prozeß, der von einem zum anderen geht«[135]. Trifft diese Hypothese zu und beruht die architektonische und städtebauliche Tätigkeit auf dem Bedeutungsprozeß und insbesondere auf einem System *zeichenhafter Funktionen*, lassen sich viele dieser Fragen lösen. Denn Bedeutung und Zeichen sind Synthesen von Faktoren, die außerhalb der sie verbindenden Dialektik nicht existieren. Deshalb kann man Architektur ebensowenig als reine Form wie als bloßen Inhalt betrachten. Zusammen mit den »ideologischen« Intentionen werden auch alle jene Verdinglichungen hinfällig, die die Architektur aller Kommunikationsmöglichkeiten berauben.

Aus dieser Perspektive bekommt auch die Frage nach der Maßstäblichkeit unseres Eingreifens, zumindest theoretisch, wieder Proportionen. Außen und innen, Design und Entwurf, Architektur und Stadtplanung, Stadt und Region werden keine Gegensätze mehr sein, sondern Dichotomien, die durch den *Sinn* dieses Tuns vereinheitlicht werden. Sie werden Faktoren sein, die zu der eigentümlichen Dialektik des architektonisch-städtebaulichen Systems gehören.

Wenn wir Architektur und Städtebau nicht mehr als einen formalen Prozeß – für den ihn die Mehrheit heute noch hält –, sondern als einen Bedeutungsprozeß ansehen, löst sich die Antinomie zwischen formalem und inhaltsbezogenem Engagement auf, und die Aufgabe des Architekten in der interdisziplinären Zusammenarbeit für die Planung läßt sich leichter präzisieren und klären. Falls sich die wissenschaftlichen Hypothesen in Hinsicht auf Projektierungsmethoden als richtig erweisen sollten, so wird vermutlich auch die eigentliche »Gestaltung« von Stadt und Region, die heute das Spezialgebiet der Architekten zu sein scheint, Sache anderer Fachleute und anderer Technologien werden. In diesem Fall würde die Aufgabe des Architekten, seine wahre oder angemaßte Regie, darin bestehen, eine Reihe von Operationen, die dann von flinken automatischen Maschinen ohne autonome Bedeutungsintention ausgeführt werden, zu »programmieren« und ihnen einen Sinn zu geben. Das Zeichen mit all seinen spezifischen Eigenschaften wird im Mittelpunkt von Architektur und Städtebau stehen und wird sich Leben und Schicksal des Worts assimilieren, das – von den Massenmedien vervielfältigt, deformiert, übersetzt und in jeden Winkel des Raums gesendet – gleichwohl ein ausschließliches und unersetzliches Erzeugnis des Menschen bleiben wird.

---

[135] Roland Barthes: Essais critiques. a.a.O.

Namensregister

Adler, Leo 171
Adorno, Theodor W. 7, 30 f., 78 f.
Alberti, Leon Battista 11
Albini, Franco 76
Apollinaire, Guillaume 160
Argan, Giulio Carlo 14, 50, 61, 79, 112 f., 122, 129, 153
Astengo, G. 103, 110

Banfi, Antonio 33
Banham, Reyner 66, 73, 85
Barthes, Roland 14, 16, 19, 56, 58, 149, 153, 155, 158, 162, 166 ff., 174 f.
Baudelaire 133
Behrendt, Walter Curt 118
Benevolo, Leonardo 98 f., 102
Benveniste, Émile 148
Berenson, Bernard 67
Bernini, Lorenzo 96
Bettini, Sergio 138
Borromini, Francesco 96
Brandi, Cesare 96 ff., 136
Bréal, Michel 163
Breuer, Marcel 75
Brinckmann, Albert Erich 171
Brueghel, Pieter, d. J. 46, 125
Brunelleschi, Filippo 96

Calvino, Italo 159 f.
Canella, Guido 141
Carnap, Rudolf 138, 163
Carrier, Hervé 44
Cassierer, Ernst 14, 122
Ceccarelli, Paolo 63
Cederna, Antonio 94 ff.
Cézanne, Paul 159
Chase, Stuart 54 f.
Cirese, Alberto Maria 79
Constant 115

Croce, Benedetto 98, 101, 164
Cullen, Gordon 109

D'Arbela, V. 65
De Carlo, Giancarlo 48
De Fusco, Renato 161
Della Volpe, Galvano 136
De Mauro, Tullio 164 f.
De Sanctis, Francesco 164
Dewey, John 112, 116
De Wolfe 109
Dillon, Armando 92
Dirks, Walter 31
Dorfles, Gillo 86, 107 f., 127 f., 137 ff.
Drexler, R. 65
Dufrenne, Michel 58
Durkheim, Emile 165

Eames, Charles 125
Eco, Umberto 31, 43, 66 ff., 85, 129 f.
Einstein, Albert 124
Ettlinger, Leopold David 145

Facchi, Paolo 83
Fiedler, Konrad 14, 117, 168
Fiedler, Lesli 73
Focillon, Henri 168
Fomez, A. 29
Francastel, Pierre 148
Frei, H. 162, 165
Friedman, Yona 95
Fromm, Erich 30
Fulchignoni, Enrico 76
Fuller, Richard Buckminster 46

Gamberini, Italo 138

Garroni, Emilio 86, 119, 121, 145, 163
Geddes, Patrick 89
Geymonat, Ludovico 48
Giedion, Siegfried 73 f.
Giolitti, Antonio 18, 33 f.
Godel, Robert 165
Gramsci, Antonio 101
Greenberg, Clement 63 f.
Greenough, Horatio 10
Gropius, Walter 12, 26, 117, 131, 140
Guiducci, Roberto 35
Gutkind, E. A. 89
Guttuso, Renato 65

Hauser, Arnold 106
Hjelmeslev, Johannes 162
Horkheimer, Max 7, 30
Horta, Victor 72, 76
Howard, Ebenezer 89
Husserl, Edmund 122 f.

Isozaki, Arata 46

Juvara, Filippo 96

Kahn, Louis I. 40 f., 49, 119, 152
Klee, Paul 100
Klein, Alexander 12
Klein, W. 59, 84
Klemm, Gustav 145
König, Giovanni Klaus 127, 138
Korzybsky, Alfred Habdank Skarbek 163
Küster 12
Kurokawa, Noriaki 115

Labò, Mario 92 f.
Lamarck, G. B. de 11
Langer, Susanne K. 122, 136
Lao Tse 169
Lazarsfeld, Paul 71
Le Corbusier 14, 26, 45, 62, 66, 115, 118, 140, 152, 160 f.

Leonardi, Franco 63 f., 71
Lepschy, Giulio C. 173
Lévi-Strauß, Claude 149
Lévy-Bruhl, L. 165
Lichtenstein, Roy 51
Lodolis, Carlo Francesco 10
Loos, Adolf 140
Lubicz-Nycz, Jan 49, 115, 119
Lynch, Kevin 109, 123

Majakovskij, Vladimir 160
Malewitsch, Casimir 160
Malmberg, Bertil 165
Marcuse, Herbert 30
Marx, Karl 17, 26, 30
Meillet, A. 165
Mendelsohn, Erich 72, 76, 140, 156
Menna, Filiberto 66
Michelangelo 96
Mies van der Rohe, Ludwig 117
Moles, Abraham A. 127, 129
Mondrian, Piet 140
Morin, Edgar 37, 60 f., 63, 68, 80, 83
Morpurgo-Tagliabue, Guido 117, 123, 126
Morris, Charles W. 126, 138
Morris, William 30, 52, 121, 160, 166, 168
Mumford, Lewis 89

Neumann, Franz 30

Onofri, Fabrizio 31, 33 f., 82
Ortega y Gasset, José 30

Pane, Roberto 97 ff.
Panofsky, Erwin 122, 140 f.
Pareyson, Luigi 60
Pasquinelli, Alberto 112
Paxton, Josef 73
Piccinato, Giorgio 27, 45

Quaroni, Ludovico 88 f., 92, 103

Quilici, Vieri 27

Rauschenberg, Robert 15
Richards, Ivor Armstrong 126
Riegl, Alois 95, 145 f.
Rogers, Ernesto N. 93, 99, 101, 119
Ronchamp 61
Rosenberg, Bernard 64
Rosiello, Luigi 169
Rossi, Aldo 24 f.
Ruskin, John 30, 144

Santayana, George 116
Sant'Elia, Antonio 142, 160
Sartre, Jean-Paul 163
Saussure, Ferdinand de 56, 149 ff., 153, 162, 164 ff., 173
Schmarsow, August 169 ff.
Seldes, Gilbert 70
Semper, Gottfried 145 f., 170
Solmi, Renato 78
Sörgel, Herman 170 f.
Spadolini, Pierluigi 138
Spinoza, Baruch 70
Steinberg, Saul 20, 57, 91
Stratemann 12
Sullivan, Louis Henri 76

Tafuri, Manfredo 27, 45, 47
Tange, Kenzo 49, 114, 119
Taut, Bruno 140
Trubetzkoy, Nikolaj 148
Tschakotin 86

Ullmann, St. 163

Van de Velde, Henri 172
Van Doesburg, Theo 160
Vanvitelli, Luigi 96
Venturi, Lionello 171
Vitruv 113, 118

Wachsmann, Konrad 119
White, David Manning 64
Whitehead, Alfred North 116
Wilson, Edmund 129
Wittgenstein, Ludwig 163
Wright, Frank Lloyd 77, 140, 152, 169
Wundt, Wilhelm 147

Zevi, Bruno 39, 42 f., 97, 118, 169, 171 f.

Bauwelt Fundamente

1 Ulrich Conrads, Programme und Manifeste zur Architektur des 20. Jahrhunderts · 180 Seiten, 27 Bilder

2 Le Corbusier, Ausblick auf eine Architektur · 216 Seiten

3 Werner Hegemann, Das steinerne Berlin · Geschichte der größten Mietskasernenstadt der Welt · 344 Seiten, 100 Bilder (vergriffen)

4 Jane Jacobs, Tod und Leben großer amerikanischer Städte · 221 Seiten

5 Sherman Paul, Louis H. Sullivan · Ein amerikanischer Architekt und Denker · 164 Seiten

6 L. Hilberseimer, Entfaltung einer Planungsidee · 140 Seiten

7 H. L. C. Jaffé, De Stijl 1917–1931 · Der niederländische Beitrag zur modernen Kunst · 272 Seiten

8 Bruno Taut, Frühlicht – Eine Folge für die Verwirklichung des neuen Baugedankens · 224 Seiten, 240 Bilder

9 Jürgen Pahl, Die Stadt im Aufbruch der perspektivischen Welt · 176 Seiten, 86 Bilder

10 Adolf Behne, Der moderne Zweckbau · 132 Seiten, 95 Bilder

11 Julius Posener, Anfänge des Funktionalismus · Von Arts and Crafts zum Deutschen Werkbund · 232 Seiten, 52 Bilder

12 Le Corbusier, Feststellungen zu Architektur und Städtebau · 248 Seiten, 230 teils farbige Bilder

13 Hermann Mattern, Gras darf nicht mehr wachsen · 12 Kapitel über den Verbrauch der Landschaft · 184 Seiten, 40 Bilder

14 El Lissitzky, Rußland: Architektur für eine Weltrevolution · 208 Seiten, 116 Bilder

15 Christian Norberg-Schulz, Logik der Baukunst · 308 Seiten, 118 Bilder

16 Kevin Lynch, Das Bild der Stadt · 216 Seiten, 140 Bilder

17 Günter Günschel, Große Konstrukteure 1 Freyssinet – Maillart – Dischinger – Finsterwalder · 276 Seiten, 172 Bilder

19 Anna Teut, Architektur im Dritten Reich 1933–1945 · 392 Seiten, 56 Bilder

20 Erich Schild, Zwischen Glaspalast und Palais des Illusions · Form und Konstruktion im 19. Jahrhundert · 224 Seiten, 157 Bilder

21 Ebenezer Howard, Gartenstädte von morgen · Ein Buch und seine Geschichte · 198 Seiten, 35 Bilder

22 Cornelius Gurlitt, Zur Befreiung der Baukunst · Ziele und Taten deutscher Architekten im 19. Jahrhundert · 166 Seiten, 19 Bilder

23 James M. Fitch, Vier Jahrhunderte Bauen in USA · 330 Seiten, 247 Bilder

24 »Die Form« – Stimme des Deutschen Werkbundes 1925–1934 · 360 Seiten, 34 Bilder

25 Frank Lloyd Wright, Humane Architektur · 274 Seiten, 54 Bilder

26 Herbert J. Gans, Die Levittowner · Soziographie einer »Schlafstadt« · 368 Seiten

27 Über die Umwelt der arbeitenden Klasse · Aus den Schriften von Friedrich Engels · 238 Seiten, 23 Bilder

28 Philippe Boudon, Die Siedlung Pessac – 40 Jahre Wohnen à Le Corbusier · Sozio-architektonische Studie · 180 Seiten, 70 Bilder

29 Leonardo Benevolo, Die sozialen Ursprünge des modernen Städtebaus · Lehren von gestern – Forderungen für morgen · 172 Seiten, 72 Bilder

30 Erving Goffman, Verhalten in sozialen Situationen · Strukturen und Regeln der Interaktion im öffentlichen Raum · 228 Seiten

31 John V. Lindsay, Städte brauchen mehr als Geld · New Yorks Mayor über seinen Kampf für eine bewohnbare Stadt · 180 Seiten

32 Mechthild Schumpp, Stadtbau-Utopien und Gesellschaft · Der Bedeutungswandel utopischer Stadtmodelle unter sozialem Aspekt · 208 Seiten, 55 Bilder

33 Renato De Fusco, Architektur als Massenmedium · Anmerkungen zu einer Semiotik der gebauten Formen · 180 Seiten, 38 Bilder

34 Planung und Information · Materialien zur Planungsforschung, herausgegeben von Gerhard Fehl, Mark Fester, Nikolaus Kuhnert · ca. 280 Seiten, ca. 20 Bilder

37 Gesellschaftsplanung in kapitalistischen und sozialistischen Systemen · 11 Beiträge, herausgegeben von Josef Esser, Frieder Naschold und Werner Väth · ca. 300 Seiten

38 Großstadt-Politik · Texte zur Analyse und Kritik lokaler Demokratie, herausgegeben von Rolf-Richard Grauhan · ca. 300 Seiten

Bertelsmann Fachverlag

Bei Fragen zur Produktsicherheit wenden Sie sich bitte an:
If you have any questions regarding product safety,
please contact:

Birkhäuser Verlag GmbH
Im Westfeld 8
4055 Basel, Schweiz
productsafety@degruyterbrill.com